全国应用型院校学前教育专业新形态规划教材

总主编 李姗泽 孙亚娟

学前教育评价

主　编　衡若愚　万　中　陈娟娟

副主编　周予行　余茂婷　邵　娟　茅为琳

编　委　罗赛华　钱　琦　鲁朋举　陈小江

西南大学出版社

国家一级出版社 全国百佳图书出版单位

本书配有丰富教学资源

图书在版编目(CIP)数据

学前教育评价 / 衡若愚, 万中, 陈娟娟主编. -- 重庆 : 西南大学出版社, 2022.7
ISBN 978-7-5697-1333-6

Ⅰ. ①学… Ⅱ. ①衡… ②万… ③陈… Ⅲ. ①学前教育—教育评估 Ⅳ. ①G610

中国版本图书馆CIP数据核字(2022)第101375号

全国应用型院校学前教育专业
新形态规划教材

学前教育评价

XUEQIAN JIAOYU PINGJIA

衡若愚　万中　陈娟娟◎主编

责任编辑: 雷　刚　郑先俐
责任校对: 邓　慧
书籍设计: 汤　立
排　　版: 杜霖森
出版发行: 西南大学出版社(原西南师范大学出版社)
　　　　　地址: 重庆市北碚区天生路2号
　　　　　网址: http: //www. xdcbs. com
　　　　　邮编: 400715　市场营销部电话:023- 68868624
经　　销: 全国新华书店
印　　刷: 重庆新生代彩印技术有限公司
成品尺寸: 185 mm×260 mm
印　　张: 19
字　　数: 372千字
版　　次: 2022年7月 第1版
印　　次: 2024年1月 第3次印刷
书　　号: ISBN 978-7-5697-1333-6
定　　价: 59.00元

总序

学前教育是每个儿童接受集体教育的开始，是每个人终身学习的开端，是国民教育体系的重要组成部分。进入新时代，人民群众对优质教育的需求不断提升。实现幼有所育，成为满足人民群众日益增长的优质教育需求的重要举措。党中央、国务院高度重视学前教育事业，党的十八大提出"办好学前教育"，党的十九大要求"在幼有所育上不断取得新进展"，党的二十大提出"强化学前教育普惠发展"。2018 年，中共中央、国务院发布了《关于学前教育深化改革规范发展的若干意见》，强调把发展学前教育摆在更加重要的位置，明确要大力加强幼儿园教师队伍建设，办好一批幼儿师范专科学校和若干所幼儿师范学院，支持师范院校设立并办好学前教育专业，扩大有质量教师供给。2021 年，教育部等九部门印发《"十四五"学前教育发展提升行动计划》，提出要全面提升保教质量，提高教师专业素质和实践能力。由此可见，教师队伍是提高保教质量的关键，是保证学前教育质量的基石。

推动普通本科高校向应用型转变，是党中央、国务院的重大决策部署，是教育领域人才供给侧结构性改革的重要内容。创新应用型技术技能型人才培养模式，建立以提高实践能力为引领的人才培养流程，是实现应用型高素质人才培养的关键。2011 年 10 月，教育部颁布《教师教育课程标准（试行）》，并发文要求各地按照《教师教育课程标准（试行）》的学习领域、建议模块和学分要求，制定有针对性的幼儿园、小学和中学教师教育课程方案。幼儿园教师职前教育课程要帮助未来教师充分认识幼儿阶段的特性和价值，理解"保教结合"的重要性，学会按幼儿的成长特点进行科学的保育和教育；理解幼儿的认知特点和学习方式，学会把教育寓于幼儿的生活和游戏中，创设适宜的教育环境，保护与发展幼儿探究、创造的兴趣，让幼儿在愉快的幼儿园生活中健康成长。

为了适应我国学前教育大发展的改革趋势和高素质应用型人才培养的要求，我们坚持培养实践性、应用型人才的理念，立足于学生学习与发展的需要，增加了学科相关前沿研究以及社会热点问题的讨论，将理论知识与实践案例相融合，同时加强了实训内容；实现理论体系向教材体系转化、教材体系向教学体系转化、教学体系向学生的知识体系和价值体系转化，使教材更加体现科学性、前沿性，以进一步增强教材的应用性和实效性。在开展充分调研的基础上，我们组织了一批业务能力强、理论知识和实践经验丰富的专家、一线教师开展教材编写和建设工作。丛书包括《学前教育学》《学前儿童心理学》《中外学前教育史》《学前教育研究方法》《学前儿童游戏》《学前教育评价》《学前教育管理学》《学前儿童卫生学》《学前儿童体育与健康教育》《学前儿童语言教育》《学前儿童社会教育》《学前儿童科学教育》《学前儿童艺术教育》《幼儿园环境创设》《幼儿园玩教具设计与制作》《幼儿行为观察与评价》《幼儿园课程》《学前儿童文学》《学前教育政策法规与师德修养》等。

本套教材紧密结合《教师教育课程标准（试行）》《3~6岁儿童学习与发展指南》《学前教育专业师范生教师职业能力标准（试行）》等最新国家政策文件精神，立足于应用型院校学前教育专业高素质人才的培养，涵盖学前教育专业的核心课程、基础课程、学科课程和拓展课程。本套教材除了满足内容充实、完整，结构清晰、合理，语言得体、流畅等基本要求外，还力求克服国内已有教材的不足，努力打造自己的优势和特色。

第一，课程思政与育人为本相结合。本套教材的编写注重主流价值观引领，挖掘和拓展课程的育人价值，充分体现了不同课程的特色与优势，形成了特色鲜明、优势突出、交叉互补的教材内容体系，实现了课程思政与立德树人的结合。

第二，理论与实践相结合。本套教材强调深入落实《教师教育课程标准（试行）》“实践取向”的精神，以学生发展为根本，以学习产出为导向，注重实践性教学内容，关注解决教育实践问题。在板块设计上，除了正文的理论阐述，还辅以案例破冰、拓展阅读、人物介绍、经典研究介绍、思考与实训、专题探讨等实践板块，引导学生将理论运用于实践。

第三，基础性与时代性相结合。本套教材吸纳教育学、心理学、学科教学的最新研究成果，坚持呈现各学科领域的基本知识、基本原理，为学生搭建一个全面而扎实的知识体系；及时跟进社会及行业的最新发展动态，将最新、最权威、最具代表性的成果引入教材，实现了基础性与时代性的结合。

第四，学术性与应用性相结合。本套教材既注重学术性，也注重应用性，为支持“立体化”教学，教材编写团队立足于学前教育专业应用型人才培养的需求，注重资源的应用性和实用性，形成了以知识图谱、教学计划、多媒体课件、案例库、习题库、教学视频、教学动画、微课等构成的课程教学资源体系，打造了“纸质教材+数字化教材+在线课程”协同互补的新形态教材体系；形成了教材、文本和网络技术相互交叉、相互融合、相互支撑的立体化、网络化、互动化教学方式，能有效提升教学质量，以期成为学前教育专业学生喜读、乐读的学习素材。

本套教材的编写人员较多，教材的编写与出版是一项艰巨的工程，能顺利付梓得益于所有参编人员的辛勤工作，也得益于西南大学出版社编辑的积极协调与沟通。在此向所有参与此次编写与出版工作的作者及编辑人员表达我们的敬意。由于编者的学术视野及学术能力的限制，本套教材还难免存在不足之处，我们将在使用中进一步总结反思，不断修订完善，欢迎广大学界同人和读者朋友不吝赐教，多提宝贵意见。

李姗泽　孙亚娟

前言

近年来，教育评价问题日渐受到社会各界的重视，中共中央、国务院印发的《深化新时代教育评价改革总体方案》、教育部颁布的《幼儿园保育教育质量评估指南》都强调评价工作是建设高质量教育体系的重要组成部分，强调评价对于教育改革和教育质量提升具有重要导向性意义。由于学前教育阶段相对于中小学、高等教育阶段的独特性，在学前教育领域评价一直被学前教育工作者们视为一项重要且有难度的工作，随着近十年来我国学前教育事业的迅速发展，人们在强调全面普及学前教育、扩大规模的同时，也越来越注重学前教育质量的提升，注重以质量促发展，让学前教育不断走向优质，而评价则是全面提升和保障学前教育高质量发展的重要抓手。

要做好学前教育的评价工作，需要一定的理论知识，也需要实践操作经验，需要全面地理解学前教育评价所涉及的各个方面，也需要深入地理解学前教育中涉及的各类评价的具体操作方法，因此，本书在借鉴前人成果的基础上，尤其是参考了近年来学前教育评价领域的最新资料，围绕学前教育评价是什么、为什么评、如何评等核心问题，注重全面地介绍学前教育评价工作，注重理论与应用相结合。全书共分为八章，前三章是对学前教育评价的概念、理论基础和方案编制的总体阐述，其中，第一章介绍了学前教育评价的概念、功能、原则与类型，第二章概述了学前教育评价的发展历程与主要的理论模式，第三章讲解了学前教育评价的方案设计、评价指标的拟定和评价资料的收集等内容，第四章至第八章分别从学前儿童发展评价、幼儿园教师评价、幼儿园课程评价、幼儿园保育工作评价、学前教育机构的质量评价等角度对学前教育中所涉及的各主体的评价工作进行了阐述。

为便于学习者学以致用，启迪思维，突出应用性的特点，本书在编写过程中设计了多种引导学习者开展探究和实践应用的活动板块，如在每章开头结合学前教育评价中的实践问题和有争议的问题设计了相关的“案例破冰”活动，以启发读者思考，带着问题去学习。结合具体的章节内容，本书设计了学习研究、专题探讨、经典研究和拓展阅读等模块，帮助学习者基于教材内容，针对学前教育评价中的热点问题开展自主学习研究，引导学习者对学前教育评价中有趣和比较重要的实践问题开展专题探讨，提供相关专业建议，结合相关知识点，对学前教育评价中的经典研究进行专题介绍，通过拓展阅读帮助学习者进一步了解相关问题。

此外，结合本系列教材课程思政特色，本书也在学前教育评价的价值、原则等相关内容中有机融合了课程思政的因素，将立德树人、道德素养、科学精神等与评价相关的时事政策要求有机融入教材内容中，强调培养学生正确的学前教育评价观与教育观的同时，润物无声地引导学生树立正确的世界观、人生观和价值观。

为突出理论与实践应用的结合，本书的编写者既包括高校教师，也包括具备丰富实践经验的幼儿园一线园长与教师，参与的编写人员有四川开放大学的衡若愚副教授、陈娟娟副教授、邵娟副教授、鲁朋举副教授、余茂婷老师，成都大学的万中副教授，紫领教育研究院的周予行老师、成都市金苹果翡翠城幼儿园的茅为琳园长、成都市高新区第一幼儿园的钱琦老师、成都市新津区第一幼儿园的罗赛华老师、成都市高新区菁蓉幼儿园的陈小江园长。具体分工为：第一章由邵娟、鲁朋举编写，第二章和第三章由陈娟娟编写，第四章由衡若愚、陈娟娟、余茂婷编写，第五章由周予行、钱琦编写，第六章由余茂婷编写，第七章由茅为琳、万中编写，第八章由罗赛华、万中、陈小江编写；衡若愚和余茂婷负责全书的统稿工作和各章节部分内容的调整修改工作。

本书在编写过程中广泛借鉴了教育评价和学前教育评价领域较为经典的教材与著作，以及相关的学术论文与其他形式的研究成果，也采用和汲取了一些幼儿园在实践中生成的与学前教育评价相关的案例和经验，衷心感谢编写中所参考的文本资料的原作者和幼教工作者！由于编者水平有限，书中如有疏漏和不当之处，还请读者多多批评指正！

衡若愚

2022年5月于四川成都

目录

第一章

学前教育评价概述

学习目标

- 理解教育评价与学前教育评价的概念。
- 掌握学前教育评价的功能与原则。
- 掌握学前教育评价的类型以及各种评价类型的内涵。

学习重难点

- 重点：本章的重点在于理解学前教育评价的内涵及学前教育评价的类型。
- 难点：本章的难点在于掌握学前教育评价的鉴定、导向、诊断、反馈功能，深入理解并在评价实践中灵活运用学前教育评价的多元性、伦理性、方向性、全面性和差异性原则。

案例破冰

在一次线上的访谈中，作为一名经验丰富的专家型教师，A老师在谈到当前学前教育中的一些问题时感触颇深。她说："现在一些幼儿园在评价的时候还是仅仅采用量化的方式，比如说儿童社会性发展方面，儿童可以表达出对别人欣赏的语言，但达到了什么程度，老师就画几个格！在生理发展方面可以量化，比如身高、体重。但很多方面的发展没法量化，特别是儿童心智的发展，比如爱心有标准吗？怎么量化？可以分一级爱心、二级爱心吗？在观察记录时，很多老师都在写孩子的缺点，而不是闪光点，比如专门记录评价小明存在不爱说话的现象，这种记录方式是存在很大问题的。"针对A老师的观点，在留言区，也有人提出了不同的意见，质疑A老师为什么要否定量化，心理学和社会学上的很多东西都是可以量化评估的，诚然它有不足之处，但完全可以作为质性分析之外的另一个有价值的参考。通过观察记录对儿童的评价，只写缺点固然不妥，但是如果只写闪光点，会不会失之偏颇？

针对上述争议的问题，你怎么看？事实上，他们所争议的问题，都是学前教育评价中涉及的问题，要正确地看待这些问题，首先我们需要了解学前教育评价的概念与内涵、功能与原则，以及不同的学前教育评价类型。这也是本章主要探讨的内容。

第一节　学前教育评价的概念

一、教育评价概述

(一)教育评价的概念

“评价”从汉语的本义上是指评定货物的价格,现在泛指衡量人物、事物的价值、作用。例如,某某同学很优秀,某某东西非常实用等,这些都是我们在现实生活中经常进行的评价。

首次提出“教育评价”概念的是美国教育家泰勒(Tyler),他于1929年提出了目标导向的教育评价。泰勒认为,教育评价就是一个确定课程与教学计划达到教育目标的程度的过程。教育者要基于教育目标的达成度来评价教育的成果。斯里克文认为,教育评价不应仅仅指向教育目标,他将教育评价界定为教育评级是对优点、缺点或价值的评估,重点在判断教育活动、教育过程和教育结果所产生的效益,看其是否有价值。克龙巴赫反对把评价理解为判断活动,在他看来评价者不是专门被雇佣来简单判断对错的裁判员,而应该是通过评价为决策提供信息,因此,他把教育评价定义为教育方案的决策提供有用信息的过程。

可见,由于教育活动本身的复杂性,人们基于不同的立场,对教育评价的概念界定也是不同的。为了便于理解,我们将教育评价的概念界定为:教育评价是根据一定的教育价值或教育目标,采取科学的态度和方法,通过系统地搜集信息、资料分析与整理,对教育活动、教育过程和教育结果进行质和量的价值判断的过程。

教育评价事关教育发展方向,有什么样的教育评价就有什么样的办学导向。为深入贯彻落实习近平总书记关于教育的重要论述和全国教育大会精神,完善立德树人体制机制,扭转不科学的教育评价导向,坚决克服唯分数、唯升学、唯文凭、唯论文、唯帽子的顽瘴痼疾,提高教育治理能力和水平,加快推进教育现代化、建设教育强国、办好人民满意的教育,2020年10月,中共中央、国务院印发了《深化新时代教育评价改革总体方案》,这是我国第一个关于教育评价系统改革的文件,也是指导深化新时代教育评价改革的纲领性文件,突出了评价改革的系统性、整体性、协同性。各级各类教育要深入贯彻落实该方案的要求,以教育评价改革为契机,坚持立德树人,建设教育强国。

(二)教育价值的理解

自学校教育产生以来,就有了对教育质量或教育价值的评定或考核。因此,要厘清教育评价的概念,也需要对教育价值进行界定。

教育价值是教育活动中客体与主体需要之间的关系,是由教育满足人们需要的程度而定的。不同利益的主体对于教育的需求不同。判断某类教育是否有价值或者价值的大小,关键要看这类教育是否满足该层次个体需要和社会需要的情况。①

在学前教育领域,幼儿、幼儿教师、学前教育机构、家长、社会等多个不同利益主体对学前教育的需求不同。对于幼儿而言,在幼儿园度过快乐而有意义的时光、身心健康,在游戏中探索,在关爱中成长,享受美好的童年生活,便是对幼儿需要的满足。如果我们不从幼儿的需要出发,强迫他们过早学习小学阶段的知识技能,以小学化的方式强迫他们学习,我们可以判断,这样的教育,其价值取向是存在很大问题的。于幼儿教师而言,支持幼儿的学习与发展,支持教师的自我专业成长,满足了教师这类需求,便体现出了学前教育对于教师的价值。于学前教育机构而言,通过学前教育的实施,促进了幼儿、教师及学前教育机构的高质量发展就是学前教育机构视角的教育价值。各个利益主体对学前教育的需求不同,因而学前教育价值的追寻和体现就会有所差异。简而言之,只有当幼儿、幼儿教师、学前教育机构、家长、社会等主体具有某种需要,而学前教育本身也具有满足这些主体需要的价值属性时,才能体现出学前教育的价值。当前,在高质量教育发展的新时代,“育人”是学前教育的根本宗旨和幼儿教师的根本任务,“育德”是学前教育首要的教育目的和内容。办好人民满意的学前教育,让每个孩子都能享有“公平而有质量的学前教育”,是学前教育的基本价值诉求。

(三)教育评价概念辨析

要明确教育评价的概念,还需要对教育评价及与之相关的概念进行辨析,从而更好地理解教育评价的概念。

1.教育测量与教育评价

两者既联系紧密,又互有区别。就其历史发展而言,教育评价是在教育测量的基础上发展而来的,教育评价需要借助教育测量。见表1-1。

①程秀兰.学前教育评价[M].北京:北京师范大学出版社,2016:5.

表1-1　教育测量与教育评价概念辨析

概念	概念释义	举例说明
教育测量	教育测量是指对于教育领域内的各种事物或现象，根据一定的规则进行考核，并将考核结果用数量描述出来，它可以包括对各种教育活动的测量。教育测量是一种基于客观事实的描述，具有客观性	例如，对幼儿立定跳远进行测量，每一位幼儿都得到一个比较确切的能跳多远的数值
教育评价	教育评价则是一种"价值判断"，是评价者主体基于其需要和愿望，对客观事实进行价值判断，是一种客观性和主体性相统一的活动	例如，将某一个幼儿的立定跳远数据与这个年龄段幼儿跳远的常模做比较，判断其是低于还是高于正常的发展水平

2.教育评估与教育评价

教育评估和教育评价这两个概念意义相近，在教育领域的实际应用中有时会被当作同一概念使用，但两者又有一定的区别。两者对比而言，教育评估多用于预测性的、估计性的评断。与教育评价相比，缺少教育评价那样的肯定性和准确性。[①]

教育评估常用于具有较高的广泛性、行政性或社会影响性等的方面或项目，较多地运用模糊评判技术以估量教育的某些特征。[②]比如，高校办学水平评估、教育机构质量评估等，常用于高等教育领域。评估对象涉及因素较多，因此，复杂程度也较高。

教育评价更多地强调根据教育目标和原则，采用相应的评价方法与技术对教育过程与教育结果予以价值判断，为改进教育质量提供信息依据，或为评价对象做证明。

3.教育研究与教育评价

在教育实践中需要将教育研究与教育评价结合起来，使评价科学可行，同时促进教育研究的进一步深化与发展。见表1-2。

表1-2　教育研究与教育评价概念辨析

<table>
<tr><th rowspan="2">概念</th><th rowspan="2">两者的共同点及联系</th><th colspan="3">两者的区别</th></tr>
<tr><th>目的不同</th><th>结果推广性不同</th><th>方法不同</th></tr>
<tr><td>教育研究</td><td rowspan="2">1.开展一项教育评价，首先得展开教育研究；
2.任何一项教育研究都包含了教育评价的步骤或成分</td><td>创造新知识</td><td>创造的是具有可推广性的知识，推广范围更广</td><td>需采取正规科学的研究方法</td></tr>
<tr><td>教育评价</td><td>指导行动</td><td>创造针对某一具体情境的知识</td><td>不一定要采用正规研究所使用的方法</td></tr>
</table>

①王汉澜.教育评价学[M].郑州：河南大学出版社，1995：17.

②王坚红.学前教育评价[M].北京：人民教育出版社，2010：8.

学习研究

理解《深化新时代教育评价改革总体方案》的改革意义

《深化新时代教育评价改革总体方案》(以下简称《方案》)中,关于学前教育评价改革的指导内容如下:其一,完善幼儿园评价,重点评价幼儿园科学保教、规范办园、安全卫生、队伍建设、克服小学化倾向等情况。国家制定幼儿园保教质量评估指南,各省(自治区、直辖市)完善幼儿园质量评估标准,将各类幼儿园纳入质量评估范畴,定期向社会公布评估结果。其二,全面落实新时代幼儿园、中小学、高校教师职业行为准则,建立师德失范行为通报警示制度。对出现严重师德师风问题的教师,探索实施教育全行业禁入制度。其三,幼儿园教师评价突出保教实践,把以游戏为基本活动促进儿童主动学习和全面发展的能力作为关键指标,纳入学前教育专业人才培养标准、幼儿教师职后培训重要内容。①可以说,《方案》是新时代幼教评价理念政策化的最新体现和鲜亮标志,是发展学前教育、幼儿园办园、幼师育人、幼儿发展的行动指南。

请结合实际思考以下问题:《方案》的出台对于我国的教育评价和学前教育评价有哪些重要的现实意义和长足的发展价值?它将会对我国的教育评价和学前教育评价带来哪些变化?你可以搜索网上关于《方案》的解读和评论文章,并结合你对教育评价的理解进行思考。

二、学前教育评价的概念

学前教育评价的萌芽可以追溯到1905年法国心理学家比奈和西蒙为儿童编制的"比奈-西蒙智力量表",它意味着儿童智力测验的兴起。

学前教育评价是教育评价的重要组成部分。基于对教育评价概念本质的认识,学前教育评价是指对学前教育进行价值判断,是一种建立在事实判断基础上的价值判断,由学前教育活动满足各个主体的需要及程度来决定。它是一个变化着的概念,是一个不断充实、完善和丰富着的概念。简而言之,学前教育评价是对学前教育活动有关各方面和各种问题进行系统的检测和科学的价值判断的过程。了解学前教育评价的概念,我们还需要从学前教育评价的主体、学前教育评价的内容、学前教育评价的意义等方面来深入把握学前教育评价的特点,从而对学前教育评价的概念有更为科学和深刻的领会。

①新华社.中共中央 国务院印发《深化新时代教育评价改革总体方案》[EB/OL].中华人民共和国中央人民政府,[2020-12-23].http://www.gov.cn/zhengce/2020-10/13/content-5551032.htm.

（一）学前教育的评价主体

教育评价具有多主体性，学前教育评价亦如此。我国《幼儿园教育指导纲要（试行）》（以下简称“《纲要》”）指出，管理人员、教师、幼儿及其家长均是幼儿园教育评价工作的参与者。评价过程是各方共同参与、相互支持与作用的过程。幼儿园教育工作评价实行以教师自评为主，园长以及有关管理人员、其他教师和家长等参与评价的制度。由此可见，《纲要》强调学前教育评价的多元主体参与。[①]因此，我们可以将学前教育机构的管理人员、教师、幼儿及其家长都视为学前教育评价的主体。在学前教育评价实践中，要注意调动各方主体参与评价的积极性，重视来自各方利益相关者的评价反馈。各方即指内部主体的幼儿、教师、幼儿园或幼教机构，以及外部主体的政府、评价机构、家庭和社区等。

美国学者凯兹从不同的视角对学前教育质量进行了界定，第一种视角是来自政府部门和教育管理部门监测的视角，是由上而下的视角；第二种视角是自下而上的，即由在幼儿园接受教育的儿童对质量予以表达和反映；第三种视角是外部的视角，主要指的是家长对学前教育质量的认知，但也包括了更大范围的社区和社会对学前教育质量的认知；第四种视角是来自内部的视角，包括学前教育机构的教师和幼儿园管理者对自身办学质量的感受。[②]因此，学前教育的发展涉及内部和外部的众多利益相关者，学前教育评价体系需要建立多元主体评价的视角。

学习研究

如何从儿童的视角开展评价？

儿童所关注的东西是与成人有区别的。幼儿更注重生活的过程与开心快乐的情绪体验，渴望获得来自教师与同伴的爱，能有更多游戏的机会。对幼儿园教育质量进行评价不能忽视儿童的感受，儿童理应成为教育评价的主体之一。联合国《儿童权利公约》，我国的《未成年人保护法》都强调儿童有参与社会事务、自由表达的权利。《幼儿教育指导纲要（试行）》在涉及教育评价部分时，也强调幼儿是幼儿园教育评价工作的参与者。早期教育方案质量的多维视角中提到质量的由下至上视角。一个方案效果的实际和真实的预测结果就是每个参与儿童日常所体验的生活的质量。人们所关注的核心问题是：天天生活在这个环境里的儿童感觉如何？可靠地测量出学前儿童对于某一经验的

①中华人民共和国教育部．幼儿园教育指导纲要（试行）[M]．北京：北京师范大学出版社，2001：11．

②孟倩．多元主体视角下的学前教育质量评价[J]．陕西学前师范学院学报，2018（12）：3．

感受和想法虽然很困难，但使用直接观察法、父母访谈法和周密设计的儿童访谈，仍可能取得成功。基于儿童视角评价幼儿园教育质量，或从儿童视角看待幼儿园教育的活动效果已成为学前教育领域的热点问题。基于这一趋势，请谈谈您的看法：什么是儿童视角？儿童的视角和成人的视角有什么不同？如何基于儿童视角对幼儿园的环境和教育活动的质量做出评价？你可以以“儿童视角”为关键词在网络中搜索相关的文献，也可以尝试了解一下当前基于儿童视角的评价方法——马赛克方法，如果有条件，在幼儿园见习的时候，也可以围绕儿童视角设计相关问题，开展对儿童的访谈。通过学习探索，相信你能够更深入地了解儿童，理解学前教育评价中“以儿童为主体”的真正内涵。

（二）学前教育评价的目的与取向

促进幼儿发展是学前教育一切活动的出发点和归宿点，也是学前教育评价的主要目的。基于幼儿这个评价主体，学前教育评价应该采取多元取向，既要顾及每一位幼儿的发展，又要关注幼儿发展的全面性。首先，评价的目的是促进每一位幼儿的发展。评价不是目的而是为幼儿提供更适宜教育的手段，促进每一位幼儿在原有水平上得以发展。其次，评价要关注幼儿各方面的发展。《纲要》明确指出，要“从不同的角度促进幼儿情感、态度、能力、知识、技能等方面的发展”。因此，在学前教育评价活动中，不要将知识和技能作为评价的重点取向，基于幼儿知识技能的评价带有很大的局限性，往往导致幼儿屡屡遭受挫折体验，影响其学习情感与心理的发展，而基于多元取向的学前教育评价，则关注幼儿知识、技能、情感、态度和社会性等各方面的发展，全面衡量幼儿德智体美劳各方面的发展水平，全面赏识幼儿的新发展，使幼儿能较多地感受成功与被肯定的喜悦，从而激发出更强烈的内驱力。个体差异性也成为评价中予以考虑的重要因素。

经典研究

基于多元智能理论取向的多彩光谱评价方案

多彩光谱评价方案（Project Spectrum Preschool Assessment）以加德纳（Gardner）的多元智能理论和费尔德曼（Feldman）的认知发展非普遍性理论为基础，二者都注重智能发展的多元本质，强调个体在各个领域的智能表现是不一样的，每个儿童都有自己的智能强项和弱项，因此，教育要为每个儿童提供能充分展示他们的智能强项和风格特征的平等机会。

多彩光谱评价方案由两大部分组成，即评价活动与活动风格评价。其中，评价活动的设计充分体现了这一方案的突出特点，即教师对幼儿的评价并不是通过某种测试、量表来完成，而是在有意义的、真实的、结构化的评价活动中，通过幼儿操作材料、与人交往以及在活动中的各种表现来评价幼儿。为此，该方案为教师设计了涵盖运动、语言、数学、科学、社会、视觉艺术以及音乐7个智能领域的15个评价活动，详细说明了每一种活动的目的、材料和组织、具体程序、评价的过程和注意事项等，并提供了适宜于每个活动的、具体的观察指标、评价标准以及方便实用的观察表。

该评价方案的第二部分内容是7个智能领域都适用的活动风格评价。活动风格用于“描述儿童在各种情境中与任务和材料的互动关系，从过程维度而不是结果上来反映儿童的学习或游戏”。其具体内容涉及幼儿是否愿意参与活动、参与活动时的自信心表现、游戏性、专注程度、坚持性、工作速度、健谈性、计划性、创新性、成就感以及与成人的互动等18种明显的风格特征。评价方案对每种活动风格都进行了详细界定和说明，并设计了活动风格检表。教师可以运用这些检表，参照对风格的界定和说明，考察幼儿在各个领域活动时所展现的不同风格特征。

多彩光谱评价方案，尊重智能发展的个体差异性和多样性，对各种智能一视同仁，充分体现了学前教育评价特别是针对学前儿童发展评价的全面性和多元取向。它所运用的评价方法不是依靠某种测试，而是为幼儿提供接近真实情境的评价活动，考察幼儿在活动中所展示的智能强项和弱项，以获得真实的、有意义的评价信息。它为教师提供的是一种结构化的评价活动。也就是说，活动的设计与组织不是盲目、无目的的，而是事先精心选择某一领域的核心能力，确定相应的活动目标，然后再设计能够反映活动目标的评价活动，明确说明活动的组织方式、具体程序及所需要的材料等。此外，它十分注重收集不同幼儿在活动过程中的具体表现和活动方式，因而有助于教师依据评价信息进行个别化教学。

资料来源：于开莲，焦艳.两种学前教育评价新方案的对比——多彩光谱评价方案与作品取样系统[J].学前教育研究，2009，176(8)：9-10.

（三）学前教育评价的内容范围

近年来，学前教育评价范围从微观领域、中观领域，扩展到了宏观领域。例如，对学前教育理论、学前教育改革、学前教育组织机构等开展的评价。

学前教育评价不再仅仅重视对幼儿发展的评价，更加重视对学前教育整个过程的评价和对学前教育诸方面的评价。对学前教育整个过程的评价包括对教育方案或计划的评价，对教育过程的评价和对教育效果的评价。[①]对学前教育诸方面的评价包括对学前儿童发展、学前教师、幼儿园课程、幼儿园保育工作、学前教育机构质量等的评价。评价内容涉及学前教育的方方面面。

评价学前儿童的发展才能更好地把握学前教育的质量。学前儿童发展评价是学前教育评价的核心内容。学前儿童的学习与发展评价是整个学前教育评价中最为基础、核心的部分。[②]学前儿童发展评价是对幼儿的健康与身体发展、认知发展、语言发展、社会性与生活能力的发展水平的评价。

学前教育高质量发展的关键在师资。幼儿园教师评价是学前教育评价的重要组成部分，幼儿园教师评价是对学前教育工作的审视，同时也是教师自我成长的重要途径，可以促进教师专业发展。幼儿园教师评价包括对幼儿教师职前专业能力、职后专业发展、工作绩效考核与评价等方面的价值判断。我国《深化新时代教育评价改革总体方案》提到，把师德师风作为评价教师的第一标准，全面落实新时代幼儿园教师职业行为准则。强调“幼儿园教师评价突出保教实践，把以游戏为基本活动促进儿童主动学习和全面发展的能力作为关键指标，纳入学前教育专业人才培养标准、幼儿教师职后培训重要内容”。

《美国国家科学课程标准》提到，“课程和评价是一枚硬币的正反两面”。课程评价作为幼儿园教育工作的重要组成部分，是幼儿园教育活动的基本反馈机制，是深化课程改革、提高教育质量的必要手段。[③]幼儿园课程评价是对幼儿园课程方案、课程实施的评价及课程管理的评价。通过对课程的评价，一方面可以获得课程方案对儿童适宜性的信息，另一方面可以了解影响课程方案效果的因素。

幼儿园保育评价是幼儿园内部管理工作的必不可少的内容和环节。幼儿园保育工作评价包括对幼儿园卫生保健工作的评价、幼儿园生活作息与安全工作的评价、幼儿园保育设施与保育人员的评价等内容。我国《深化新时代教育评价改革总体方案》强调，“完善幼儿园评价。重点评价幼儿园科学保教、规范办园、安全卫生、队伍建设、克服小学化倾向等情况。国家制定幼儿园保教质量评估指南，各省（自治区、直辖市）完善幼儿园质量评估标准，将各类幼儿园纳入质量评估范畴，定期向社会公布评估结果”。2022年2月10日，教育部关于印发《幼儿园保育教育质量评估指南》的通知（教基〔2022〕1号），

---

①霍力岩，潘月娟，黄爽，等.学前教育评价[M].北京：北京师范大学出版社，2015：63.

②鄢超云.学前教育评价[M].北京：高等教育出版社，2010：92.

③虞永平，彭俊英.对我国幼儿园课程评价现状的分析和建议[J].人民教育，2003(11)：23.

充分考虑了各地的实际情况,对幼儿园保教质量评估实施提出了明确要求。①

学前教育机构质量评价主要指国内外学前教育机构质量评价。国内学前教育机构质量评价包括各地教育行政部门的园所评定、托幼机构教育质量评价、幼儿园教育质量评价等内容,主要通过教育质量督导评估办法进行评价。

在学前教育评价实践中,我们要积极落实《深化新时代教育评价改革总体方案》,确保学前教育各方面的正常发展与健康运行,实现学前教育目标,推动学前教育改革,提高学前教育质量。

经典研究

有效学前教育项目与共享思维

英国有效学前教育项目(Effective Provision of Pre-school Education,EPPE)是欧洲规模最大、旨在考察学前保育与教育如何影响儿童发展成果的研究,通过追踪3000名3岁至6岁的幼儿以了解和评价学前教育的成效。该研究不仅对英国有关学前教育的国家政策产生了积极推动作用,而且对英国学前教育实践也产生了重大影响。

EPPE项目强调用实证的方法对学前教育的要素开展评价,项目综合运用了多种研究方法,如访谈法、量化统计方法、多层统计模型,并采用一系列质性研究对量化研究结果进行扩展和印证。

在有效学前教育项目中,研究者对英国141个幼教机构进行评测,并从中选取了12个获得高分的高质量幼教机构进行全面分析,探究其采取了哪些有效的课程与教学方法,在此基础上提出了“持续性共享思维”(Sustained Shared Thinking,SST)的概念。

研究者之所以将这种理念定义为“持续性共享思维”,是因为他们所观察和评测的高质量幼教机构,在教学活动中都很自然地凸显出了一种基于分享思维、共同思考的有效师幼互动方式。其研究结果表明,在高质量的幼教机构中,应用持续性共享思维的课程与教学方法,能够平衡成人发起的活动和儿童主导的活动,儿童的认知发展和社会性发展能够相互补充,儿童可以学得更好。

持续性共享思维作为一项重要研究成果,被认为是提升幼儿教育机构教学有效性、促进幼儿教育质量提升的重要方法,广泛影响了各国的课程方案,

①中华人民共和国教育部.树立科学导向,促进学前教育高质量发展——教育部印发《幼儿园保育教育质量评估指南》[EB/OL].[2022-08-15].http://www.moe.gov.cn/jyb_xwfb/gzdt_gzdt/s5987/202202/t20220215_599296.html.

如英国的《早期奠基方案》(*Early Years Foundtion Stage*, EYFS)和澳大利亚的《早期学习方案》(*Early Years Learning Framework*, EYLF)等。

EPPE项目现在已经变成了有效学前、小学与中学教育项目,即EPPSE项目(Effective Pre-school, Primary and Secondary Education),将在第三学段(Key Stage 3)、普通中等教育证书课程学习阶段一直到16岁后的选修课程学习阶段继续追踪参与研究的儿童。

目前,我国迫切需要关于学前教育的循证教育(evidence-based education)研究,通过科学实证评价教育教学效果的有效性,为学前教育政策制定和实施提供科学依据,EPPE项目研究为我们提供了一个循证教育的很好的范式。

资料来源:凯西·西尔瓦,等.学前教育的价值:关于学前教育有效性的追踪研究[M].余珍有,等,译.北京:教育科学出版社,2011.

第二节　学前教育评价的功能与原则

一、学前教育评价的功能

学前教育评价是一项系统工程，具有多元化的功能。多元体现在通过评价促进幼儿、教师、课程与教学不断发展，促进社会、家庭、学校多元主体的协调参与和发展。随着社会政治经济的发展，大众对高质量学前教育的需求愈发强烈，新时代学前教育评价的功能、目标、内容、方法、主体和类型必然发生革命性的改变。

学前教育评价的功能是学前教育评价所发挥的功效和作用，了解学前教育评价有哪些重要的功能，有助于我们理解学前教育评价在教育实践中究竟有什么作用。学前教育评价的功能主要体现在以下几个方面。

（一）鉴定功能

学前教育评价的鉴定功能，是指对评价对象合格与否、优劣程度、水平高度等实际价值和功效的判断和认定。

通过学前教育评价进行鉴定的内容，既包括对儿童发展的鉴定，对教师发展的鉴定，对幼儿园课程、保育工作、学前教育机构的质量鉴定，也包括对幼儿、幼儿教师、课程教学、幼儿园保育、学前教育机构等多项内容的发展创设条件，促进其高质量发展方面的水平鉴定。例如，对幼儿开展的体格测验、智力测验、社会性发展测验等，是通过测验判定幼儿是否达标，通过测试判定幼儿教师是否符合职业标准等。评估示范性幼儿园、幼儿园办学资格认定等都运用了学前教育评价的鉴定功能。通过评价，可以区分优劣，为实施合理的奖惩制度提供客观依据。

早期的学前教育评价主要是通过测验来鉴别幼儿，是为了选拔适合教育的幼儿。随着20世纪80年代以来以鉴别、选拔功能为主的教育评价弊端的日益显现，教育评价的改进功能、促进功能愈发受到关注，现代学前教育评价则主要是为了诊断和改进学前教育，是为了创设适合幼儿的教育，体现了学前教育评价的发展性和服务性功能。

（二）诊断功能

学前教育评价的诊断功能，是指在处理和分析所收集到的学前教育评价信息的基础上，对评价对象的客观情况特别是存在的问题进行诊断，为进一步的改进提供支持。

通过评价，我们可以及时发现学前教育各方面与预定目标之间的差距，找出工作中存在的问题，并且可以对问题产生的原因进行调查分析，找出症结所在，明确下一步的努力方向，为改进工作提供有益的信息。学前教育评价由于采用了科学的方法，对评价对象进行定量和定性分析能够客观地、公正地反映出评价对象的实际状况和水平，能诊断问题，为学前教育决策提供客观依据，又能检查学前教育决策的执行情况和效果；通过评价及时找出评价对象存在的问题；也可以为分类的个别化教育提供改进建议；通过有效诊断，改变现状，促进学前教育改革，提高学前教育质量。

例如，幼儿教师通过观察和评测幼儿各领域能力的发展情况，发现相对于语言、艺术、社会等领域，其任教班级这学期部分幼儿的运动能力发展存在不足，于是计划在下学期增加户外活动的时间，并设计专门的户外运动游戏，提升幼儿的运动能力。

（三）导向功能

学前教育评价的导向功能，是指学前教育的评价标准和评价结果会直接影响评价对象的行为取向与方式，引导评价对象今后的行动。

学前教育评价标准的依据是学前教育目标，因此，学前教育评价标准本身就是学前教育目标的一种反映，这种具有明确方向性和目的性的评价标准可以成为幼教工作者和幼儿的行为目标，具有导向作用。学前教育评价所依据的目标或标准具有明确的方向性。同时，学前教育评价的结果会促使评价对象朝着评价者所预定的目标发展。例如，对幼儿园课程的评价通过对幼儿园课程的诊断，了解课程的适宜性、有效性，为修正、调整、完善课程，课程改革及课程推广指明方向，从而提高幼儿园教育质量，促进幼儿的全面发展。

由于学前教育评价能比较客观地反映出评价对象的实际状况和水平，准确地指出评价对象的优缺点和存在的问题，这样就推动了学前教育工作者为办好高质量的学前教育而努力。美国评价专家斯塔弗尔比姆（D.L.Stufflebeam）把评价看作“一种有系统地去寻找并收集资料，协助决策者在可行途径中择一而行的过程”。这就是说，学前教育评价可以为教育决策提供导向，推动学前教育工作的改革和学前教育质量的提高。

学前教育评价对学前教育各个价值主体具有鲜明的导向作用，对整个学前教育事业能起到定向的作用。运用学前教育评价的导向功能，可以转变学前教育机构的观念，达到国家规定的培养目标和标准；可以为教育行政部门制定学前教育决策指明方向，帮助学前教育机构明确自己的使命和任务，帮助幼儿教师明确发展的方向。

（四）反馈功能

学前教育评价的反馈功能，是指评价者将有目的地、系统地采集的有关评价对象的信息及其意义传递给评价对象，然后收集评价对象的返回信息，以此来实现评价信息的循环，借此不断修正评价对象或评价者的行为。通过发挥反馈功能，学前教育评价活动不断提高自身的合理性、正确性和有效性。学前教育评价反馈功能能否实现，取决于评价的信息传输渠道是否通畅，信息是否充分可靠，信息的返回及行为的调控是否及时等。①

学前教育评价是学前教育系统运行中的反馈调节系统，它可以将学前教育运行状态的信息随时反馈给学前教育活动的主体，使其及时发现成绩和不足，并会对存在的问题做出适当调整和改进。譬如，教师通过观察记录评价，发现某幼儿在活动中表现出的专注力较弱，通过家园沟通，发现孩子的爷爷奶奶常常在孩子专注于一件事情的时候随意打断和干扰孩子，于是教师将幼儿在园的相关专注力发展评价信息反馈给家长，请家长转变观念，注意在家中配合调整教养方式，家园共同协助培养幼儿的专注力。学前教育评价的反馈功能主要体现在通过评价发现存在的问题并及时反馈信息。比如，通过评价指出幼儿园存在的问题，予以及时反馈，并提出改进建议。在此过程中，需确保信息沟通渠道的畅通。学前教育评价具有对学前教育改革信息进行反馈的功能，有利于促进幼儿园教育改革的深入发展。即，通过学前教育评价可使教育决策者看到改革的情况变化，掌握学前教育改革的方向、发展趋势，保证学前教育改革沿着正确的方向前进。

（五）激励功能

近年来，教育评价开始关注评价的形成性目的而非总结性目的，强调激励、改进功能。例如，美国密苏里州教师评价指导委员会提出的“基于表现的教师评价”就是以激励教师不断成长从而有效提高全体学生的学业成就为根本宗旨。②

学前教育评价领域亦是如此，学前教育评价重在发挥评价的激励功能，激励因素是发挥人的作用的因素，恰当地运用评价的激励功能能够发挥学前教育各价值主体的主观能动性，激发内驱力，激励各价值主体成为学习和发展的主体，调动其工作或学习的积极性。

学前教育评价具有使评价对象产生接近并实现预期目标而不断进取的内在动力的作用。学前教育评价的结果一方面给学前教育管理和决策者提供了信息，另一方面

---

①涂艳国.教育评价[M].北京：高等教育出版社，2007：21.

②芦咏莉，申继亮.教师评价[M].北京：北京师范大学出版社，2012：21.

也给被评价对象反馈了信息，促使被评价对象追求正向的、肯定的评价结果，从而有意识地对照标准和目标，调整状态，明确努力方向，不断改进。通过"吾日三省吾身"，推动学前教育工作朝着健康的、科学的、正确的方向发展。例如，在幼儿园班级教师班长考核评价中，制定班长管理评价制度，包括班长自我评价、班长考核制度、合作成员评价等，及时将考核评价结果反馈给班级教师，进行督评、反思、群议、咨询和整改等，激励班长不断调整工作方式，提高业务管理水平，促使其不断成长。整个评价过程中，注重发挥评价的激励、引导和支持功效。

激励的作用除了正向激励以外，还有另外一种"负向的功能"。即评价引发焦虑，继而起到激励作用。心理学研究表明，适当的焦虑可以成为一种动机力量，动力源自压力，从而成就一番事业。

综上所述，学前教育评价具有多元化的功能。评价就是一种价值判断，以什么样的评价观为指导，就会导致什么样的评价结果。因此，在进行学前教育评价的过程中，评价者首先应树立正确的评价观，这是实现学前教育评价多元化功能的首要前提条件。评价者应正确地理解和执行《幼儿园工作规程》、《纲要》、《3—6岁儿童学习与发展指南》（以下简称《指南》）、《深化新时代教育评价改革总体方案》和《幼儿园保育教育质量评估指南》中体现的教育评价观念和目标，确定适宜的评价标准。

此外，评价者需要转变评价功能观。随着学前教育评价理论与实践的不断发展与完善，学前教育评价的功能不能局限于质量检验和诊断，而是要发挥评价的改进、反馈、激励等功能，重视发挥学前教育评价的教育作用。

二、学前教育评价的原则

学前教育评价的原则是人们对学前教育评价客观规律的认识，或者说是学前教育评价的客观规律在人们头脑中的反映。在学前教育评价实践中，我们一方面应遵守学前教育评价的原则，另一方面也应发展学前教育评价的原则。学前教育评价对促进儿童发展，提升学前教育质量具有战略意义，在开展学前教育评价的工作中要以多元性、伦理性、方向性、全面性和差异性为原则。

（一）评价的多元性原则

在学前教育评价工作中要充分把握评价的多元性原则。学前教育评价的多元性原则主要包括两个方面的多元。

一是评价的主体多元，多元主体共同参与学前教育评价。帕雷斯和艾娅斯认为，

“应该将评价活动的参与者吸收到评价系统及其标准的制定过程中，让学生、家长、教师和教育行政官员一起参与评价政策的制定过程。也只有这样才能保证评价活动的参与者对评价的认同和积极的参与”。不同的利益主体参与学前教育评价，势必会带来评价的多种视角和多种观点，可以让评价者多视角多角度看待问题。政府层面组织的学前教育评价，特别是针对学前教育机构的评估定级，政府从办人民满意的幼儿教育的高度出发，邀请幼教专家，从宏观的角度把握和设计评价指标，考量学前教育机构的办园质量。这里的评估主体便是教育行政官员和幼教专家等联合体。外部评估机构对幼儿园展开评价，评估主体是外部评估专家、同行专家等。对幼儿园进行评价的参与主体也可能是幼儿教师、家长、社会、幼儿及幼儿园自身等。对幼儿园教师、幼儿的评价，评估参与主体则主要包括家长、社会、幼儿园等。不同的参与主体会产生看待问题的多个视角。以前的评估实践中往往容易忽视幼儿这个价值主体，而现在幼儿也是拥有话语权的评价者。从幼儿视角审视幼儿园教育质量，已成为学前教育评价的新视角。比如，幼儿的自我评价愈发受到重视。一些幼儿园班级通过让幼儿盖表情章对自己一天的情绪状况做出评价；或者鼓励幼儿对自己的作品进行评价。幼儿对教师和幼儿园的评价也被相应采纳。一些幼儿园采用访谈法，问幼儿对教师、对幼儿园的喜欢程度以及提问幼儿幼儿园哪些方面可以进步等。

二是评价方法的多元化。学前教育评价既需要定量评价，也需要定性评价。我们不能再像过去那样，有时仅偏重量的评价，有时仅偏重质的评价，以单一的方法论看待学前教育评价的方法，而应采取定性和定量评价相结合的方式，充分发挥二者的优势。比如提到“儿童评价”，有的老师认为评价是以某种标准评判孩子，不仅让孩子学习的多样化变得量化，反而会打击到孩子的学习自信心，所以便不去做科学的评估，只是根据已有经验做出大致判断；有的老师认为幼儿成长档案、各种记录评价表就已经是在做评价了，但是即便积累了大量的文案资料，却从未对这些评价信息进行科学的分析，无法对孩子的学习发展和课程实施进行判断，更缺少下一步的支持和调整。上述教师没有充分结合定性和定量的评价方法，因此，评价视角单一，缺乏对有效信息的分析和应用。在学前教育评价工作中，评价者还应将绝对评价和相对评价相结合，诊断性评价、形成性评价和终结性评价相结合，采用多元化的评价方法获取更加全面的信息，为下一步的诊断和改进提供动力。

扩展阅读

两种质性评定的方法

质性评定方法形式灵活多样，如成长记录袋评定法、苏格拉底式研讨法等。这些方法体现了受教育者在教育活动中完整而真实的自我表现，能为改进教育评价提供详细可靠的依据。

质性评价强调评价者以发展的眼光看待幼儿，把幼儿的现实发展与幼儿的潜在发展结合起来，了解幼儿已有水平，更关注其发展的方向、速度及特点，积极促进幼儿的成长；评价还应具有开放性、探索性。在苏格拉底式研讨评定中，教师提出起始问题要有开放性，答案不是唯一的标准答案，允许幼儿根据自己的理解，依照自己的真实生活经验、认知水平、兴趣和特长做出不同形式、不同内容的解答。评价幼儿做出的答案，对其答案具有合理性的一面要予以肯定，鼓励幼儿大胆设想，采用多种方法解决问题。

苏格拉底式研讨评定法案例：

例如，在幼儿园大班“小朋友该不该有自己的零花钱”的辩论活动中，幼儿按不同观点分成两组。在老师的引导下幼儿充分发表自己的见解，相互辩驳：

“有零花钱可以买好多玩具。”

“钱是妈妈辛辛苦苦挣来的，不能乱花钱！”

“我把钱放在储蓄罐里，用的时候再拿，没有乱花！”

“那你可以让爸爸妈妈帮你存呀！”

…………

教师提供幼儿之间交流沟通的机会，让幼儿与同伴在辩论中学会接受别人的观点，从不同角度看待问题。辩论的开放性有利于幼儿发散思维能力、想象力、创造力的培养，突出幼儿的个性化发展。评价应尊重幼儿的个性特点，尊重幼儿之间的差异性，照顾到每个幼儿的发展。

成长记录袋评定法案例：

以幼儿讲故事为例，成长记录袋中收集的是幼儿第一次讲故事、经过教师指导和家长帮助第二次讲同一故事、故事讲得最好的一次记录。

教师、家长对幼儿讲述故事的评价

班级：	姓名：	日期：
故事名称：		
故事梗概：		
语言表达（吐字、语调、语速等）：		
体态语言（表情、手势等）：		
故事讲述的完整性：		
对故事角色的理解：		
精彩表现（优美语言如关联词、成语的使用；即兴发挥，如动作等）：		

幼儿对故事讲述的评价

姓名：	日期：
你喜欢这个故事吗？	
讲故事的时候，你认为你说话清楚吗？	
你觉得这个故事你哪里讲得最好？为什么？	
你觉得这个故事哪里讲得你还不满意？怎样讲才更好呢？	
你认为这次表现比上次怎样？	

教师、家长的评价以及幼儿的反思评价体现评价方式从过去注重总结性评价向全面的形成性评价转变，注重幼儿的发展变化过程而非结果。质性评定方法倾向于把课程、教学、评价进行整合，使三者融合为一个有机整体。

资料来源：杨晓萍，柴赛飞．质性评定方法对我国学前教育评价的启示[J].学前教育研究，2004(3)：17-18.

（二）评价的伦理性原则

“伦理准则规定了一个职业的活动，也规定了成员在履行他们对公众的责任时应尽量避免的行为”。①无论是作为人的实践活动，还是教育活动的组成部分，在对教育进行价值判断的过程中，评价都蕴含着伦理属性。评价伦理是评价者对学前教育进行评价的关键前提。评价者应重视公平、正义、合法性等伦理原则在学前教育评价中的作用。具体而言。在评价实践中，评价者应坚持三个基本伦理原则，即合法性原则、公平原则和正义原则。②

第一，合法性原则。在学前教育评价中，评价者应学习相关法律知识，通过法制约束行为，确保实施知情同意、无害、保密等评价的伦理原则。评价是对教育事实的价值判断，教育事实不仅关乎教育者和被教育者，还关乎学校、社会和国家的发展。因此，

①吉尔伯特·萨克斯，詹姆斯·W.牛顿．教育和心理的测量与评价原理[M].王昌海，等，译．南京：江苏教育出版社，2002：49.

②潘婉茹，吴欣遥．小学教师在学生评价中应遵循的伦理原则与实践策略[J].教育探索，2021，339(3)：78-79.

评价者应尊重教育事实，坚持评价的客观性。作为教育评估活动中的重要个体和专业人员，理应了解其自身行为是否符合法律法规要求，并能基于事实，为自己的行为负责。评价活动倡导专业伦理，要求评价者以更加专业的角度，帮助学前教育体系整体、系统地看清问题，更清楚地查找差距，弥补短板，追求更优。评价者绝不能因利益驱使而违法、违规操作和评判。比如，对一所幼儿园开展等级园评价，基于评估标准和指标，这所幼儿园应该被评为二级，评估者因个人利益驱使给这所幼儿园评为一级，便严重违背了此条原则。

第二，公平原则。在学前教育评价中应避免评价偏见，实施差异化评价；遵守职业道德，因地制宜，弹性实施评价标准，绝不能因个人偏见而不尊重客观事实。评价者应从平等性公平（同等情况，同等对待）、差异性公平（不同情况，不同对待）与发展性公平（全面合格基础上的个性化、特色化发展）等三个角度来实施公平原则。即，整个评价需要做到评估前公平、评估过程公平及评估结果的公平。评估者在确保公平的基础上促进学前教育健康运行，且能关注到不同地域、不同幼儿园的个体差异，促进幼儿园的特色化发展。比如，对幼儿教师的评价，绝不能因为个人主观感情色彩进行有失公平的判断。

第三，正义原则。一是评价者要正视评价的价值，保证评价制度的正义。评价者要分析现有评价制度，遵循并执行评价制度，对学前教育进行科学、客观的评价；一是评价者拥有评价的自主权，任何人不得以任何方式和理由进行干涉或干预；一是保证评价程序、评价形式的正义。比如，编制评价方案，制订评价体系和评价标准，评价活动的组织与实施等都应确保正义原则。

（三）评价的方向性原则

学前教育评价的方向性原则，是指学前教育评价以学前教育目标为依据和出发点，制定评价内容与标准，注重评价过程，善用评价结果引导学前教育的实践活动朝着正确的方向前进，推动学前教育贯彻国家的教育方针，满足社会要求，不断提高学前教育质量。

学前教育目标有一定的导向性和方向性，学前教育评价是对学前教育目标的实现程度做出价值判断。只有充分认识到学前教育目标，才能对学前教育实践活动的组织结构、运行情况及其效果等进行科学的判定或估量。目标具有规定行动方向、指导工作实践的作用，可以使学前教育工作有目的、有计划地开展，而不是随意、盲目地进行。因此，学前教育评价必须保证正确的方向。即，学前教育评价具有方向性原则。

学前教育评价的总目标是依据我国幼儿园教育目的和国家学前教育政策，全面了解幼儿的发展状况，全面审视各类幼儿园的教育实践，通过对各类幼儿园的教育实践进行测评，考察其满足幼儿身心发展情况的程度。学前教育评价的总目标体现了学前教育的总方向。学前教育评价的分目标便落实到促进幼儿全面发展的各个方面，包括促进学前儿童发展的目标、学前教师发展的目标、幼儿园课程的目标、幼儿园保育工作的目标、学前教育机构发展的目标等。这些分目标要与学前教育的总目标一致，每一个分目标都在各自的领域引领学前教育的发展，有一定的导向性，最终功能都是促使总目标的达成和实现。比如，学前教育机构发展的目标如果只一味看重办园的经济效益，而弱化了学前教育的育人功能，显然忽略了学前教育的普惠性、公益性特点，违背了学前教育的总体目标，违反了教育发展规律，就偏离了学前教育发展的正确方向。

因此，在学前教育评价实践中，我们一定要注意把握和应用评价的方向性原则，促使学前教育健康、稳定、向上、向好发展。

（四）评价的全面性原则

开展学前教育评价是为了促进学前教育各个方面工作的不断改进与发展，最终促进幼儿的全面发展，提高学前教育质量。因此，学前教育评价的全面性原则主要体现在两个方面。

一方面，全面性原则主要指学前教育评价的项目要全面，评价体系要全面。不能片面强调评价指标中的某一项目，要保证评价标准、评价指标的全面性和在评价过程中收集信息的全面性，从而使评价工作更科学、准确。同时，要注意评价过程中多种方法和多种途径的结合应用，通过多种途径获得全面的评价信息，对学前教育各方面的情况进行全面价值判断。比如，日常保教活动中，幼儿教师通过观察法收集幼儿的有关信息，评定幼儿的行为表现或发展水平。显然，只使用一种观察法和只采用教师视角对幼儿进行评价是不科学的、不全面的，这里还可以使用谈话法、测验法等方法，不仅要观察了解孩子在园的情况，还应向家长了解幼儿在家或在其他社会场合中的表现。只有通过多种途径和方法获取到全面的信息，才能做出科学、准确的价值判断。再比如，对幼儿园某一位教师的评价，不能只听取某个领导的意见，而是要采用科学的评价方法和评价体系，多渠道收集关于其他教师、领导、家长和幼儿对其的评价信息，获得全面客观的信息。

另一方面，全面性原则主要指全面评价学前儿童的发展，注意儿童发展的全面性。《纲要》明确指出，“要从不同的角度促进幼儿态度、情感、能力、知识、技能等方面全面和谐的发展”，并在幼儿发展评价方面强调“全面了解幼儿的发展状况、防止片面性，尤其要避免只注重知识和技能，忽略情感、社会性和实际能力的倾向”，以全面真实地反映每个幼儿不同方面的优势和不足。另外,学前教育评价体系中所确定的各项评价指标内容要兼顾幼儿园保教工作以及儿童过去、现在及未来的表现,使评价工作既能了解幼儿园教育实践和儿童发展水平的现状及存在的不足,又能帮助幼儿园了解未来的努力方向,促进其进一步的发展。评价的全面性原则是保证评价工作科学性的重要基础。所以,此处的全面还指学前教育评价的视野不仅关注现在,还包括过去及未来。比如,以"学会了一些拼音和加减法衡量大班幼儿的幼小衔接准备情况,考核大班幼儿的发展水平",这显然只关注到了幼儿片面的认知发展,而忽略了考核幼儿态度、情感、技能、社会性等方面的发展水平,未体现出学前教育评价的全面性原则。以"能正确翻书、讲故事评价幼儿认知和语言能力的发展",以"身高和重量测量数据判断幼儿的健康发展水平"等,都是以偏概全的评估或评价,不符合全面性原则。

(五)评价的差异性原则

学前教育评价要关注评价对象的个别差异,鼓励个别化、特色化发展。学前教育机构或幼儿园存在地域差异、文化差异等;幼儿群体存在个体差异性;幼儿教师群体的能力水平、教学风格和发展需求等方面的差异也很大。幼儿园的保教工作、课程等都存在园所差异、班级差异等。因此,在评估实践中,评估者要正视这种个别差异。评价时要充分尊重各个评估主体的个性和创造性。评价标准和评价方式的确定和选用,要在保证达到基本要求的基础上,允许不同评估对象通过不同的方式展示自己。

评价是为了促进各个评价对象的全面发展和质量提升。特别是幼儿评价,要注意到幼儿的个体差异性,充分发挥评价的激励功能。多元智力理论认为,每一个幼儿都拥有一定的潜能,如果评价一味追求高低、好坏之分,眼睛总盯着孩子的不足和缺陷,就会忽视幼儿所表现出的自尊、热情、投入和毅力,导致幼儿沮丧,甚至丧失信心。这样不仅不利于幼儿能力的发展,还有害于健康人格的形成。要根据不同幼儿的水平差异,制定合理的评价标准,给予积极评价。

另外,在评价过程中善于进行分地域分类对幼儿园或学前教育机构进行评价,深入挖掘本土化特征,将有助于推动幼儿园特色化发展,避免幼儿园同质化建设,为社会培育更加适宜的高质量幼教机构。

综上所述,提升学前教育保教质量,指导和规范幼儿园的办园行为,促进幼儿全面发展,必须遵循学前教育评价的基本原则。各项评价工作必须紧密围绕提升幼儿园教育质量和促进幼儿发展这一根本目标,把握并落实学前教育评价的多元性、伦理性、方向性、全面性和差异性原则。

第三节　学前教育评价的类型

一、宏观评价、中观评价与微观评价

根据评价的范围，学前教育评价可以分为宏观评价、中观评价和微观评价。

（一）宏观评价

宏观评价也称为整体评价，指的是以幼儿园宏观管理所涉及的内容为对象的评价。它包括但不限于幼儿园的管理体制和行政管理机构、幼儿园经费管理制度、幼儿园教育政策和法律、国家对幼儿园的宏观调控等方面的评价内容。如对20世纪80年代以来学前教育内容方面的评价，对全国儿童的心理发展状况进行调查评价，对全国农村幼儿园教育质量进行评价，某市开展省级示范幼儿园的检查等均属于宏观评价。宏观评价范围广，影响因素多，难度较大。

（二）中观评价

中观评价主要是指以幼儿园内部工作为对象进行的评价。它包括幼儿园教育评价、幼儿园保育评价、幼儿园管理工作评价、幼儿园环境评价、幼儿园人员评价等方面。虽然这种评价方式是对某个局部现象或某个方面的评价，但评价者也需要尽量做出较为全面的综合性考察，相比宏观评价而言，中观评价比较简单易行。

（三）微观评价

微观评价指的是以儿童发展及其指导为对象的评价。包括儿童情感与社会化、认知与语言、健康与动作技能等方面的评价。对幼儿或幼儿教师某方面能力的评估也属于微观评价。如幼儿绘画能力发展评估、幼儿教师课程设计能力评估等。

一般说来，宏观评价的主体通常是教育行政部门、科研人员等，一线的教育工作者和管理者，通常都是在进行中观评价或微观评价，幼儿教师更多的是运用微观评价。从幼儿园管理者的角度来说，幼儿园的教育评价主要是以中观评价和微观评价为主，这是幼儿园自身可控的活动。①

①胡慧闵，郭良菁.幼儿园教育评价[M].上海：华东师范大学出版社，2009：23.

二、相对评价、绝对评价与个体内差异评价

按评价的基准划分，可以分为相对评价、绝对评价与个体内差异评价。

（一）相对评价

相对评价又称常模参照评价，是指在被评价对象中选取一个或几个对象作为基准，然后把各个评价对象与基准进行比较的评价方法。相对评价的标准，是根据被评价对象的整体状况来确定的，通常是整体中的平均数和标准差，评价标准随被评价对象的整体状况而异。这种评价能科学地看出被评价对象在总体中的地位以及他与其他个体之间的差距，适用于选拔性和竞赛性活动。比如养鸡场养的鸡，要对鸡的体重评价，把所有鸡的体重进行平均得到基准体重，超过或等于这一基准的就是合格的，低于这个基准的就是不合格的，这就是一种相对评价。这种评价就是我们通常所说的“水涨船高”“矮子里面挑高个”。

可以把相对评价理解为和整个被评价团体内部的其他人比。例如，将某市幼儿教师的平均职业素养与教学观念水平作为基准，把本地区同类层幼儿园的教师状况逐一与基准进行比较，评价其是否达到基准的程度以及在群体中的相应位置。譬如进餐时，有的幼儿吃得快或吃得多或吃得干净，而有的幼儿则吃得慢或吃得少或吃得不太干净，这里的“快”与“慢”，“多”与“少”，“干净”与“不太干净”都是因班而异的相对评价。

（二）绝对评价

绝对评价是在评价对象之外确定一个标准即客观标准，然后把各个评价对象与客观标准进行比较的评价方法。可以把绝对评价理解为和被评价团体外部的客观标准比。比如，在百分制考试中，考到60分才算合格，没考到就不合格，这是硬性指标。这种评价便属于绝对评价。譬如，对幼儿身高、体重，血色素、心跳频率等反映幼儿生长发育及生理功能的评价就是绝对评价，其中的评价标准都有相应的科学规定。

评价对象可以通过与标准的对比了解自己的实际水平，正确对待自己。绝对评价有一个可以信赖的客观标准，保证了评价的科学、准确，容易使评价者心安，被评价者信服，从而获得心理平衡。但是，绝对标准也是由人来制定和掌握的，难以避免主观性，不可能完全客观、合理，有时甚至不够准确，不易于检测。因此，确定一个科学、客观、可行的评价标准，是发挥绝对评价作用的前提。

（三）个体内差异评价

个体内差异评价是把被评价对象的过去和现在相比较或者把某一个对象的各个

侧面相比较的评价方法。这种评价充分照顾到了个体间的差异，不会给被评价者造成压力，但容易使被评价者自我陶醉与满足。例如：一个幼儿园原来的硬件设施条件很差，现在，硬件设施条件提高了，那么我们可以说这个幼儿园进步了，这种对幼儿园"进步了"的评价实际上就是运用个体内差异评价做出的。可以把个体内差异评价理解为和自己比。再如：将全班每位幼儿从入园初期的语言发展水平与学期末语言发展水平相比较，以此判断其进步程度，就属于该评价类型。

随着人们教育观念的更新和发展，个体内差异评价越来越受到人们的关注。这种评价特别适合教师和学生。对幼儿教师而言，可以通过与自己某一阶段的教学状况进行比较，进而判断现在的教学特点；对幼儿而言，幼儿教师可以通过幼儿不同时期的发展状况了解幼儿的发展水平，确定幼儿的发展特点。

同时，这种评价也是在尊重个性的基础上，能充分兼顾个体差异，更加符合幼儿的教育实际。但个体内差异评价的客观性不强，无法评价个体在群体中的水平和位置，缺乏不同个体之间的相互比较。所以，这种评价要与相对评价结合使用。

个体内差异评价、相对评价和绝对评价中，需要重点区分后两者是否有既定的目标为参照即固定标准，其次考虑该个体是否受群体中其他目标的影响。这三种评价需要客观认识，同样一种结论，不同的评价，其含义是不同的。具体地说，当某位幼儿老师说"乐乐是个乖孩子"时，可能有着不同的含义。如果这位老师做的是相对评价，它的意思可能是"乐乐在她的班里是一个乖孩子"；如果这位老师做的是绝对评价，它的意思可能是"这个年龄段的孩子跳绳只要每分钟40次就达标了，但乐乐却跳了每分钟50次"；如果这位老师所做的是个体内差异评价，其意思可能是"乐乐以前跳绳只能跳每分钟20次，这次每分钟跳了40次"。

在幼儿园健康教育评价实践中，将相对评价、绝对评价及个体内差异评价结合起来使用更有利于激励学前儿童，有利于教育实效性的提升。

三、分析评价与综合评价

按评价的层次划分，可以分为分析评价与综合评价。

（一）分析评价

分析评价是指将评价内容分解成几个项目分别进行的评价。例如，评价幼儿的歌唱发展水平，可以把歌唱水平发展分解为音准、歌词、完整性等几个项目分别进行评价。再比如，从"自主选择""学习态度""探究能力""合作交流""个人成果"等方面来评价一个儿童在主题探究活动中的学习情况，就是分析评价。它是评价者通常采用的思路。适当的分解可以使分析评价能够深入，取得更客观的评价结果。

（二）综合评价

综合评价是对评价内容整体进行的评价。例如，对一个幼儿园的教育质量进行综合描述；一个幼儿教师在评价幼儿舞蹈作品时，不把作品分解成若干小项目进行评价，而是凭直观和整体印象直接把幼儿的作品评价为好或不好。这些评价就是综合评价。幼儿教育本身就是一个整体，分成不同的部分或领域，通常是为了教学的方便和需要而设置的。比如，我们在幼儿园常常将课程活动划分为五大领域，但在课程实践中，并不存在完全单独的健康、语言、社会、科学、艺术等领域，各领域之间或多或少都有着一定的相互渗透与联系。所以，在某些方面，使用综合评价可以较好地反映幼儿教育的特点。

有些时候，对同一评价对象的评价，采用综合评价和采用分析评价所得到的结果并不一致，此时，我们可以先用分析性评价，再采用综合评价。

四、自我评价与他人评价

根据评价的主体，学前教育评价可以分为自我评价和他人评价。

（一）自我评价

自我评价是指评价者对自己进行的评价。①例如，一个幼儿教师在教学活动后，对教学内容、方法、资源利用等方面进行自我反思，就是教师对本次教学活动的自我评价。再如，某儿童认为“我今天和小伙伴分享饼干，所以我是一个好孩子”，这是孩子的自我评价。

每次教学活动后都可以开展自我评价，自我评价是容易开展的一种评价类型，并且由于被评价者就是评价主体，只要评价态度端正，评价中各方面实际情况掌握的准确性较高。但由于自我评价缺乏横向比较，评价的主观性要强一些，可以结合他人评价来进行综合评价。

（二）他人评价

他人评价是指自身以外的任何人或组织对该对象所进行的评价。如幼儿园园长对教师的评价，教师对幼儿的评价，家长对教师的评价等。再比如，张老师因为这学期

①鄢超云．学前教育评价[M]．北京：高等教育出版社，2010：22.

教学工作能力和表现突出，被评为优秀教师。张老师所获得的优秀教师的荣誉，就是一种他人对张老师这学期工作成绩突出的评价。在幼儿园中，绝大多数的评价采用的都是他人评价这种类型。

一般来说，他人评价相对来说客观性较强，更加规范，但被评价者常居于被动地位。自我评价不够专业，但自我评价也是常用的评价方式，自我评价虽然是自己评价自己，但评价什么、评价的结果是什么，别人是可以听到的、看到的。此外，自我评价并不是自己一个人没有标准的随便评价。自我评价同样有评价标准，其他人也是可以看到的。

五、诊断性评价、形成性评价与总结性评价

根据评价的功能，学前教育评价可以分为诊断性评价、形成性评价和总结性评价。见表1–3。

（一）诊断性评价

诊断性评价指在教育活动之前进行的预测性评价，也可以理解为对评价对象的基础或现状做出鉴定，又称为“事先的评价”，主要目的是了解评价对象的基础或现状，是选择、制订学前教育计划和方案的基础。

学前教育中的诊断性评价类似于医生给病人诊病，诊断性评价这一概念也是由此而来。例如，在幼儿刚入园时，幼儿园要对所有幼儿的发展情况包括身心的发展情况进行摸底测试和测验，目的是让幼儿园教师了解幼儿的发展情况。再如，幼儿园为了更好地了解入园初期幼儿牙齿的发育情况，在入园前就对每位幼儿牙齿的生长状态进行了检查，以此来确定幼儿健康教育的发展方向。

（二）形成性评价

形成性评价指在某项学前教育计划或活动实施的过程中进行的评价，又称作“过程中的评价”，主要目的是在计划或活动的过程中，通过过程性评价，不断获得改进计划或方案的依据，从而不断调整、修改学前教育计划或方案，以期提高计划或方案的质量。在课程开展过程中，为了使课程的运作体系更完善、更符合幼儿的身心发展水平，教育者所进行的课程评价就属于形成性评价。

例如，在幼儿园的工作中，每隔一段时间都要对幼儿的身体发育情况进行一次测试，以便教师及时了解幼儿的发育状况，调整和改革保教工作，帮助幼儿获得更好的发育和发展。再如，在幼儿园教育活动开展过程中，常常将活动的观察记录与评价作为

一种过程性评价，在组织科学活动“影子的秘密”时，教师通过对活动过程的观察，发现幼儿的积极性不高，且参与程度不够深入。教师在了解情况后得知是组织形式和实验材料不够趣味性所导致的，于是教师将本节科学活动放在了户外，通过游戏和亲身体验让幼儿感受到科学活动的有趣和有用。

（三）总结性评价

总结性评价指在某项学前教育计划或方案结束后对其最终结果进行的评价，又被称作“事后的评价”，主要目的是以预先设定的教育目标为基准，对学前教育计划或方案达到目标的程度，即最终取得的成绩和目标之间的距离进行评价。总结性评价是在活动结束之后进行的，它关注的是活动结果，基本不涉及活动过程，因此可以说是一种事后评价。

例如，全国普遍实行的幼儿园分级分类验收就可以被看作一种总结性评价。再如，某幼儿园在学期末的考察中发现该园小班幼儿的小肌肉动作发展迟缓，手指动作不灵活，大多数幼儿不能熟练地使用剪刀，且握笔无力等。这些现象与该班本学期的教学方案不符合，因此，幼儿园老师便调整了教学方案，专门增加了手工制作等活动，由此弥补了小班幼儿在这方面的缺失。

表 1-3　诊断性评价、形成性评价和总结性评价的异同①

类别	诊断性评价	形成性评价	总结性评价
评价功能	确定有没有必要技能；确定预先所掌握的水平；根据所设想的各种教授方式之间关系的种种特性，确定学生的分类；确定影响持续性学习问题限度方面的某种原因	得到关于学生学习进展方面的师生之间的相互反馈信息；为了能够使治疗性的指导方针明确，在单元的构造中指出错误的位置	单元、学期课程结束时，评定学生的学习成绩
评价时间	在单元、学期、学年开始时；在通常的教学活动不能达到预期的学习目的时；在教学活动的进行中	在教学活动的进行中	单元、学期、学年课程结束时
评价重点	认知、情感以及动作技能的能力；身体性、环境性、心理性的主要原因；相应的补救措施	认知能力，提供儿童进步的描述	一般是认知能力，按照学科也有动作技能和情感能力，关心最后成果

①瞿葆奎.教育学文集·教育评价[M].北京：人民教育出版社，1989：499.

六、质性评价与量化评价

根据评价方法的性质的不同，学前教育评价可以分为质性评价与量化评价。

（一）质性评价

质性评价是指在自然情景中，通过采用参与式观察、开放式访谈、调查、查阅各种文献资料等方式，获取评价对象各方面的信息，对其状况做出描述与分析，从而进行价值判断。例如，对幼儿游戏状况的评价，可以观察幼儿游戏中的行为表现，访谈幼儿教师了解该幼儿的表现，了解幼儿的学习环境、教师、家长对幼儿的影响等，最终做出分析与评价。质性评价是描述性的，评价资料多以文字或图片为主，很少采用数字。即使采用统计数据，也是为了描述现象，而不是对数据本身进行相关分析。

质性评价方法以自然情景为直接的资料来源，评价者本身就是评价工具，评价者需要在评价情境中进行观察、了解和交流。质性评价方法对评价对象进行整体的、关联性的考察，任何现象都不能脱离其情境而被理解。

质性评价强调观察、分析、归纳与描述。评价者在收集和分析评价资料时走的是自下而上的路线，在原始资料的基础上建立分析类别。分析资料与建立资料同时进行。由于没有固定的预设，评价者可以识别一些事先预料不到的现象和影响因素。

质性评价更加关注幼儿在“质”方面的发展，关注教育结果与教育目标之间的一致性；强调对幼儿的发展进行系统的调查，并对个体独特性做出“质”的分析与解释，是具有实质性内容的一种评价机制。因此，质性评价可以关注更广泛的教育目标及学习结果，对幼儿的种种表现试图做出具有教育学、心理学意义的解释与推论。如果说定量评价关注“量”而走向抽象并且侧重于定量描述，那么质性评价则关注“质”而走向具体并且侧重于定性描述。因而，质性评价是更具有现代人本主义思想和发展性评价的理念。但是，有时质性评价的结果模糊笼统，弹性较大，难以精确把握。

目前，幼儿园课程评价中质性评价方法已逐渐被采用，如观察记录、叙事、档案袋评价等。著名的瑞吉欧课程模式、河滨街课程模式即强调质性评价，通过收集儿童的各种作品、老师的观察记录等资料，建立档案式的课程评价资料，评价资料是用来说明儿童的成长、学习的情形，以及了解儿童的需要、兴趣与长处，为调整和改善课程提供有价值的信息。[1]

①朱家雄.幼儿园课程论[M].北京：中央广播电视大学出版社，2007：32.

(二)量化评价

量化评价指运用一定的数学方法或者数学模型,对收集到的相关数据进行分析和处理,从而做出定量结论的评价方式。①

量化评价方法的主要特点:量化评价的设计是预先确定的,比较概括和具体,易于控制和操作;量化的结果便于数据处理,有助于提高评价的精确性和有效性;量化的指标往往是客观化的指标,因而有助于提高评价的客观性和信服力;量化评价有助于对评价对象做出明确的等级区分。

正是因为量化评价的结果是数量化的,并且还可以进一步处理和分析,这使得人们容易产生误解,认为只有量化的评价才是科学的。但是,随着评价研究的逐步深入,人们越来越感到,用量化的方式评价简单的学前教育现象是可以的。

但是,它忽略了那些难以量化的重要品质与行为,忽视个性发展与多元标准,把丰富的个性心理发展和行为表现简单化为抽象的分数表征与数量计算。一味量化评价只能把复杂的教育问题简单化,它不仅无法保证教育评价的客观性、真实性和全面性,而且往往会丢失教育中最有意义、最本质的东西。

目前,在幼儿中经常使用的量化评价主要是各类发展测验,比如韦克斯勒儿童智力量表、斯坦福-比纳智力量表。还有一些评估新生儿发展状况的量表也会采用量化评价,常见的新生儿的评估量表——阿普加量表便是采用量的评价方法。它是由美国医生阿普加设计的一种快速测定新生儿是否正常的量表。该量表由不同等级组成,测量的内容包括心率、呼吸、肌张力、反射和皮肤颜色,每项得分为0—2分,满分为10分,如果新生儿出生后几分钟内就进行测试,大多数新生儿能得9分或10分。如果新生儿的得分在7分以下,就需要采取特别护理。如表1-4。

表1-4　阿普加量表②

评分项	2分	1分	0分	得分
心率	每分钟100次以上	每分钟100次以下	无	
呼吸	呼吸均匀、哭声响亮	缓慢、微弱、不规则	无	
肌张力	四肢动作活跃	四肢略屈曲	四肢松弛	
反射	号哭、咳嗽、挣扎	只有皱眉等轻微反应	无反应	
皮肤颜色	全身粉红	身体和四肢呈粉红色,手脚发青	青色、惨白	

①芦咏莉,申继亮.教师评价[M].北京:北京师范大学出版社,2012:58.
②桑标.当代儿童发展心理学[M].上海:上海教育出版社,2003:82.

现代学前教育评价中，不少人主张采用质的方法和量的方法相结合的评价方式，能更为合理地把握教育的价值。量的评价主要是进行事实判断，得出数量化的结果，而质的评价则主要是价值判断，通过二者的有机结合才能更加全面地分析教育本质。从教育评价的本质上来说，量的评价是质的评价的基础，而质的评价又是量的评价的出发点和结果。两者综合使用，有助于对评价对象做出全面恰当的分析和判断。

七、表现性评价

表现性评价(Performance Assessment)，又称真实性评价(Authentic Assessment)，是指根据儿童在真实的或有意义的任务或活动情景中的实际表现来评价他们对周围事物或关系的认识与理解。表现性评价要求评价与儿童的生活经验相结合，力求反映儿童在真实的情景中如何理解知识和运用知识的能力。它提倡在多种情景中运用多种手段和信息来源评价儿童。表现性评价特别符合学前儿童的发展特点，因为这个阶段的儿童对口头语言的理解与表达仍十分有限。他们虽然对周围事物或事物之间的关系已经有了相当的了解，却难以用口头语言来表达这种理解，而是比较擅长用操作活动来表现自己的理解。儿童的这种认知发展的特点也决定了教师对儿童的评价不仅仅要关注儿童学习的结果，也要关注学习的过程，而表现性评价正是一种能体现持续性、过程性和综合性特点的评价理念和方式，并能给教学实践提供非常及时和有用的信息，了解他们知识技能表现的特点。有研究表明，儿童在自己熟悉的情景中能够完成的任务并不一定能迁移到其他不熟悉的情景中去；同样，如果儿童在某一情景中不能完成特定的任务，也不能说明这个儿童就缺乏相应的知识技能。因此，儿童在某个情景中的表现有可能是一种选择性行为，他可能知道正确答案，但他碰巧选择了自己平时最为熟悉的策略。另外，儿童在正式测查情景下的反应很不稳定，容易受到多种情景因素的影响，特别是年龄小的被试，在完成测查任务方面较难配合。而表现性评价关注的是对个体自身学习与发展情况的前后对比，而不是将他与一组儿童(常模)进行横向比较，着眼点放在儿童自己的进步和发展性变化上。表现性评价更多地关注儿童是怎样学的，他们在学习中表现出的长处和短处是什么，他们需要什么样的帮助。因此，通过表现性评价教师可以在多种不同情景中进行多次观察，以一种更为综合的方式来评价儿童，这有利于教师更加全面地了解儿童。①

常见的表现性评价方法包括作品取样系统和档案袋评价。作品取样系统是一种

①周欣.表现性评价及其在学前教育中的应用[J].学前教育研究，2009(12)：28-33.

真实性表现评价，目的在于协助教师运用教室内真实的经验、活动与作品来记录并评价儿童的技巧、知识和行为。作品取样系统也是一种融入于课程的评价，通过儿童在解决问题、写日志、搭建积木、用各种素材绘图、进行实验或与同伴互动时所展现的所知所能，让老师更了解班上的儿童。

作品取样系统在设计上是全面性的，多次地运用发展指引检核表、个人成长档案、综合报告三个系统来评价。发展指引是一套用来评价学生在不同年龄时的表现与成就的合理期望。检核表则是依据这个发展指引所延伸出来的年级表现指标，用来总结和解释教师的观察。个人成长档案则是学生的作品，教育者有目的地搜集、整理，以期能展现学生的进步与成长。综合报告是将取代传统成绩单，用来向家长和学校呈现学生的表现和进步的一种形式。

教师通过日常的大量资料观察儿童的学习模式，以作品取样系统所列标准的程度来判断儿童的发展，而非儿童与儿童之间的比较，从而记录和评价儿童在幼儿园真实情景中的技能、知识、行为与成就。作品取样系统的优点是能明显增强儿童的学习动机，在评价中强调儿童所能做的，而不是儿童所不能做的；增进教师对儿童的了解，记录和了解儿童在多个领域中的成长与发展，以及多样化的学习风格等；形成的综合报告能有效地向家长报告儿童的进步情况，并且这种报告是个性化的，是针对每位幼儿的特点所形成的。

专题探讨

如何真实有效地开展表现性评价

背景资料：20世纪90年代，表现性评价越来越多地应用到幼儿园的教育实践中，相对于应用量表或检核表对幼儿进行评价，表现性评价更强调教师根据具体的情境，有效地观察儿童，采用多种方法收集资料，基于儿童的表现进行真实性的评价。可见，表现性评价的重要评价工具不是现成的评价量表，而是作为评价者的幼儿教师，这对教师提出了很高的要求，也让老师们常常感觉表现性评价看似简单，实则很难，特别是经验尚浅的新手老师，常常在教室里看到儿童的各种行为表现，但不知道哪些行为值得观察，怎样将评价和教学集合起来，如何有效地运用各种手段收集评价资料。

探讨：幼儿园教师到底应该如何真实有效地开展表现性评价呢？

专业建议：下列一些建议可供参考。

1.教师为幼儿提供一个理想的环境

为了通过系统的观察来评定儿童的发展,教师首先应提供一个理想的环境,即提供多种材料和活动让儿童选择,并允许儿童使用不同的手段来表现他们对知识、概念的理解,让儿童能以最熟悉或对他最有意义的方式来解决问题,提供答案或创作作品。只有这样,儿童的表现才能为评价提供所需要的真实的信息。

2.在真实性的情景中运用系统的观察、记录、分析记录的方法

在表现性评价中,最基本的要求是在真实性情景中,通过观察、记录及系统地收集儿童能做什么和如何做的资料,以清楚了解每一位儿童的需求、能力与兴趣。它强调教师直接从儿童的生活和其在教学过程中的实际表现来评价其真正的能力。所谓真实性情景,是指与儿童的生活经验有联系的情景,它既可以是真实生活情景,也可以是成人设计的、对儿童来说有着实际意义的活动,如模拟超市的活动。

3.教师在制订教学计划时,把教学与儿童的实际状况联系起来

教师在制订教学计划时,必须考虑如何把教学与儿童的实际状况联系起来。如教育活动的目标、内容与教学方法的选择如何与本班儿童的需要、能力和兴趣之间建立联系?这两者之间的最佳匹配是有效教学的前提,它对教师了解与正确评价本班儿童的能力提出了较高的要求。

4.教师要确定观察目的和重点

可以根据课程领域学习目标或儿童学习与发展指南来确定观察的重点。观察不是简单地看什么事物,而是使用一种训练有素的特定方式来科学地探寻某一行为的过程。所谓系统的观察,就是一种有目的有计划的观察。如了解和明确对小、中、大班儿童各领域发展水平的期望以及与这些发展水平有关的可观察的行为。教师在观察时要明确具体收集什么样的信息(谁?何种行为?什么时间?什么地方?等等)。

5.教师要考虑收集和记录儿童信息的方式

教师要考虑收集和记录儿童信息的频次、方式等,这种观察记录不仅使其他人有可能"看"到儿童的学习与发展的进程,为教师对儿童的可靠评价提供事实的依据,更重要的是它能促进教师对教学的自我反思,有助于教师和家长之间的交流与讨论,从而起到指导教学的作用。在收集和记录信息时,儿童作品取样系统、档案袋评价以及表现水平评分指南都值得我们借鉴。从观察中得到的信息的质量以及对信息的解读依赖于观察者的专业知识和技能,教师还需要学习运用儿童发展理论来解释那些观察到的行为或事件,这样才能更全面、准确地了解儿童。

资料来源:周欣.表现性评价及其在学前教育中的应用[J].学前教育研究,2009(12):28-33.

本章小结

本章重点讨论了学前教育评价的概念、学前教育评价的功能与原则、学前教育评价的类型。其核心内容总结如下：

1. 学前教育评价是对与学前教育活动有关的各方面和各种问题进行系统的检测和科学的价值判断的过程。

2. 学前教育评价的功能是学前教育评价所发挥的功效和作用，学前教育评价功能是学前教育评价系统潜在的、理想的功效与能力。学前教育评价的功能主要体现在鉴定功能、诊断功能、导向功能、反馈功能、激励功能。

3. 学前教育评价的原则是人们对学前教育评价客观规律的认识，或者说是学前教育评价的客观规律在人们头脑中的反映。学前教育评价的原则是评价规律的反映，是人们进行学前教育评价的行动准则。

4. 学前教育评价要坚持多元性、伦理性、方向性、全面性和差异性原则。

5. 根据评价的范围，学前教育评价可以分为宏观评价、中观评价和微观评价。按评价的基准划分，可以分为相对评价、绝对评价与个体内差异评价。按评价的层次划分，可以分为分析评价与综合评价。根据评价的主体，学前教育评价可以分为自我评价和他人评价。根据评价的功能，学前教育评价可以分为诊断性评价、形成性评价和总结性评价。根据评价方法的性质的不同，学前教育评价可以分为质性评价与量化评价。

6. 表现性评价又称真实性评价，是指根据儿童在真实的或有意义的任务或活动情景中的实际表现来评价他们对周围事物或关系的认识与理解。表现性评价要求评价与儿童的生活经验相结合，力求反映儿童在真实的情景中如何理解知识和运用知识的能力。

思考与实训

1. 理解学前教育评价的概念。

2. 简述学前教育评价的功能与原则。

3. 简述学前教育评价的类型。

4. 你如何看待评价的伦理原则？

5. 请结合实际谈一谈，如何应用表现性评价？

第二章 学前教育评价的发展

学习目标

- 了解教育评价和学前教育评价的发展历程。
- 理解学前教育评价主要模式的内容。
- 掌握并能够初步应用各种评价模式。

学习重难点

- 重点：本章的重点在于理解并掌握目标达成、CIPP、目标游离、外貌、应答和差距评价模式的概念内涵。
- 难点：本章的难点在于在实践中灵活运用本章涉及的各种学前教育评价模式。

案例破冰

“直播带货”成为一个网络热词，就像曾经的“二维码”一样涌入了小朋友们的日常生活中。某市一个幼儿园中班的教师和幼儿策划并执行了一场直播带货活动，从生产商品、市场调查、定价、称重、包装，到竞选主播、直播带货，教师和幼儿为幼儿园丰收的农副产品和自制美食的销售积极筹措。有些家长认为这种行为的过程会误导幼儿的社会化，影响他们的价值观。而另一部分家长则认为通过这样的活动，最终的结果是孩子们积极拥抱社会生活和科技的变化，是有益于成长的。

为什么这些家长对幼儿评价的“结果导向”产生分歧呢？对于上述的争议，你是怎么看待的呢？

事实上，对教育活动进行评价是一个复杂的行为，在不同理论与评价模式的影响下，人们往往就会有不同的观点。由于幼儿园教育评价内容繁多，体系庞大，更需要综合不同教育评价模式进行。本章重点介绍学前教育评价的六种模式：目标达成评价模式、CIPP评价模式、目标游离评价模式、外貌评价模式、应答评价模式和差距评价模式，评价者在教育实践活动中可以根据自己的需求有针对性地选择合适的模式。相信了解了这些评价理论与模式之后，针对上述家长们的争论，你会形成自己的观点。

第一节　学前教育评价的发展历程

一、教育评价的发展历程

原始社会时期，人们要把生存技能、生活习俗、原始的宗教及艺术传授给下一代，需要依靠教育活动，并分析和评价下一代的掌握情况，也是为了及时调整教育方式，巩固教育成果。所以说，自从人类有了教育，教育评价就应运而生。确切地说，教育评价是随着测量和测验的发展而不断发展并渐趋成熟的。公元606年，我国隋朝就开始实行科举考试，教育测量和测验便得到了很好的发展。

（一）我国教育评价的发展

1. 古代教育评价时期

在我国古代，教育评价方式和人才选拔制度相辅相成。可以说，有什么样的人才选拔制度，就有什么样的教育评价方式。古典教育评价萌芽于先秦至魏晋南北朝时期的选士测评活动。西周的选士制度是世界上最早的评价选拔人才制度，包括乡里选士、诸侯贡士和学校选士。其中学校选士就在大学进行，实际上它也是学校教育的评价制度。我国著名的教育学论著《学记》对当时学校的教育评价活动已有专门记载："比年入学，中年考校，一年视离经辨志，三年视敬业乐群，五年视博习亲师，七年视论学取友，谓之小成；九年知类通达，强立而不反，谓之大成。"意思就是，学校每年都有学生入学，但隔年考核一次。入学第一年考查学生读经断句的能力，辨别其学习志向；第三年考查学生是否专心于学习，是否与同学和睦相处；第五年考查学生学习是否广博，能否尊敬师长；第七年考查学生在学术上是否有自己的见解，是否善于择友，如果这几项合格，就叫做学业小成；第九年考查学生能否触类旁通、遇事有主见且不违背老师的教导，如果合格，就叫做学业大成。[①]这是我国有记载且最早的比较系统的学校教育评价制度。西周的这种选士制度对当时教育事业的发展至关重要，激发了士子读书的积极性，也为我国古代的选士制度与教育评价的发展起到了奠基作用。

两汉的察举制度十分重视人才的培养与使用。所谓"察举"，就是指经过考察之后

①涂艳国.教育评价[M].北京：高等教育出版社，2007：45.

予以举荐。考试，作为教育评价的重要方式和制度，正是在察举制中诞生的。中央和地方各级官员按科目规定举荐人才，皇帝亲自策试，根据对策水平授官。这就是世界上最早的笔试。在魏晋南北朝时期，由于连年战乱，学校不兴，察举制中的策试难以进行。但此时开辟出了九品中正制，各地方政府设立中正官，向中央政府举荐人才。依据家世、才能和德行三项内容，评为九个等级：上上、上中、上下，中上、中中、中下，下上、下中、下下。直到魏晋南北朝后期，随着学校的复兴，学生才有可能通过策试进入上层社会。

总之，这一时期的教育评价以考查、考试为主，且评分都缺乏客观的标准，主要依据主考者的经验。

2. 科举考试时期

包括隋唐至清末我国古代教育评价的发展历程。公元606年，隋炀帝开设了新的常规科——进士科，为庶民进入仕途打开了通道，出现了科举制度的雏形。所谓科举制，主要是指分科考试并根据考试成绩来选拔人才的制度。这一制度对教育和教育评价的发展起到了重要作用。唐朝是科举制度兴盛时期，其制度完备、标准严格、方法多样。考核标准有四条：一是“身”，即身材，标准是体貌丰伟；二是“言”，即言辞，标准是言辞辨正；三是“书”，即书法，其标准是书写道美；四是“判”，即文字逻辑，其标准是文理优长。[①]宋、元、明、清各朝基本沿袭了科举制。而到明中期，程序严格的八股文成了考试的主要形式，使考试成了僵死的东西，科举制由此走向衰败。

这一时期以科举考试为主要手段，以封建礼教为基本标准，对个人学识德能进行测评判断，从而为选拔人才进入仕途或升学深造提供依据。科举制以考试成绩论英雄，不以出身论高低，显示了它的优越性。但是这种方式使得教学内容越来越狭窄，教学方法越来越呆板，教学手段越来越单一。

3. 系统发展时期

1905年我国废止科举制度之时，正值西方教育测验运动方兴未艾，在内与外、主动与被动两种力量的共同作用下，西方教育测量的理论很快就传入了中国，并进而在20世纪二三十年代形成了中国的教育测量运动。

1918年，俞子夷根据桑代克《书法量表》的编制程序，编制了《小学国文毛笔书法量表》，开创了我国教育测量编制的先河。1920年，廖世承和陈鹤琴在南京高等师范学校讲授测验课程，这是我国高校设置测验课程的开始。1924年之后，一批有关测量的著作相继问世。20世纪40年代前，我国的相关专著达20多部。这个阶段的教育评

①涂艳国.教育评价[M].北京：高等教育出版社，2007：47.

价与教育测量相结合，并呈现多种体制并存的多元化格局。1949年新中国成立后，我国的教育评价主要表现为以五分制为核心的苏联式成绩考评法。后因“文化大革命”，我国的教育评价研究中断了，直到1977年恢复高考为止。

教育评价的真正起步阶段开始于1984年，系统引进学习国外教育评价理论和方法，各种评价实践活动有组织展开。这一时期国内学界积极邀请国外教育评价专家来华讲学，渴望迅速掌握评价理论和技术。1985年6月，教育部召开了“高等工程教育评价问题专题讨论会”，这是第一次全国性的教育评价研讨会，它标志着我国的教育评价研究和实践真正开始起步。1986年，成立了国家教委督导司以及各级教育督导机构。1988年我国创办了第一本教育评价专业杂志《高教评估信息》，1994年改为《中国高等教育评估》，为教育评价工作正规化开展奠定了理论和方法基础。1990年，国家教委颁布了《普通高等学校教育评估暂行规定》，这是新中国成立以来第一个关于教育评价的规章性文件，标志着我国教育评价的理论和实践走向规范化。

（二）西方教育评价的发展

一般来说，虽然教育评价制度的最初萌芽是我国古代的考试制度，但教育评价制度和理论的真正形成和发展是在19世纪后半期以来的西方。西方教育评价的发展可以分为以下四个阶段。

测量时代（19世纪末至20世纪30年代）。这一时期，教育评价主要依靠测验达成，以测验为中心，其价值取向是以教育本体为主。在追求教育评价的科学化、客观化的历史背景下，大量教育测验被广泛应用于教学评价。

描述时代（1930年至1950年）。这一时期是教育评价的诞生和形成期，其中以泰勒的目标评价模式的提出为代表。泰勒首次区分了测验和评价，并对评价做了描述和应用，开创了教育评价研究的先河。此时教育评价是以泰勒所倡导的目标为中心，其价值取向指向社会需要。

判断时代（1950年至1970年）。这一时期最值得关注的是教育目标分类的产生和许多新教育评价模式的出现。此时以决策为中心，其价值取向指向社会效用。布卢姆的教育目标分类的提出极大地完善了泰勒模式，使这一模式的影响日益扩大。同时，不同学者也对泰勒模式所暴露的缺点进行了批评。例如，在批判泰勒模式的基础上建立起来的CIPP模式、目标游离模式等。这些模式的提出不仅在不同程度上弥补了泰勒模式的缺陷，也促使教育评价模式研究进一步深化。

心理建构时代（1970年以来）。以人为中心，价值取向指向人的需要，日益体现了个人需要的多元取向，其代表人物为古巴和林肯。此时基于评价研究者的反思，评价观念发生了变化，首先阐明了教育评价的核心是价值判断。随后观念进一步发展，认为评价是评价者与被评价者协商，共同进行的心理建构过程，把评价看作一个由评价者不断协调各种价值标准之间的分歧，缩短不同意见之间的距离，最后形成公认的一致性看法的过程。例如，斯塔克的应答模式，它重视所有参与评价的人的观点和看法。

二、学前教育评价的发展历程

学前教育评价作为考量并提升学前教育质量的主要方式，越来越受到人们的关注和重视。学前教育评价起始于以测验为主的教育测量。

（一）学前教育测验阶段

1905年，法国心理学家比奈创设了他的第一个智力量表，该量表指出了3岁、5岁、7岁儿童可以做到什么，这就是学前教育测验的开端。1908、1911年，比奈对量表进行了修订，引进了智力年龄的概念，用途是测量一些课堂学习必需的技巧：注意力、直觉、记忆、数字推理、语言理解。1916年，美国心理学家推孟对比奈的量表再次进行修订，并引入智商的概念，从而使对学前儿童的测验进入了科学化阶段。①

最早把学前儿童作为重点进行测验且影响巨大的人物是美国耶鲁大学教授格赛尔。从1916年开始他系统研究5岁前儿童的发展，收集了数以万计的5岁前儿童发展常模的材料，并于1940年正式提出专门测验学前儿童的格赛尔发展量表，又称耶鲁量表。这一量表包括从出生到5岁儿童的四个方面行为的发展常模。格赛尔在解释测验结果时还使用了“发展商数”的概念，他认为一个婴儿可以在运动方面获得一个发展商数，也可以在语言方面获得另一个发展商数，这两者并不一致，所以不能用一个总的智力商数来概括幼儿的发展水平。与此同时，德国心理学家彪勒于1932年出版维也纳量表，美国加州的贝莱于1930年正式提出“加州1岁婴儿量表”，美国的费尔莫尔在1936年发表了依阿华婴儿测验，等等。

除了前面所讲的使用比较频繁的测量量表以外，还有一些测验：卡特尔用来测验2个月到30个月婴儿智力发展情况的婴儿智力测验；美国儿科学院加州分院使用的“儿童入学准备测验”，共有43项测试内容，适用于4—7岁的儿童。

①霍力岩.学前教育评价[M].北京：北京师范大学出版社，2000：28.

专题探讨

智商测试真的能够测出智力吗?

有一个很有意思的现象:很多家长在孩子3岁之前都曾觉得自己的孩子是天才,生怕耽误了孩子。而这种现象,随着孩子长大,越来越少见,甚至会在孩子入学后,变为怀疑孩子的智商。很多机构抓住家长的这种"对孩子智商焦虑的心态",打着"提高孩子智商"的旗号,推出了不少付费的课程和智力测试。尤其是智力测试,很多家长都热衷于让孩子测一测。当然,网上随手一搜也能得到满屏的免费智商测试,结果也只是让人陷入自我满足。那这种所谓的智力测试到底是否有必要呢?

显然,这些测试只是用随处搜寻的图形、数字题胡乱堆砌的试题,毫无准确率可言。智商测试这个指标在儿童早期,比如4—5岁之前是测不准的,因为它没有预测效应。对于成长发育极快的孩子来说,他3个月前测的智商水平和3个月后可能大不同。其次,人与人之间本来就有不同。人的大脑也一样,大脑的各个区域以不同的速度发育,各项认知能力的发展速度也有快有慢,没有必要这么快给孩子贴标签。况且,你无法从一个简单的智商数字里看到孩子全面的智力发展,即使是智商分数一样的两个人,他们的各项认知能力的发展也可能是大不相同的,所以,没有必要拿这个数字去比较,智商测试只能在一定程度上评估人的数理能力,但不能反映人的智力能力。

也许每个人都会在漫长的学习生涯中不断问自己一个问题:"相比较其他人,我的智力处于什么水平?我究竟是比较聪明还是比较笨呢?"所以想要培养出适应现代或者未来社会的聪明大脑,有以下几点建议:

1.重视教育的力量

有人问我,有必要在孩子身上花这么多时间,又陪他玩,又陪他读书吗?我们小时候父母基本上没怎么管我们,我们的老一辈什么育儿知识也不知道,不照样成长得挺好吗?我们祖先的智力来源于日常现实。但是,现代社会大不一样了,社会和教育的发展使人们的思维方式发生了巨大变化。现代人可以做更多富有创造性的工作,而且社会也对我们的抽象思维能力和数理能力提出了更高的要求,我们一百年前的老祖先很难做到。

2.具象思维和抽象思维相结合

虽然现代社会要求我们更多地运用抽象、逻辑和假设思维,但是,抽象思维能力是逐渐提高的。对孩子而言也是这样,这和他们大脑发育的过程是匹配的。在小时候我们要给他们更多具象的思考,用实物做例子引导孩子理解。随年龄增长,要慢慢过渡到更加抽象的思维,多让孩子进行观察和比较、推理和思考等高级思维。

3.相信智力是可塑的

虽然智力受先天因素影响,但后天培养更重要。具体到每个人身上,仰赖后天学习而不是先天本能，能更好地提高智力。大脑就像肌肉，你让它做的运动越多，它就变得越大、越复杂。所以，日常生活中你做了些什么、学习了什么都会对大脑进行重新塑造，比如你可以通过演奏乐器或从事某项运动来重塑自己的大脑。当然，这不一定意味着智商的提高，但有一个事实不容置疑：你要把智力看作一个成长的、可以终身培养、塑造的过程。让孩子相信，智商分数不重要，更重要的是，智力是可塑的。他生活中所做的一切努力，实际上都会改变他大脑的样子。

（二）学前教育评价阶段

20世纪50年代以来，侧重数量化的学前教育测验时期基本结束，迎来了学前教育评价的时期。随着各国学前教育进行改革，出于对学前教育投资效益评价的需要，在新时期学前教育评价呈现出融合、多样化的发展趋势。

1.“提前开端计划”评价研究

20世纪60年代，美国实施了大规模的贫穷儿童补偿教育计划，即“提前开端计划”。许多教育工作者对幼儿接受教学前的情况进行测验，并对幼儿接受教学后各方面的情况进行评价，认为这一计划有助于幼儿的发展，对提高幼儿入小学后的学习成绩有明显作用。同时，经济学的相关研究显示，早期教育能带来积极的经济效益和社会回报。这意味着早期教育的质量提升不仅对幼儿及其家庭有益，而且有益于国家的经济与社会发展。

2.不同课程模式的评价研究

随着美国教育改革的展开，20世纪60年代以来美国出现了许多早期教育课程模式，其中比较有影响的有直接教学模式、开放教学模式、幼儿中心模式和主题教学模式等。美国一些教育家对这些模式开展了较大规模和较长时间的课程模式评价研究，例如：大卫·书克特等人于20世纪70年代至80年代初历时十几年在密歇根州对三种主要模式，即直接教学模式、开放教学模式和幼儿中心模式进行了评价研究，路易斯·米勒等人于70年代在肯塔基州对两个直接教学模式（贝雷特·英格曼直接教学模式和苏珊·格里直接教学模式）进行评价研究和对两个非直接教学模式（蒙台梭利模式和传统模式）进行评价研究。①

①霍力岩.学前教育评价[M].北京：北京师范大学出版社，2000：32.

经典研究

佩里学前教育计划的课程效果研究

佩里学前教育研究计划(Perry Preschool Program Study)是美国较早启动也是负有盛名的学前课程长期效果实验性评价研究项目,其实验性评价研究结果从“成本—效益”机制出发,表明了提高学前课程质量对儿童的学习与发展结果有着积极的作用。该计划始于1962年,三年先后共招收123名3至4岁儿童(大部分是3岁)作为被试,把同等智力水平的孩子随机地分为两组。研究小组对两组孩子分别进行持续跟踪直至成年,全面掌握他们在各年龄段的发展与表现,比较其异同,从而了解学前教育的效果。实验结果表明,实验组孩子在长大以后的发展上在许多方面都胜过对比组。此外,研究者们又进一步做了经济效益分析,计算结果显示,每个孩子每学年学前教育投入为4818美元,效益为29000美元,即在“学前教育上每投入1美元,其效益为6美元”。在该实验中研究者们就儿童主动性方面也进行了研究,并阐明经过已干预的课程学习的幼儿,其主动性要优于未参与的儿童,而且这些被干预的儿童具有学业成就的优势,也具备较强的自我解决问题和做决定的能力。①

3. 幼儿教师的评价研究

美国学前教育的师资力量十分雄厚,幼儿教师主要是由大学、社区学院和人类发展学院等高级学府来培养。与此同时,美国还很重视幼儿教师的实习工作,让学生通过实践活动将所学理论知识与实际工作相结合,从而更加深入地了解这个职业。在此过程中,参与实践的学生要通过专业的教师培训,从而获得相应的学位资格,还要有州政府以及相关的幼儿教师培训机构颁发的结业证书。当学生获得学士学位后,还要通过教师能力测验。该能力测验主要是指对教学研究的能力、与他人合作的能力以及评价儿童的能力进行测验。此外,美国也十分重视幼儿教师的在职培训,开展形式多种多样。教师可以到高等院校接受系统培训、利用寒暑假学习、参加短期培训学习等,此外,还可以通过加入某个学前教育研究团队,参加学术交流活动,从而拓宽自己的专业知识面。

三、学前教育评价的发展趋势

根据学前教育评价的发展历史,结合当前正在进行的学前教育评价实践,我们认为我国学前教育评价有以下五大发展趋势。

①孙佳玥.美国学前课程评价的历史研究[M].南京师范大学出版社,2018:14-15.

(一)评价目的更加注重发展而非鉴定

早期学前教育评价主要是通过测验来筛选与鉴别儿童,为儿童贴上不同的"标签",而现代学前教育评价的主要目的是强调在诊断基础上改进,旨在推动学前教育机构与儿童的发展。这一评价目的的转变是现代学前教育评价区别于早期评价的重要标志,也是未来学前教育评价定位的主要基点。与评价目的的重心转变相对应,在评价整体架构中也将从早期重视对结果的评价转变为更加注重对过程的评价,以及将过程与结果的相互作用作为评价的重要结构性因素来考虑。可见,学前教育评价目的越来越将评价对象的可持续发展作为核心目标定位。

(二)评价内容更加注重多角度全面评价

与评价范围和功能的不断拓展相适应,学前教育评价内容也将更加全面与系统。一是在微观儿童发展层面,评价内容将不再局限于智力评价,而是将儿童发展的各个方面如健康、社会性、情绪情感等均包含在内;二是在中观托幼机构发展层面,评价内容从以往对单一硬件条件进行达标评价,转变到共同重视硬件与软件达标评价,涉及领域也包含了对园长、教师、课程、园所文化以及社区服务质量评价等多方面;三是在宏观事业发展层面,评价内容将更加关注学前教育事业改革中政府责任履行情况、管理机构与人员设置合理性、项目推进成效、学前教育理论与实践水平等宏观性问题。可见,学前教育评价内容在水平与层次上均有较大拓展。

(三)评价方法更加重视定性与定量相结合

在学前教育评价早期阶段,人们主要是运用客观方法进行评价。由于这样的评价结果不以评价者的主观意志为转移,似乎非常公正,所以在评价的早期即教育测验阶段,定量的方法或客观的评价方法受到人们的欢迎,相当多的人认为只有客观量化的方法才是科学的方法。随着学前教育评价的广泛开展和普及,在大量的学前教育评价实践活动中,研究者逐渐认识到学前教育是一种复杂的社会现象,是多种因素相互作用的结果。因此,片面追求用客观的、定量的方法进行学前教育评价容易把复杂的社会现象简单化或者导致评价者忽视难以定量和缺乏客观资料的因素,从而使学前教育片面化。在当前的学前教育评价实践中,研究者非常重视定性评价方法的使用,采用非实验的自然观察和谈话的方法等,并力图综合运用定量分析和定性描述的方法,在学前教育评价工作中已收到良好的教育效果。

（四）评价主体更加重视多元化

在传统教育评价中，评价者往往是园长以及行政部门的管理者，幼儿或教师仅作为被评价的对象，忽视了被评价者的主体性。2001年颁布的《纲要》指出，“管理人员、教师、幼儿及其家长均是幼儿园教育评价工作的参与者。评价过程是各方共同参与、相互支持与合作的。幼儿园教育工作评价实行以教师自评为主，园长及有关管理人员、其他教师和家长等参与评价的制度。”在当前的学前教育评价阶段，评价者不再仅限于上级领导，而是重视各个评价者共同评价，从多个角度对评价对象的工作进行全面的评价与分析。另外，现代学前教育评价都主张把评价对象的自评作为整个评价活动的预评阶段和组成部分，从而促使评价对象自己发现问题、改进工作，同时促进评价对象和评价者的沟通与相互理解，使评价对象易于接受评价者的评价意见和建议，不断促进教育教学工作的改进，而不会使评价对象产生与评价者对立的情绪。

评价主体的多元化：一方面，可以从多个方面、多个角度对教育活动进行更全面、更客观、更科学的评价；另一方面，教师由原先的评价对象成为评价的主体，能激发教师在评价的过程中参与的积极性，从而有利于教师对自己的教学工作进行主动反思并自觉调整，从而不断提高教育质量和效率。

学习研究

多元主体评价背景下我们应如何看待家长对幼儿园的质量评价

当前的学前教育评价更重视评价主体的多元化，将家长也视为评价的重要主体，尤其是当下在“办家长满意的幼儿园”口号导向下，家长对学前教育质量的评价更成为很多幼儿园的重要办园依据，家长甚至是一些面向市场的民办幼儿园教育质量评价的绝对主体。华东师范大学的李召存副教授认为，从积极角度看，家长作为学前教育的“消费者”和主要利益相关者，是幼儿的第一监护人和照料者，是幼儿最基本的教育者，承担着保障子女获得最佳和最大利益的责任。因此，保障家长参与幼儿园教育质量评价的权利，是学前教育发展的一大进步。但是作为一种非组织化、非系统化的质量评价，家长对学前教育质量的评价往往更零散和随机，也更容易被社会文化心态和社会舆论所左右。尤其是在应试教育根深蒂固的影响下，被当下普遍的教育焦虑裹挟着，加之对学前儿童身心发展缺乏专业认知，家长对学前教育质量的评价，常常会表现出儿童观的迷失。[1]你可以在网上搜索李召存老师的相关文章，了解他所讲的家长在学前教育质量评价中儿童观迷失的具体表现，并结合自己关于评价的经验进行思考和搜集相关的资料。相信你会对如何看待家长对幼儿园的质量评价这一问题有一个全新的客观的认识。

（五）评价结果更加重视全面的解释与慎重的处理

传统的教育评价以衡量幼儿最终获取知识的多少为标准来评价教育成效，追求的是一种静态的结果，这种评价把事实知识的积累、知识量的扩大作为终极目标。现代学前教育评价高度重视对结果的全面解释，主张把每一个幼儿、幼儿园、学前教育模式的特色都加以充分地考虑。

①李召存.去“小学化”政策语境下学前教育质量评价的儿童观基础[J].中国教育学刊，2021(6)：6.

第二节　学前教育评价的主要理论模式

评价模式是指在评价理论观点指导下从事评价工作的一系列流程和方法。学前教育实践的多样性决定了评价模式的多样化。不同的评价者和不同的评价目的都需要运用不同的评价模式。每一种模式都涉及学前教育评价的基本内涵和具体应用方法。

一、目标达成评价模式

（一）基本内涵

目标达成模式的提出者是美国“课程之父”“教育评价之父”的拉尔夫·泰勒。

泰勒认为，评价过程在本质上是确定课程和教学大纲在实际上实现教育目标的程度的过程。[①]也就是说，评价就是要判断是否实现了教育目标以及实现的程度如何。这是一种强调评价判断功能的评价模式。以目标为中心，预定的目标决定教育活动方案与过程，通过评价修正或改进实际活动，使之尽可能地与预定的教育目标整合一致。在这一模式中，评价的实质就是要确定教育活动的结果与教育活动的目标相吻合的程度。所以，这个模式的核心就是确定所要达到的教育目标。

学前教育目标实质上是指学前儿童发生的变化，学前儿童的学习和发展是考评课程实施效果和教师工作程度最直接、最有效的手段。这样，评价也就成了一种确定行为发生实际变化程度的过程。也就需要运用标准测量不同学前儿童学习发展的程度，强调学前儿童在课程学习初期的基础水平和学习后的发展水平之间的纵向差异测量。所以评价环节需要以目标为出发点收集资料，判断实际教育活动达到目标的程度，以确定课程是否有效。[②]

（二）具体应用

目标达成模式比较适合对有着明确目标的教育现象进行评价，如对项目、课题、课程、活动等的评价。比如，对一个区“园本教研”项目的评价，或者对一所幼儿园科研课

①瞿葆奎.教育学文集·教育评价[M].北京：人民教育出版社，1989：263.
②王坚红.学前教育评价[M].北京：人民教育出版社，2010：35.

题的评价，又或者对幼儿园所开展的“整合课程”的评价，以及对一个老师某一种教育活动的评价等等。结合泰勒的评价理论及学前儿童教育教学评价的具体实践，目标达成评价模式可以分为以下七个步骤。

1. 明确教育方案的目标

幼儿园教育评价过程需要结合评价目的和内容，如园所评价、教师评价、幼儿评价等，细化具体目标，使得其目标具体化、清晰化、明确化。

例如，若对幼儿园大班开展主题教育活动“神秘的秋天”①的实施效果进行目标获得性评价。首先，结合国家、省、市教育政策及本园教育理念，将主题教育活动“神秘的秋天”目标进行细化并分类：

(1)感受秋风、落叶等秋天的氛围，形成对大自然的兴趣和热爱；

(2)了解秋季的基本特征，通过观察天气与人的衣着变化，知道天气与服装的关系；

(3)学会穿着适宜衣物等技能。

2. 对教育目标进行细化与定义

对教育目标进行再次细化，加以定义，将教育目标转化为具体可操作、可测量的行为指标。例如，将上述主题教育目标中的3个目标细化为以下行为指标：

(1)知道秋天水果、农作物等的丰收；

(2)学习并掌握采摘苹果、柿子等水果的采摘技能；

(3)学习并掌握玉米、花生等作物的收获技能；

(4)学习并掌握丝瓜、豆角等蔬菜的采摘技能；

(5)学会根据温度变化穿秋衣、毛衣等。

3. 选定适宜评价这些教育目标行为指标的方式与情境

例如，根据主题教育活动“神秘的秋天”的内容和特点，在对其进行评价时，选定对施教的幼儿教师进行访谈、对幼儿家长发放问卷等形式，测查幼儿通过本次主题活动教育后在知识、能力、情感等方面的发展情况，以对比幼儿的成长发展与本次主题教育活动目标之间的差距。

4. 根据选择的方式与情境，构建设计相应的评价及测量工具

例如，结合以往研究编制给幼儿教师发放的《某班幼儿对“神秘的秋天”主题教育活动习得发展情况的访谈提纲》，设计面向幼儿家长发放的专题调查问卷，明确其包含何

---

①李玉侠，杨香香，张焕荣．幼儿园教育评价[M]．北京：北京师范大学出版社，2017：127.

种题型，具体有多少个问题，问题的表述是否清楚明确，问题回答的选项是否全面等。

5. 及时回收评价调研资料

例如，在对本主题教育活动的实施效果进行评价时。一方面，在主题教育活动结束后，对施教的主配班教师进行访谈，在征得其同意的前提下可采用录音或纸笔等方式进行记录，了解教师对本班幼儿参加主题教育活动后的行为发展和变化情况的看法；另一方面，可充分利用家长会或家园开放日等形式，在本次主题活动开展前请家长就幼儿在本主题方面的已有经验和基础情况填写问卷，主题活动开展后再请家长配合通过家园手册或儿童成长记录袋等形式，记录幼儿关于秋天等方面的知识、行为等的变化。

6. 对比收集到的评价调研资料和预设的教育目标之间的差异

例如，通过梳理教师访谈资料和家长对幼儿在主题教育活动前后行为的变化记录等资料，与预设的教育目标进行比较，发现本次主题教育目标基本达到，并且主题教育活动设计的结构相对合理，环节开展与实施相对完善。绝大多数幼儿通过“神秘的秋天”主题教育活动，增强了对秋天的兴趣，扩展了秋天方面的知识面，提升了秋季蔬菜、水果、农作物等方面的采摘技能，说明本次活动对幼儿的成长发展具有重要意义和价值。在本次主题教育活动中，男孩的秋季蔬菜、水果、农作物等采摘技能略强于女孩。

7. 梳理总结经验或调整建议

根据以上主题教育活动评价过程及相应调研资料，分析在3个教育目标中，多少项具体行为指标目标基本达到。例如，幼儿在学习后，哪些行为目标达成度好，说明哪些教育目标创设合理，内容选择恰当；反之，则需要调整行为目标及主题教育活动目标。

然而，需要指出的是，有些目标是不容易甚至不可能进行分解、操作、量化的，比如，学前儿童发展中的态度、情感领域的目标，校园建设中的文化氛围等，完全用目标达成模式进行评价并不恰当。此外，有些教育现象并不一定有明确的教育目标，要用目标达成模式进行评价也是不现实的。

二、CIPP评价模式

（一）基本内涵

CIPP评价模式是由美国著名教育评价专家斯塔弗尔比姆（L. D. Stufflebeam）及其团队在20世纪六七十年代创设的，它是在对泰勒的目标获得性评价模式的批判和否定中逐步形成和发展的评价模式。斯塔弗尔比姆认为教育评价并非仅仅是识别目标是否达成,而是为判断各种决策方案而进行的描述,应为学校行政人员、教育工作者等方案实施者和学校全体人员提供有用信息。该评价模式由背景评价(Context Evaluation)、输入评价(Input Evaluation)、过程评价(Process Evaluation)和成果评价(Product Evaluation)四个评价环节组成,以上四部分分别在教育评价过程中解答"需要做什么""应该如何做""是否完成""成功与否"等问题,并为计划决策、构建决策、执行决策和循环决策四类决策服务。[①]四部分首字母即形成CIPP,它也是引导各种教育评价项目进行整合的理论框架。

1.背景评价

对目标本身的有效性进行评价,即根据社会发展需要来对目标本身的价值做出判断,它的一个重要任务就是考察现存的目标与重点是否与使用者的需要相一致。需要明确的问题有:特定情景中究竟存在哪些需要?这些需要有多大的广泛性和重要性?方案的目标反映已评定的需要程度如何?是否有调整方案的必要以真正满足这些需要?背景评价通常采用的方法有查阅资料、调查访谈、问卷测验等。

2.输入评价

在开展教育活动之前,对目标的可行性进行评价,即在目标确定之后,对达到目标所需的条件进行评价。需要回答的问题有:采用了何种程序计划和预算计划来达到目标?考虑了哪些备选方案?为什么选择这个计划而不选择其他计划?这个计划的合理性程度如何?它潜在的成功可能性程度如何?实施输入评价的方法主要有两个:一是小组评议的方式,对几种可供选择的方案及其实施条件进行考察,做出判断与选择;二是类似于实验室的方式,通过相关的实证研究选出认为最可行的方案。

3.过程评价

对计划的实施过程进行评价,即对计划实施过程的实际情况不断加以检查,及时发现存在的问题,做出反馈调节。需要关注的内容有:是否按预定计划开展活动?是否采用了有效的方式利用现有资源?现行计划执行的程度如何?是否有必要对计划进行修正?如何对计划进行修正?过程评价常用的方式主要有交流、观察、实录、解释、分析与判断等。

4.成果评价

成果评价即测量、解释和判断所取得的成果,确认目标的实现程度,并将预期的结果和实际的结果之间的差异向决策者汇报。成果评价包括两个方面的内容:一是对计

---

①王坚红.学前教育评价[M].北京:人民教育出版社,2010:39.

划最终的实施结果进行评价;二是对每一阶段所取得的结果进行评价。成果评价可以导致一系列的决策:或终止,或修正,或维持现状。需要考察的问题有:观察到了何种结果? 各类人员是怎样判定其结果的价值和优点的? 满足方案预定实施对象的需要的程度如何? 在斯塔弗尔比姆看来,成果评价并不是一种最终的鉴定,而是质量的控制手段。进行成果评价最主要的方法是收集结果资料,并将其与方案目标进行比较判断。

斯塔弗尔比姆将这四种评价的目标、方法和与决策的关系做了比较,见表2-1。

表2-1　CIPP评价模式中四种评价类型的比较①

	背景评价	输入评价	过程评价	成果评价
目标	确定机构的背景,明确评价对象、评定其需要,明确满足需要的机会,诊断需要的基本问题,判断提出的目标是否充分地应答了已评定的需要	确定与评定系统的性能,备择方案的策略,实施这一策略的设计、预算和进度表	在过程中确定或预测程序设计或其实施中的不足之处,为前计划好的决策提供信息,记录和判断依次发生的事件与活动	收集对结果的描述与判断,把它们与目标以及与背景、输入和过程信息联系起来,并对它们的价值与优点作出解释
方法	使用诸如系统分析、调查、文献评论、倾听意见、会谈、诊断性测验和特尔菲技术等方法	调查与分析可用的人力、物力资源,解决问题的策略,及相应的程序设计的可行性和经济性,可使用文献调研,访问典型方案、支持者小组、试点试验等方法	通过描述真实过程,持续地与工作人员相互了解,观察其活动,控制活动的潜在的障碍,保持对意外障碍的警惕,获得已确定的决策的特殊信息	操作性地确定和测量结果标准,收集投资者对结果的判断,进行定性和定量分析
与变革过程中决策的关系	决定为之服务的背景、满足需要或利用与社会有关的目的以及与问题解决有关的目标,即计划所需的变革,提供判断结果的基础	选择资助的来源、解决问题的策略和程序设计,如组织变革活动;提供判断实施活动的基础	实施和改进方案的设计与程序,如使过程控制更有效,并为以后解释结果提供大量实际过程的资料	决定继续、终止、修正或重组变革活动,提供关于效果(预期的和非预期的,积极的和消极的)的清晰的记录

(二)具体应用

CIPP评价模式非常注重为决策机构提供评价。斯塔弗尔比姆曾用流程图来表示CIPP评价模式在促进系统改进中的工作流程,见图2-1。首先,机构决策必须要做的

①瞿葆奎.教育学文集·教育评价[M].北京:人民教育出版社,1989:313.表题有改动。——编者注

是定期性的背景评价，在对所需变革内容进行思考的基础上，提出目标，并对解决问题的策略加以考虑；通过输入评价，形成解决问题的一份或若干份方案，对方案的可行性进行论证，最终形成某种实施方案。方案进入实施阶段之后，需要进行过程评价与成果评价，通过评价，如果方案实施是有效的，则继续实施方案；如果方案实施的结果不能令人满意，则应终止实施这一方案，重新进行背景评价或输入评价。

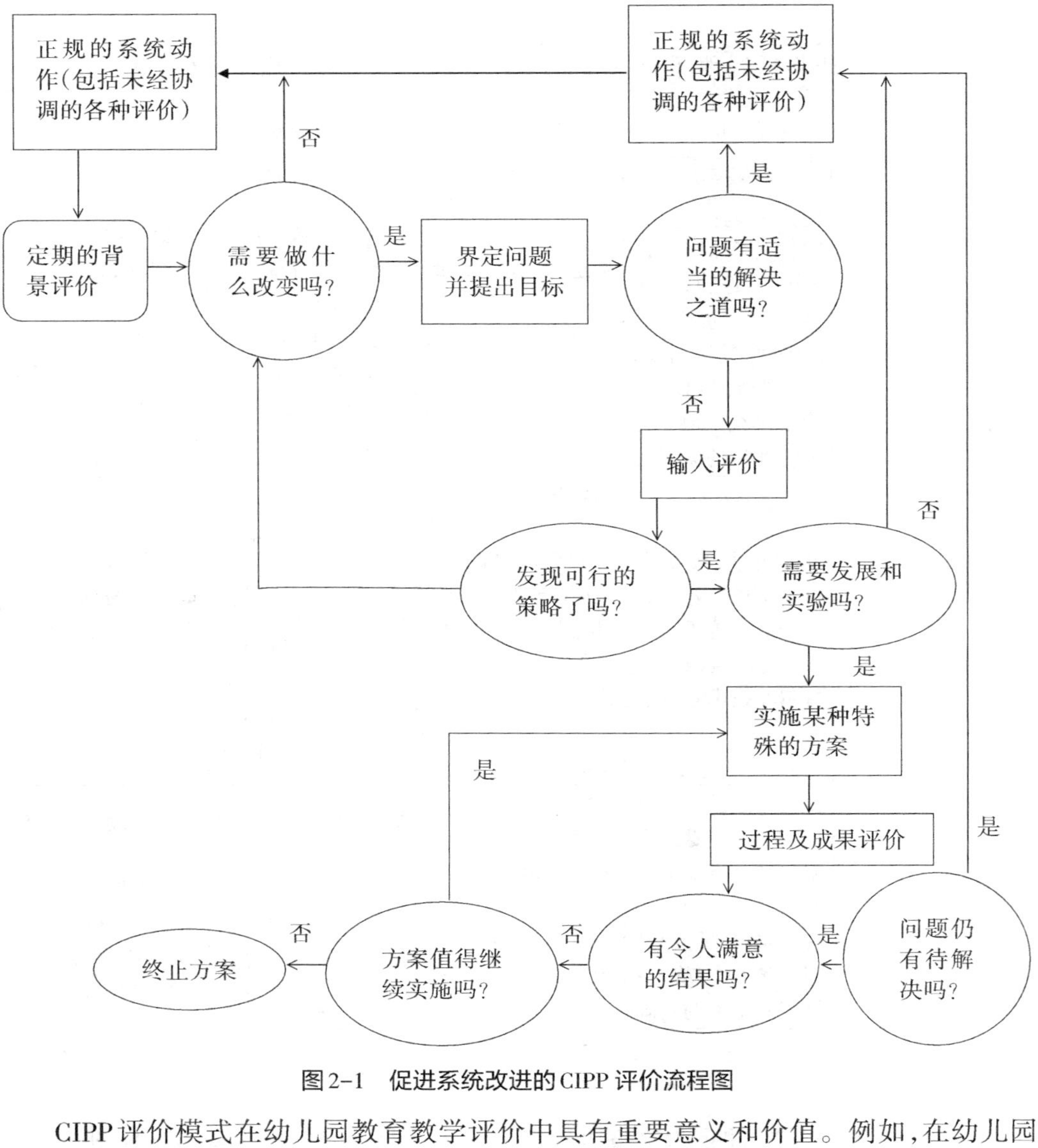

图2-1　促进系统改进的CIPP评价流程图

CIPP评价模式在幼儿园教育教学评价中具有重要意义和价值。例如，在幼儿园课程设计与实施的评价中，预先了解幼儿的身心发展特点，发现其存在的较为普遍的问题，并针对幼儿存在的问题确定所教幼儿的内容，设计符合幼儿阶段特点的教学目标和学习内容方案，开始CIPP评价模式的背景评价。在CIPP评价模式的输入评价环节，考量不同的评价方案、评价标准和方式能否反映《纲要》《指南》等文件精神，是否符合幼儿的现实需求等问题，如果回答是肯定的则该方案是最佳方案，如果回答是否定的则排除该方案。CIPP评价模式能根据幼儿教师开展课程决策的需求收集有关幼儿对课程内容学习的需要、课程内容资源、课程方案选择等方面的信息，向幼儿教师或园长等决策者提供适宜本班幼儿或本园幼儿发展的课程信息，有助于修订幼儿园教育活动设计方案、不同时间段的教学计划等。

下面以CIPP评价模式在学前教育评价中的运用为例，介绍其应用步骤。

某市某区教育局委托评价方A对其辖区内B幼儿园开展的“混龄户外游戏活动”进行评价，以确定其活动开展的效果，以及是否有在辖区内推广的价值。接受委托的评价方A准备采用CIPP的评价模式开展评价工作。

第一步，背景评价。评价方A对区教育局负责人进行访谈，了解其对于推广“混龄户外游戏活动”的看法与需求。抽样访谈区内其他的园所，了解这些园所对于开展户外混龄游戏的看法与需求，并就全区推广户外混龄游戏所涉及的教育目标的合理性，及其相关的社会背景和环境条件做出判断，形成背景评价报告。

第二步，输入评价。评价方A通过广泛访谈、实地观察、问卷调查等方式，对B幼儿园混龄户外游戏的实施方案的相关情况加以了解。从计划的达到目标的合理性，所需要投入的师资、时间安排、经费、环境材料及其他相关教育资源等维度，了解B幼儿园教师、家长、幼儿对于当前活动的看法与意见，通过整合信息，形成初步报告，并在此基础上结合面向全区推广的可行性，对于B幼儿园混龄户外游戏活动开展方案中出现的问题进行调整。然后，评价方A将修订后初步形成的活动方案与区教育局的负责人和B幼儿园的园长及教师们进行讨论，形成方案定稿。

第三步，过程评价。评价方A以一年为期，对修订后的B园混龄户外游戏活动实施过程进行跟踪调查评价。在这个过程中，A指定专门的评价人员对活动进行管理、观察、记录，并定期为教育局提供有关的活动运行情况，同时对B园的教师、幼儿家长、幼儿进行观察、问卷调查、访谈，了解他们对于新活动方案实施的看法和建议，并对评价过程做好记录和资料收集工作，最后形成过程评价报告，及时反馈给区教育局和B幼儿园，帮助它们进一步修改调整方案。

第四步，结果评价。在评价活动后期及评价活动结束后，评价方A整合前期所获得的各种资料和结果，为区教育局全面提供有关评价各方面的信息与基本结论，包含活动实施背景、输入、过程、结果评价等所有步骤的正面与负面的分析报告，报告的核心是将评价结果与方案的目标做比对，确认目标的实现程度，分析B幼儿园开展的混龄户外游戏活动是否有效达到了方案目标，能够在多大程度上进行推广。区教育局在报告的基础上，对是否要在辖区内其他幼儿园推广混龄户外游戏活动做出判断与决策。

经典研究

基于CIPP评价模型的学前教育指标体系研究①

CIPP评价模型所建构的教育指标体系具有广泛的适用性，同时具备了国际可比性。如经济合作与发展组织（Organization for Economic Co-operation and Development，OECD）基于并参考CIPP评价模型建构了自己的评价维度和指标体系，如背景维度涉及人口规模、成人受教育程度等指标，输入维度涉及教育经费和人力资源等指标，过程维度涉及教育参与、学习环境和学校组织等指标，成果维度涉及学习成果、社会与劳动力市场成果等指标。

此外，OECD教育委员会在2001年至2015年共发布了四份《强势开端》（*Starting Strong*）报告，旨在重点探究全球学前教育领域的阶段性发展。《强势开端Ⅰ：儿童早期教育和保育》关注学前教育机会、财政投入等一系列投入和过程指标的保障与监测；《强势开端Ⅱ：儿童早期教育和保育》介绍了各国应对学前教育普及与质量保障的针对性策略，重点关注背景、输入和过程指标；《强势开端Ⅲ：儿童早期教育与保育的质量工具箱》直接提出了学前教育质量提升的五个政策性工具，包括质量目标与标准、早期教育课程与标准、师资队伍质量、家庭和社区参与，以及数据收集与运用，都折射出对过程指标的特别关注。后来OECD认识到五个政策工具当中，关于质量监测的国际比较研究数量较少，随即在2015年颁布的《强势开端Ⅳ：学前教育质量监测》中，重点比较了国际学前教育的质量差异，其指标包括托幼机构服务、教师质量和儿童发展与表现三方面，分别对应着投入、过程和成果指标。不难看出OECD已经系统全面地建立了一套由教育背景、投入、过程和成果四要素相辅相成、有机统一的学前教育指标体系（如表2-2所示）。

①陈雅川，孙蔷蔷．基于CIPP评价模型的学前教育指标体系研究[J].比较教育研究，2019(5)：98-104.

表2-2 《强势开端》系列学前教育指标体系

		维度			
		教育背景	教育输入	教育过程	教育成果
文献	强势开端Ⅰ	无	以系统综合的方式制定学前教育政策；学前教育与教育部门合作；确保教育机会均等；加强基础设施和服务的公共投入	确保教育人员的培训机会和工作环境；关注数据收集与监控过程；为教育科研工作创设框架并制定纲领；各方参与提高学前教育质量	无
	强势开端Ⅱ	关注学前教育的社会背景（人口、家庭等）	建立统一机构负责管理教育系统；对学前教育公共投资做出预算；通过制定财政等政策增加教育资源；赋予学前教育机构自主权	围绕幼儿幸福、发展和学习之宗旨，尊重儿童的特有力量和差异化学习方式；鼓励家庭和社区参与儿童的学前教育；改善工作条件，提高专业水平；支持广泛的学习、参与和民主	无
	强势开端Ⅲ	无	无	确立质量目标和最低标准；设计和实施早期教育课程与标准；提高教师资质、改善教师工作条件；促进家长和社区参与；数据监测和研究	无
	强势开端Ⅳ	无	无	托幼机构服务（师生比、室内和户外场地、园所规划、课程活动等）；教师质量（师幼互动、家园合作、同事合作等）	儿童发展与表现（读写、数学和自主性等）

三、目标游离评价模式

（一）基本内涵

目标游离评价模式，又称无目标评价，由美国著名学者斯克里文在20世纪60年代后期首次提出。斯克里文在运用泰勒的目标获得性评价模式后，发现实际教育教学效果除了具有预期目标效果以外，还产生非预期的效果。然而，目标达成评价却忽视了非预期效果，这些被忽视的非预期效果形成了“副效应”（非预期效应）。[①]部分教育评价受到目标获得性评价中预期目标的限制，导致其过于关注预期目标的实现效果，使得教育评价失去了现实意义和价值。由此，斯克里文在以往以目标为中心和标准的评价模式的基础上，提出在教育活动评价中应该关注预期目标之外游离的效果，以相对全面地考察教育活动的实施效果，逐步形成目标游离评价模式。

①胡云聪，申健强，李容香.学前教育评价[M].北京：人民邮电出版社，2015：71.

斯克里文提出的目标游离评价模式的实质是强化在教育评价活动中以实际的效果评价教育计划或方案，而非仅仅以预期的目的或目标作为评价的唯一依据，需要"以需要、以顾客为基础评价"。他建议把评价的重点由"方案想干什么"转移到"方案实际干了什么"上来。作为评价者，不应该受预期教育目标影响，虽然其目标对教育活动的实施具有重要影响，但是其不是评判教育活动好坏的唯一评价标准。评价要以需要为基础，即评价应该关注评价方案能否满足实际需要的程度，关注方案结果与受其影响的人员需要之间的一致性，而非方案应满足其目的的程度及结果与目的之间是否一致。评价者的主要任务和工作是明确受影响人员的需要，需要是判定方案结果的基础。以顾客为基础，评价方案中的目的应当与顾客的要求相符合。评价者要确定顾客的各种需求，并以此作为准则。任何一种产品都应当按照顾客或社会的意愿而非生产者的愿望接受评价。因此，教育评价应当依据的是活动参与者的意图，而非方案制订者预期的目标。①

（二）具体应用

目标游离评价模式在幼儿园教育评价中也具有一席之地。下面通过以下案例介绍目标游离评价模式如何在幼儿园教育评价中实施和开展。某幼儿园领导与职工认为本园事业发展目标基本达到，但未经外部人士评价，所以拟邀请某幼教权威专家、一名幼儿园园长、一位幼儿教师、一名幼儿家长和一位教育心理学专家一起组成评价小组。在对该园事业发展目标并不了解的基础上（未听取有关幼儿园事业发展目标汇报），评价人员用三天时间观察本园机构的运行情况，与幼儿、家长、本园教职工等谈话，查阅书面记录与资料，最后根据所掌握的全部资料，写出评价报告，向该幼儿园提供了相当客观的有关该园工作情况的信息，不仅肯定了本园某些预定目标的成效与影响，而且指出一些明显却未预料的积极或消极影响。②

通过目标游离评价模式对本园事业发展情况进行客观评判，充分感受到目标游离评价模式的"去目标化"，即不以预设目标作为评价的唯一依据。本案例展现了目标游离评价模式在幼儿园教育评价中实施的大致流程，即根据具体情况选用模式—组建评价专家团队—深入调研—认真分析撰写研究报告等。

---

①胡惠闵，郭良菁.幼儿园教育评价[M].上海：华东师范大学出版社，2009：36.

②杨竞楠.幼儿园教育评价[M].长春：东北师范大学出版社，2014：140.

四、外貌评价模式

（一）基本内涵

外貌评价模式是心理学家斯塔克在泰勒评价模式的基础上，于20世纪60年代中后期提出的又一种以目标为中心的评价模式。他认为，若要评价某一教育活动的价值，必须对其做出详尽的描述和适宜的判断，只有将描述和判断两种方法有机结合，才能以目标为中心对结果做出全面又完整的评价。他坚信泰勒原理的正确性，并适时补充和完善了以目标为评价依据的泰勒目标达成评价模式，同时也指出其他模式的不足，由此提出并创设了教育评价的外貌评价模式，鼓励教育者考察评价的全貌，批评非正式评价如随机观察、主观判断、直觉感受等存在的缺点和问题。

1.收集与评价对象相关的资料

在外貌评价模式中收集资料是非常重要的，它是测量教育活动是否实现目标、在多大程度上实现目标的基础，是考察教育评价全貌的前提。斯塔克认为，所收集的资料应当包括以下三大领域。

（1）前提条件

前提条件是指教育计划实施前已经存在的、可能与教育结果有关的各种因素和条件。比如教学活动前儿童的学习倾向、已有经验、兴趣、积极性、师资条件、机构所拥有的资源条件等。

（2）相互作用

相互作用是指在教育计划实行过程中与教育活动有关的人或物之间的各种情况。涉及这方面的信息资料有：反映教学活动、作业、测验、游戏等各类活动状况的，反映教师与儿童之间、儿童与儿童之间、管理者与被管理者之间的人与人关系的，反映儿童与课程之间、儿童与活动材料之间、儿童与环境之间的各种人与物之间关系的。

（3）结果

结果是指实施计划的效果。比如教学活动之后儿童所获得的能力、态度、认识、行为变化等，教学对于教师及管理人员所产生的影响，以及教学环境的效益、资料的消耗等。

2.描述和判断的评价活动

在外貌评价模式中，评价活动主要由描述和判断构成。描述主要指考察教育计划打算实现的内容和实际观察到的事实之间一致或差异的状况，它包括意图和观察两个部分。意图着重于教育目标、预定材料、预设环境、教育教学活动的内容安排，事实上它更多地体现了方案设计者的思想;观察更多地指实际的目标情况、所采用的材料、事实环境、所实施的教育教学活动。通过意图与观察,将打算的和事实上的两者放在了一起,从而得出这两者的一致性或差异性情况的结论。

判断是指将实际获得的结果与某种标准相比较并对比较的结果做出判断的活动,它包括根据既定的标准的判断和根据实际情况的判断两种。既定的标准有时反映了一种理想的水平,有时只是一种建立在现实分析基础上的要求的体现。

外貌评价模式共有12个范畴。描述部分有意图和观察两列,分别围绕前提条件、相互作用、结果进行描述,构成6个范畴;判断部分有标准和判断两列,同样围绕前提条件、相互作用、结果进行判断,也构成6个范畴。图2-2便是外貌评价模式的模型图。

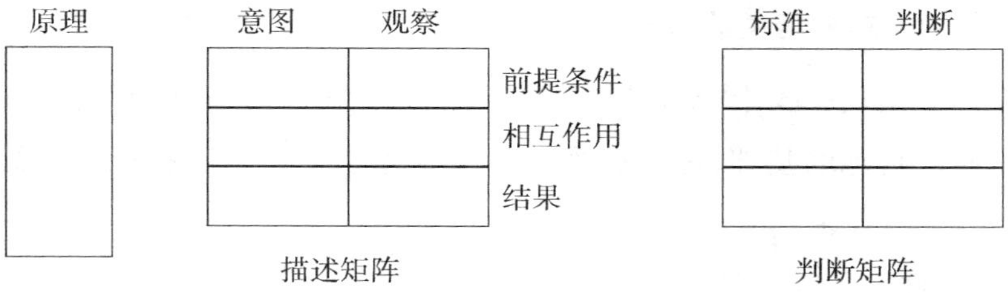

图2-2　外貌评价模式

总之,我们运用外貌评价模式开展教育评价活动时,首先必须通过各种途径获取矩阵表格中的各种资料,然后从描述和判断两个方面对资料进行处理,从前提条件、相互作用和结果三个方面考察意图与观察之间的一致性,考察按既定标准判断和按实际情况判断的相关性。

(二)具体应用

外貌评价模式以其相对完整、系统、全面的评价体系在幼儿园教育教学评价中得到了广泛应用。以幼儿园大班的主题活动“牙齿咔咔咔”教育活动评价为例,基于外貌评价模式的幼儿园教育活动评价的实施主要分为以下步骤。

1.明确目的,设计评价表

幼儿园教师为了帮助大班幼儿了解自己牙齿的状况,探究有关牙齿知识和牙齿健康意识的问题,设计了“牙齿咔咔咔”的主题活动。在开展外貌评价模式前,需要立足本活动目标,根据活动内容、要素,确定教育活动是何类型,在借鉴外貌评价模式的思想基础上设计评价表。

2. 确定评价标准

评判标准的确定是幼儿园教育评价的核心环节，需要幼儿园汇集幼儿园管理者、一线教师、家长、高校专家及社区行政主管等专业人士，结合《纲要》《指南》等文件要求，立足幼儿园日常生活教育时机，对幼儿实施爱护牙齿、养成按时刷牙好习惯的教育活动，计划在一个月内完成，每天20分钟。结合大班幼儿生长发展特点和活动目标等实际情况，切实量身定制相应标准，设计了“先天因素”“过程因素”“结果因素”等评判标准。

3. 实施开展评价活动

专家或教师通过观察、问卷调查、深入访谈、测试等多样化的形式深入调查了解本次教育活动的实施情况及实施效果，并将观摩、调研信息按照“先在因素”“过程因素”“结果因素”等维度，填写评价表中的“观察”内容（见表2-3）。在评判环节，首先，对活动计划意图进行评价，指出前提、过程和结果三者可能存在的联系；其次，把实际观察到的情况与教师活动设计方案的情况进行比较；再次，对实际观察到的前提、过程和结果等三者之间的关系是否与预期一致进行分析；最后，将本次教育活动设计方案与活动观察情况及评价标准进行比较，评判其是否一致。

在下结论环节，需要对一次幼儿园教育活动、幼儿园一日活动或幼儿园单元主题活动等形成等级性结论，并通过评价报告等形式，用文字说明形成结论的具体原因，也可形成描述性结论。在评价报告等书面材料中，需提出本次幼儿园教育活动是否需要修改以及如何改进等，进而提出具体建议与措施。

表2-3　“牙齿咔咔咔”主题活动评价表[①]

	描述矩阵		判断矩阵	
	意图	观察	标准	判断
先在因素	大班幼儿正处于换牙的人生阶段，换牙也反映生命的成长！然而乳牙如果不健康，恒牙就要受影响。但许多家长、幼儿缺乏这方面的卫生保健意识，因此，有必要开展此活动	一个月内全部幼儿（38人）都参与过主题活动，但是3个幼儿参与的活动少于1周，4个幼儿的活动少于8天	牙齿问题因人而异，但人的健康意识却相互影响，解决了大多数幼儿牙齿知识和牙齿健康意识问题，个别幼儿问题就容易解决	教师经回顾性判断，认为不必对缺席的幼儿进行弥补性教育，而应更多地关注为幼儿创设和谐、自然的教育环境和氛围

①魏中杰.浅谈外观评价模式在幼儿园主题活动中的实践效用[J].赤峰学院学报（自然科学版），2014(20)：274-275.表格格式有调整。——编者注

续表

	描述矩阵		判断矩阵	
	意图	观察	标准	判断
过程因素	计划第一周主题“我的牙齿”；第二周主题“爱护我的牙齿”；第三周主题“换牙”；第四周主题“不一样的牙”。主题活动尽量让幼儿自己主动探究。家长配合完成主题活动	让幼儿做音乐律动感受健康的牙齿；进行角色游戏扮演发现牙齿的问题；故事创编体验换牙我不怕的勇敢；通过表演探究不同的牙齿。大家都能快乐地参与整个活动	活动尽量在和谐的、自然的师生关系、亲子关系中进行，避免说教	教师认为，主题活动结合音乐律动，角色扮演、创编故事和表演等方式符合大班幼儿身心发展特点，牙齿认识问题迎刃而解
结果因素	让幼儿在单元主题活动中顺利解决有关牙齿知识和牙齿健康意识的问题	主题活动结束后，全班38名幼儿中只有2个人仍然不主动参与活动	允许幼儿存在个体差异，即使在活动结束时，有少数幼儿不参与活动也可接受	教师相信，一个月后幼儿的牙齿知识和牙齿健康意识问题基本解决，因此活动实施是有效的

五、应答评价模式

（一）基本内涵

心理学家斯塔克在1974年发表的《方案评价的特殊方法——应答评价》一文中提出了应答评价模式，后来由美国学者古巴和林肯等人进一步发展和完善。

斯塔克认为，评价一个方案可以有不同的方法，没有哪一种方案是绝对正确的。但无论采用哪一种方法，都必须向评价听取人（被评价者）提供他们所关心的信息，评价者应该充分了解他们所关心的问题。衡量一种评价是不是应答评价模式，主要看它是不是愿意牺牲某些测量上的准确性来换取对评价听取人的有用性，是不是更关心方案的活动而非方案的内容，是不是能够满足评价听取人对信息的需求，是不是能在反映方案得失长短的评价报告中反映不同的价值观点。因此，所谓应答评价模式，实际上是指评价者通过各种方法了解那些评价听取人的需求，并结合实际活动的情况，对评价方案或决策做出修改，以“应答”绝大多数人的需要的一种评价模式。这突出体现了斯塔克重视所有评价参与人的需求在评价过程中的作用的观点。在实际情况发生变化时，根据评价听取人的需求，对评价方案做出修改，以“应答”所有评价参与者的需要。①

①杨竞楠.幼儿园教育评价[M].长春：东北师范大学出版社，2014：144.

古巴和林肯认为，以往的每一种评价模式虽然都力图符合社会发展的要求，但所存在的缺陷也是显而易见的：

(1)在评价中评价者与被评价者的地位不平等；

(2)在评价中重视体现评价者的价值观，而忽视被评价者的价值观，被评价者常常因不能表达自己的意愿而受到伤害，进而采取不合作的态度；

(3)在评价中过分依赖科学的范式，使评价过于重视数的测量，而不是质的探究。①

基于以上问题，他们认为开展应答评价，必须以所有与方案有利害关系或切身利益的人(特别是被评价者)所关心的问题为中心。

(二)具体应用

在具体应用时，斯塔克提出了12个在评价过程中不断重复出现的事件，并将此比喻为一个钟面，因而也被人称为“斯塔克时钟”。“我的这个钟却既可以顺时针又可以逆时针运行，有时甚至还可以彼此跨越。换言之，任何事件都能够发生在任何事件之后。而且，许多事件可以同时发生。”②评价者在评价结束前应该多次“光顾”这12个事件中的全部或部分事件(见图2-3)。斯塔克创设的应答评价模式最主要的特点是强调评价要为一切与评价有关的人员提供有用的信息。他认为应答评价模式遵循着以下步骤。

第一，评价者需要与评价方案的相关人员进行广泛接触，例如，与评价幼儿园语言教育活动的园长、骨干教师、高校专家等接触，需要对涉及本次语言教育活动方案的幼儿教师、参与幼儿、家长等进行观察、访谈、判断等充分调研，从而获取评价委托人的要求。

第二，确定评价范围。在评价者获取的被评价委托人要求的基础上，明确本次评价活动的范围。例如，幼儿园语言教育活动评价需要界定清晰哪些内容、主题、目标的教育活动为本次评价的范畴。

第三，了解方案活动。评价者等均需要围绕本次教育活动评价的需求和确定范围等深入了解本次评价的具体过程。只有前期深入调研和了解，才能保障本次评价的顺利实施。

第四，评价者需要对方案的实施进行实地观察。在幼儿园教育活动开展之后，作为评价者的幼儿园园长、骨干教师、高校专家等需要深入评价一线，在具体的活动观察、体验、访谈等过程中进行实地调研，进而获取相应较为翔实的评价资料。

①刘淑兰.教育评估和督导[M].上海：华东师范大学出版社，2000：21.

②斯塔克.方案评价的特殊方法——应答评价[C]//瞿葆奎.教育学文集·教育评价.北京：人民教育出版社，1989：331.

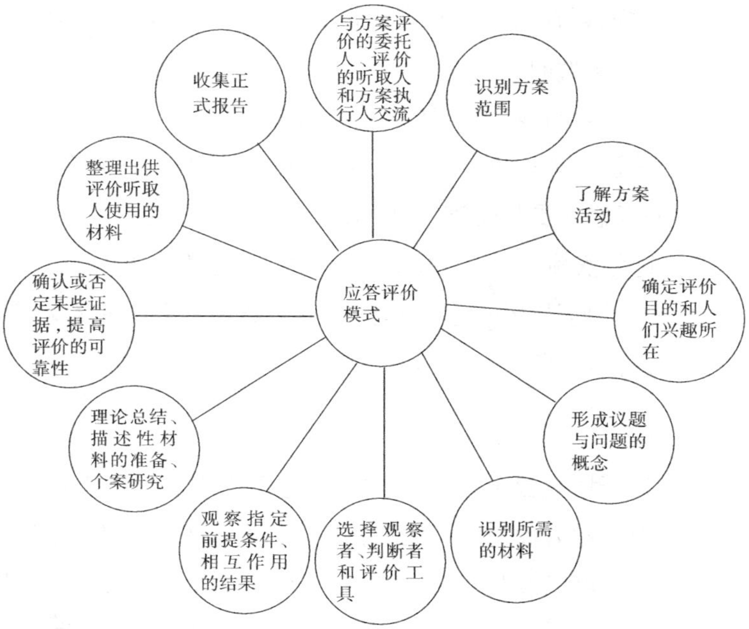

图2-3　应答评价模式的"十二个事件"①

第五，评价者将方案预期目标与实际结果进行比较。评价者需要将调研获得的实地观察资料与预期的幼儿园教育评价目标进行比较，形成对教育评价目标达成程度的判断。

第六，评价者对评价应该回应的问题进行修订，即评价者需要基于本次幼儿园教育评价活动存在的问题对原有的评价方案进行修改，进而获得较为完备的评价活动方案。

第七，评价者重新设计评价方案。评价者需要根据前期调研获取的反馈，尤其是其存在的问题，修改原有的教育评价方案。

第八，根据不同要求选择搜集信息的方法。在新改进的教育评价方案中，评价者根据存在的不同问题重新获取不同的评价方式与方法。

第九，对搜集的信息进行加工与处理。在新改进的教育评价方案中，评价者特别需要明确幼儿园教育评价信息是否运用观察、访谈和实地调研等方式进行搜集，运用何种方式与方法进行分析与反思。

第十，将已经处理的信息根据需要回答的问题进行分类，再次将改进后的教育评价方案搜集的资料与存在的问题进行梳理，并相应地归类。

第十一，对整体方案进行全面评价与判断。这需要评价者对整个教育评价设计、

---

①王坚红．学前教育评价[M]．北京：人民教育出版社，2010：69．图的形式有改动，标点有改动。——编者注

实施等，对照需求，形成较为客观、全面的评判。

第十二，将评价结果形成正式报告，分发给相关人员。在应答评价模式的最后一个环节，评价者需要根据初次及第二次改进后搜集的评价结果进行对比，撰写形成正式的评价报告，并及时反馈给相应参与幼儿园教育活动的评价者、评价对象。应答评价模式关注教育评价方案实施过程中的各方评价者及评价对象的意见，及时获得教育评价方案的各种信息和反馈，从而适合幼儿园美术教育活动、音乐教育活动等评价标准较难测量的教育评价活动。

六、差距评价模式

（一）基本内涵

差距评价模式是由美国课程论专家普罗沃斯在1969年为评价学校课程而设计的评价模式。差距评价模式的设计者认为评价的主要目的是比较“标准”和“表现”，作为课程决策、改进的依据。该模式通过将课程实施与课程标准进行比较，分析其符合程度，充分利用两者差距的信息评判课程需要改进或提升之处，对课程实施及课程决策提供重要参照。

普罗沃斯认为，课程评价不仅要看课程设计方案（幼儿园教育活动设计），而且还需要关注课程实施的标准，要依据不同课程建立不同评价标准，以此作为评价依据。普罗沃斯认为标准一般包括以下三方面内容：课程方案的预期目标（预期因素）；课程实施目标所需的人员、媒介和设备（先在因素）；课程实施过程中，达成目标过程中师生需从事的活动（过程因素）。

（二）具体应用

普罗沃斯在其差距评价模式中提出以下五个评价阶段，每阶段又涵盖三个步骤，如表2-4所示。

表2-4 差距模式评价流程表[1]

	确立设计标准	比较	改变
设计阶段	关于方案应达到的预期目标;实现目标应备的人员、媒体、设备、培训等(先在因素),为达成教育目标师生需要从事的活动(过程)	评价者将所设计的方案成分与标准比较	如发现设计的方案与标准不符,要决定是终止标准抑或调整方案
装置阶段	设计的方案	将装置的方案与设计的方案比较,以了解所装置的方案和原来计划的符合程度;要搜集装置方案的资料,包括目标、先在因素和过程	对于装置方案与设计方案不符的情况,要及时调整,保证设计方案的忠实执行
过程评价	方案实施过程中一系列能够导向最终目标达成的中间目标	了解中间目标是否达成	可进一步了解先在因素、过程因素和学习结果的关系,从而调整这些因素
产出评价	方案的预期目标(最终结果)	将方案产生的实际结果与预期目标相比较	
成本效益分析	其他相当的方案	比较此方案与其他相当的方案的成本效益,回答哪个方案最经济有效的问题	

如表2-4所示,差距评价模式的第一个阶段是设计阶段,即界定方案标准阶段。该阶段对预期因素、过程因素和先在因素等进行详细描述和界定,形成评价标准,进而更好地开展对师生的针对性评价。

第二个阶段是装置阶段,即形成设计方案阶段。该阶段将通过标准建立起来的方案的资料,如活动目的、先在因素和过程因素等,与标准进行比较,明确已装置方案和原计划的达成度或符合度。本阶段的常见问题是教师是否能依照标准开展活动,若出现不一致则需要重新训练师资开展活动。

第三个阶段是过程评价阶段。本阶段目的在于了解导向最终目标或结果的中间目标是否达到,从而进一步了解先在因素、过程因素和学习结果的关系并调整这些因素。本阶段评价的重点和中心在于学习活动是否产生预期效果。

第四个阶段是产出评价阶段。这一阶段的目的在于探讨教育方案的最终目标或预期目标是否达到,将方案产生的实际结果与预期目标相比较。

①刘佩佩.几种典型课程评价模式探析[J].湖北第二师范学院学报,2011,28(3):117-199.

第五个阶段是成本效益分析阶段，最后一个阶段旨在通过比较目前完成的方案和其他相当的方案，找出最经济有效的方案。

差距评价模式前四个阶段均需要在标准和方案之间寻找差距。在设计阶段，评价者将所设计的方案的内容（预期因素、先在因素、过程因素）与方案应具有的内容相比较。在装置评价阶段，评价比较的是已装置的方案的内容和设计的方案的内容。在过程评价阶段，评价比较的是中间目标和最终目标。在产出评价阶段，比较的是实际的最终结果与预期的最终结果。评价者找出标准和方案的差距以后，则应探讨造成差距的原因，并决定下一步的行动。最后一个阶段，则是横向比较已实施方案与其他同类方案的经济有效性。从上述分析可见差距评价模式贯穿纵向与横向的比较。

本章小结

本章重点讨论了学前儿童评价的六种主要评价模式。其核心内容总结如下：

1. 教育评价制度的最初萌芽是我国古代的考试制度，但教育评价制度和理论的真正形成和发展是在19世纪后半期以来的西方。

2. 学前教育评价作为考量并提升学前教育质量的主要方式，越来越受到人们的关注和重视。学前教育评价起始于以测验为主的教育测量，历经描述性评价、判断性评价及建构性评价的阶段，在新时期呈现出融合、多样化的发展趋势。

3. 在教育评价发展历程中，较为典型的有目标达成评价模式、CIPP评价模式、外貌评价模式、目标游离评价模式、差距评价模式及应答评价模式，每种模式均有其特有的使用步骤，在不同类型的学前儿童教育评价活动中发挥不同的价值和作用。

思考与实训

1. 西方教育评价的历史发展经历了哪几个主要阶段？各个阶段具有哪些主要特点？

2. 根据外貌达成评价模式评价某幼儿园课程时，哪些是先在因素，哪些是过程因素，哪些是结果因素，请举例说明。

3. 目标达成评价模式的实施步骤有哪些？

4. 如何评价应答评价模式，其具体的优势和不足有哪些？

第三章

学前教育评价方案

学习目标

- 了解学前教育评价方案设计的主要内容。
- 理解评价指标拟定的原则与步骤。
- 掌握学前教育评价资料搜集的主要方法。

学习重难点

- 重点：本章的重点在于把握学前教育方案设计的内容，以及掌握学前教育评价信息搜集的方法。
- 难点：本章的难点在于理解如何有效拟定学前教育评价的指标。

案例破冰

一个家长带孩子（化名：玉玉）到医院咨询孩子的发育情况。玉玉，年龄2.5岁，体重17.5千克，身高98厘米。试问：孩子属于肥胖儿童吗？

按照2—7岁儿童标准体重的计算公式：体重=实足年龄×2+8（千克），可知2.5岁儿童的标准体重是13千克。玉玉比同龄儿童的标准体重多4.5千克。如果按照超过同性别、同年龄儿童平均体重的20%为肥胖标准进行判断，玉玉属于肥胖儿童。

请注意这样一个问题，玉玉身高98厘米，比大部分同龄儿童高。按照2—7岁儿童标准身高的计算公式：身高=年龄×5+75（厘米），2.5岁儿童的标准身高是87.5厘米。由此可知，玉玉比同龄儿童高10.5厘米。

按照正常情况，个子高的儿童体重也重。根据标准体重的计算公式可知，98厘米身高是4.6岁儿童的标准身高，4.6岁儿童的标准体重是17.2千克，由此可知，根据身高判断，玉玉的体重属于正常情况。

那么，玉玉属于肥胖儿童吗？[①]从上例可知，对玉玉的发育情况进行价值判断时，依据的标准不同，判断的结果就不同。对任何对象进行价值判断时，必须提前制定判断依据，才能进行判断。学前儿童教育评价的实施也需要提前制定判断依据，并按照一定的规范进行，才能对其做出科学的价值判断，这就涉及根据具体的情况来制定与之相适应的评价方案与指标的问题，这也是本章要探讨的重要问题。

①李玉侠，杨香香，张焕荣.幼儿园教育评价[M].北京：北京师范大学出版社，2017：63.

第一节 评价方案的设计

一、评价方案的内容设计

无论何种类型的评价，一般都需要首先明确评价的目的，确定需要评价的主要问题。然后将评价问题具体化和操作化，并定义可测定的评价结果。这些都是评价方案应当包含的内容。一般而言，评价方案除了要对评价项目的一般性工作计划，如评价项目的费用预算、人员配备、完成各阶段任务的时间表等做出明确的规定之外，还包括以下各项内容。

（一）明确评价目的和评价问题

明确评价的目的和确定评价所要回答的问题是评价方案需要考虑的主要问题。评价目的不一样，评价要解决的问题也就不同。比如，我们要对幼儿语言发展能力进行评价，达到这一目的，要解决的问题是：影响幼儿语言发展的最直接因素是什么？通过调研发现，家庭教育环境是影响幼儿语言能力发展的最直接因素。家庭教育对幼儿的早期语言发展有巨大作用。父母经常给孩子阅读书籍，孩子的语言发展会优于其他的孩子。那如何创设一个良好的阅读环境就是我们重点评价的问题。又或者，评价幼儿园的游戏活动质量，为了这个目的，我们需要解决的问题有：幼儿园为幼儿提供了哪些游戏的场所、设施和引导？教师的游戏理念是否专业？该幼儿园具备哪些优质的游戏案例？明确和解决了这些问题，我们的评价才会有针对性和有效性。

（二）建构评价的指标体系

指标体系是实施评价活动的主要工具，它是由各项单个的指标组合在一起形成的系统化的、关系密切的指标群。教育评价指标体系的设计和计划是整个评价过程的基础，也是关键性环节，是实施评价的依据，是保证教育评价的客观性和科学性的奠基工作。评价的指标可有不同的层级，如一级指标、二级指标、三级指标等，它们是有关的教育目标、机构目标或课程目标的具体化、分解化、行为化、操作化的形式。例如，根据《幼儿园教师专业标准（试行）》的精神，为了评价幼儿教师专业发展，需要建构一个指标体系，可以从专业理念与师德、专业知识、专业能力三个角度评价，评价者根据各项指标的达成情况做出综合性判别。指标体系的设计是一项技术性很强的工作，需要大量的专业化理论知识与丰富的实践经验有机结合。

（三）确定评价方法和收集评价材料

评价方法是为了进行评价所采取的活动方式、程序和手段的总称。在设计评价方案的过程中，应根据评价需要选择合适的评价方法，为评价工作的实施做好准备。同时，需要讲解清楚评价工具的使用条件和使用规则，例如，评价幼儿教师的教学能力就需要观察教学活动，评价幼儿教师的教学反思能力就需要分析教师的教学反思日记。[①] 收集评价资料有多种方法，如实地观察、填表调查、访问谈话、查阅文件、口头或书面汇报等。不同的方法各有其特点与作用，应根据评价的目的、内容等适当地选用。譬如，评价者需要了解全园幼儿家长对幼儿园家园交流质量的评价，如果涉及的家长人数很多，就可以采用网络问卷的方式收集资料；要了解幼儿园的骨干教师对于幼儿园管理质量的意见和评价，涉及的人数较少，可以采用一对一深度访谈的方式。

（四）准备评价记录表格与文件

在设计方案时，应根据评价的指标体系及计划所采取的方法，制定出适宜可行的评价表格与文件，其中包括为各种对象（如评审专家、行政领导、教师或家长等）使用填写的表格及其详细的使用说明；访问谈话时的提问或汇报提纲；各分类资料的汇总表格；等等。在设计表格时，应当注意全面、合理、科学，尽量考虑周全，保证重要评价信息不至于遗漏，并力求精练、简明、统一，让使用者能方便、准确地使用。

（五）制定资料分析计划

评价者在收集了相关的评价资料之后，最后需要对收集的资料进行分析和处理，因此评价的方案中应有明确的分析资料的计划。在制定资料分析的计划时，应该根据搜集到的资料拟定适合的分析方式。譬如收集的资料是大量的量化数据，如某集团幼儿园数千名幼儿一学期的身高、体重等数据，可以采用相关的统计软件进行分析。如收集到的数据是小样本的文本数据，如对几位幼儿教师的深度访谈文本记录，可以采用对文本进行编码的方式进行分析。正因为资料类型不同，采用的分析方式也不同，因此，在分析资料之前需要对资料进行整理和分类，以保证资料分析与处理的顺利进行，保证收集的资料能够真正有效地应用到评价工作中去。

---

①李玉侠，杨香香，张焕荣．幼儿园教育评价[M]．北京：北京师范大学出版社，2017：65.

二、评价指标拟定的原则与步骤

任何一项评价都要有一个指标体系作为它直接的依据。确定适宜的指标体系是评价工作中极为关键的部分，它为我们开展学前教育评价工作提供了可以参照的标准和尺度。

（一）确定评价指标体系的原则

学前教育评价指标直接影响着学前教育评价的质量。建立学前教育评价指标体系的过程必须遵守某些原则，才能保证学前教育评价指标体系的质量。

1. 方向性原则

方向性原则是指学前教育评价指标体系的建立要反映国家的幼儿教育改革的方向，并且能促进幼儿教育的发展。在建立评价指标体系的过程中，有关人员必须认真调研国家的教育方针和政策，保证评价指标体系的建立是遵照国家的教育政策和教育发展规划的。同时，评价指标体系的建立是为了促进现在的幼儿教育向更高层次发展。

2. 科学性原则

评价指标的制定作为学前教育评价的第一环节，必须从源头上保证评价过程的科学性。在建立指标体系的过程中，也就是在对教育目标进行分解的过程中，一定要注意各项指标的代表性、典型性以及相互独立性，这样才能保证指标能反映评价对象的本质，能够全面地反映评价对象的特征。

3. 整体性原则

整体性原则是指学前教育评价的指标体系是一个有机的整体。在进行目标的分解过程中，要注意各级指标组成的指标体系是一个有机的整体，各个指标从不同的侧面反映评价对象的特征，同时要满足指标体系的完整性要求。

4. 层次性原则

层次性原则是指学前教育评价指标体系的各层级之间层次分明。评价的指标体系是由一系列相互之间有着紧密联系的指标组合而成的。体系内的指标之间应该是相互独立的，不能有重叠现象，也就是说，指标之间不能重复。

5. 可行性原则

可行性原则指学前教育评价指标体系符合我国幼儿教育的实际，在评价过程中是可行的。首先，指标能测出评价对象在该指标所体现内容方面的达成程度，能测出需要测的内容的达成程度，同时，能区分出不同的对象在该指标方面的差异性。其次，每一项指标有具体的、可操作的内容，这样在评价过程中不同的施测者能对该指标有一致的认识，从而保证评价结果的可信程度。最后，要注意指标体系的每一项指标在评价工作中的可行性。每一项指标都有具体的资料做支撑。评价过程中收集的相关内容，可以反映该指标的达成程度。评价指标要能够对收集到的资料进行分析处理，并能够反映不同的对象的差异性。

专题探讨

如何看待学前教育质量评价中评价指标的运用

近年来，随着人们对学前教育质量的重视，越来越多的幼儿园开始引进一些国内外知名的相关学前教育质量评价指标体系，用整套指标评价幼儿园的教育质量、环境质量、师幼互动的质量，也让老师们应用指标开展课程活动和儿童发展的评价。对于这些评价指标，老师们往往抱有一种复杂的态度，一方面感觉有了指标，无论是观察评价儿童的发展，还是评价自己的教学，都有了可参照的依据；另一方面，老师们也面临着一些困惑，在应用指标来评价的时候，会有指标不适用的情况，评价的时候，有的指标不知道该怎么用，好像怎么用都不对。

事实上，老师们的困惑反映了学前教育质量评价中如何有效应用评价指标的问题。在学前教育质量评价的过程中，制定相应的指标并开展评价，能够给评价者开展评价以“抓手”，但在另一方面，对指标的运用也存在“只见手段不见目的”的误区，把学前教育中的评价狭隘地理解为制定评价指标，并完全刻板照搬标准来对学前教育的活动进行判断，达到标准就是“好”，没有达到指标要找现实和指标之间的差距，想方设法使之符合标准，在这一过程中，指标变成了目的，变成了手段，而真正的教育目的却被忽视了。于是，在实践中就有了很多只做“表面功夫”的评价，评价的结果似乎就是为了迎合某种目的，但看不到孩子的真实发展，也无法准确把握园所的教育质量。

那么，我们究竟应该如何在学前教育评价中有效应用指标呢？以下一些建议可供参考：

首先，要熟悉和把握指标背后的教育理念与制定的背景。每一套评价指标背后都蕴含着制定者的教育理念和背景，评价者要深刻理解其背后的教育理念与背景，才能够真正地理解指标，避免为了评价而评价、浮于表面地应用指标。

其次，要在实践中灵活应用指标。任何评价指标都有一定的适用范围，并非学前教育质量的方方面面都能够标准化，而如果发现有的评价指标和现实情况不符，就需要灵活地看待指标，不能不符合标准就想尽方法采取措施达到要求，把评价等同于符合指标。

再次，要根据幼儿园的情况对指标进行园本化。特别是一些国外的学前教育质量评价体系，很多指标因为国情不同、文化背景不同，不宜完全照搬，需要结合幼儿园的实际情况进行本土化、园本化的调整，才能够有针对性地应用指标。

最后，有效地应用指标，不仅体现在通过指标开展评价学前教育的质量，更重要的是要在评价的基础上促进学前教育质量的改进，以“评”促“进”，才能充分发挥指标应用的有效性。

（二）设计指标体系的步骤

在学前教育评价中，对评价对象做出的价值判断，是以反映学前教育各有关方面的发展和质量目标为依据的。例如，对幼儿园管理的评价，要依据《幼儿园管理条例》中规定的管理目标；对幼儿发展的评价，应依据与我国的教育方针、培养目标以及与《幼儿园工作规程》《指南》中的目标要求与指引拟定相适应的幼儿发展目标；对幼儿园课程的评价，要依据课程的目标，保证评价与课程目标在逻辑上的一致。然而，部分目标的表述可能是概括的、抽象的、原则性的，很难直接用作评价依据。因此，有必要把它们转换成更加精细、具体、可通过实际观测而获得明确结论的内容。这样的转换过程，即确定评价指标体系的过程。

评价的指标体系，包括一系列具体指标所组成的指标集合（或称评定因素集、评估要素集或评价标准集）以及相应的权重系数（权重系数，即确定每一指标重要程度的数量标志）的集合。在一个指标体系中，任何一项指标都不能反映全部的目标，而只反映目标的某一个方面或局部，只有把一群相互联系的指标系统化，组成某种结构体系，才能反映目标的整体。这里所说的系统化，就是把许多指标组成具有逻辑合理性的层次结构，并全面、综合地考虑和分配各层次、各项目的权重。下面是设计指标体系的具体步骤。

1.在目标分析的基础上初步形成指标集

根据明确的评价目的，在深入领会与分析的基础上，对学前教育目标和管理目标等进行分解，这是形成评价指标体系的常用方法。有时候会因为学前教育现象的复杂性，需要借助若干中间环节，一层一层分解下去，把目标分成越来越精细的层次，最后落实到具体可操控的指标中去。在目标和指标之间形成一个呈金字塔形的指标体系 。见图3-1。

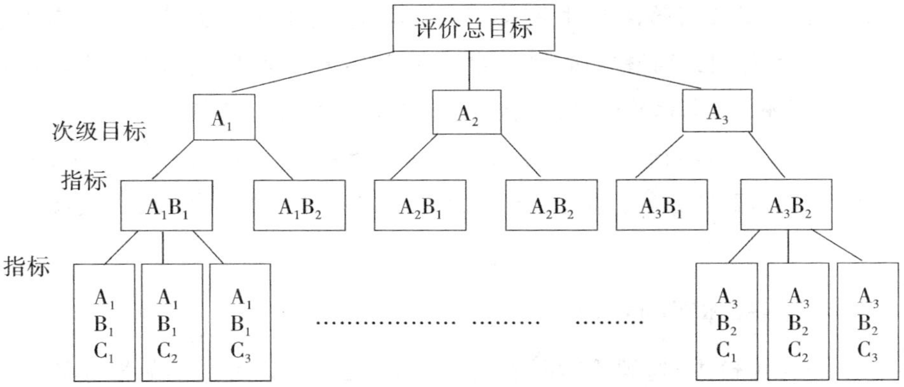

图3-1　评价指标集的多层次结构图

例如，要对一所幼儿园的保育教育质量进行评价，就要根据《幼儿园管理条例》《幼儿园工作规程》《指南》中的规定制定评价指标，具体包括：第一，办园方向；第二，保育与安全；第三，教育过程；第四，环境创设；第五，教师队伍。根据对上述目标的领会与分解，可以形成如下的层次结构，从而逐渐产生指标集。见图3-2。

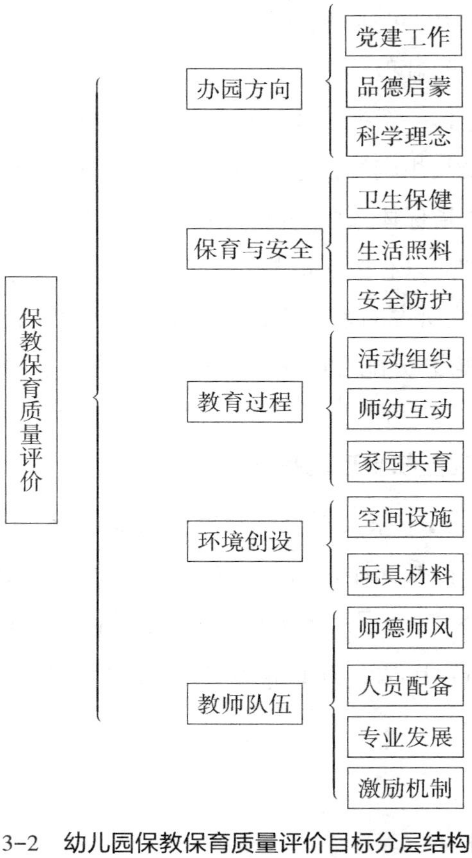

图3-2　幼儿园保教保育质量评价目标分层结构图

2. 明确规定指标要素的操作性定义

对已经拟定的指标集中的所有评价要素，都应当明确地规定其含义和达到的标准，并阐明评价该要素所要进行的测量活动及其操作过程，以便在评价过程中通过实际观测来把握评价对象在特定要素方面达到标准的程度。

揭示指标要素的内涵，尽可能准确地用文字概括地将之表达出来，即规定评价要素的概念定义。在此基础上，采用适宜的测量手段，获取足以表明要素特征的对象资料，并与一定的标准相对照以判断对象达到标准的程度等这一系列的过程与内容所构成的文字说明，就是指标要素的操作定义。一个完整、可行的指标体系，应当包括精心设计的合理评价要素标准与测量操作过程，即包括各项指标要素的操作性定义。

例如，在《幼儿发展评估手册》（南京师范大学与南京实验幼儿园，1993）指标体系中，对于“认识数量的实际含义”这一评价要素，可以规定如下操作定义（仅供参考）。

要素名称：认识数量的实际含义

要素含义：能进行10以内唱数、点数、数物匹配及数量守恒

测量方式：日常观察记录和个别测查

评分标准（每达到一项得1分，最高得分为6分）：

—— 会唱数1—10。

—— 手口一致点数1—10。

—— 掌握10以内的数列（出现数列卡片时，会填出数列中所缺少的数字）。

—— 能根据实物（或数字）取出相应的数字（或实物）。

—— 10以内数字守恒。

—— 长度和体积守恒。

3. 确定指标权重集

确定指标集之后，还应慎重地确定各项指标相应的权重。指标体系中各要素的权重，标志着该要素在整个指标系统中的重要程度。各要素的权重构成了指标体系的权重集，它表示诸因素的关系。权重集的科学性程度影响着评价工作的科学性程度，因此确定权重是一项十分重要的工作。具体方法有以下两种。

（1）归一化方法

首先经过专家或有经验人员的反复研讨，确定由评价目标分解而成的若干子要素（如14个），然后请有关人员按规定的数量（如8个）选出自己认为重要的要素。再由设计者把获得票数最多的8个要素的票数归一化，以得到这些要素各自的权重，归一化的步骤如下：首先，将前8个要素的票数相加求和。然后将每个要素的得票数与之前

求出的总和作比，并计算出比值。例如，计算出的总票数是500，要素1得票为107，则107/500=0.214，计算结果为该要素的权重。

（2）特尔菲法

所谓特尔菲法，是指让一个小组成员在没有面对面的相互影响或相互对抗的情况下，对某个复杂问题达成一致的方法。其最大特点是防止权威人士、群体压力对个人的判断造成影响，保证个人的独立思考，使之能在没有别人的压力下发表意见或判断。具体方法如下：

第一步，请一些专家（比如10位专家）对A_1、A_2、A_3、A_4、A_5五项指标的重要性程度进行判断，重要性等级分别有很重要、重要、一般、不重要、很不重要五个等级，每个专家在每项指标上只能选择一个等级。

第二步，将收回的专家咨询表进行统计，并赋予各重要性等级相应的分值，分5、4、3、2、1。见表3-1。

表3-1　指标权重专家咨询表

指　标	很重要(5)	重要(4)	一般(3)	不重要(2)	很不重要(1)
A_1	5	3	0	0	0
A_2	1	3	5	1	0
A_3	3	4	1	1	1
A_4	0	0	1	5	4
A_5	0	1	3	4	2

第三步，将专家认定最多的各项指标的重要度及其等级分作为确定权重的依据，计算出第一轮专家咨询结果的权重。见表3-2。

表3-2　第一轮专家咨询权重计算结果

指 标	重要性等级得分 f	权重 $\frac{f}{\sum f}$
A_1	5	$\frac{5}{16}$=0.31
A_2	3	$\frac{3}{16}$=0.18
A_3	4	$\frac{4}{16}$=0.25
A_4	2	$\frac{2}{16}$=0.13
A_5	2	$\frac{2}{16}$=0.13
合计	16	归一化：0.31+0.18+0.25+0.13+0.13=1

第四步，将第一轮权重的值反馈给专家，进行第二次咨询。第二轮时要求每位专家对每项指标再进行赋值，并对五项指标的权重赋值总和进行归一化处理，取专家赋值的平均值作为第二轮专家咨询的结果。见表3-3。

表3-3 第二轮专家咨询权重计算结果

指标	第一轮赋值	第二轮赋值										权重
		1	2	3	4	5	6	7	8	9	10	
A_1	0.31	0.31	0.30	0.28	0.30	0.31	0.30	0.31	0.30	0.25	0.31	0.30
A_2	0.18	0.18	0.17	0.20	0.20	0.18	0.18	0.18	0.20	0.20	0.18	0.19
A_3	0.25	0.25	0.27	0.21	0.25	0.25	0.28	0.25	0.25	0.25	0.25	0.25
A_4	0.13	0.13	0.15	0.15	0.15	0.13	0.15	0.13	0.15	0.15	0.13	0.14
A_5	0.13	0.13	0.11	0.16	0.10	0.13	0.09	0.13	0.10	0.15	0.13	0.12
合计	1	1	1	1	1	1	1	1	1	1	1	1

根据第二轮咨询结果，A_1、A_2、A_3、A_4、A_5这五项指标的权重依次为0.30、0.19、0.25、0.14、0.12。第二轮咨询结果出来之后，如果觉得有必要还可以进行第三轮咨询。这样几轮咨询以后，专家们对某一指标或者某些指标的权重值的看法就会趋向一致，也就可以得到比较一致可靠的权重值分配结果。

4.指标体系的定案成文

当设计者认为已有的指标体系已达到一定的成熟程度时便可以把它定案成文。在定稿以前，应注意以下两点：第一，指标体系常可用表格形式呈现，应力求使各层级指标的形式统一和整个体系的排列美观；第二，应尽可能纳入必不可少的重要信息，如权重系数、具体操作定义和评分标准等，增进指标体系的可理解性和便于操作性。

三、指标体系编制步骤实例

下面我们结合实例，按步骤分解如何编制适宜的指标体系。如果需要对5岁幼儿进行发展评价，我们可以将5岁幼儿的发展这一总目标分解为身体与动作发展、认知发展、品德与个性发展三个一级指标，并在此基础上分别编制二级指标和三级指标。由于篇幅有限，我们仅就三个一级指标中的“身体与动作发展”的指标体系编制进行分解。①

①相关表格实例节选自：霍力岩.学前教育评价[M].北京：北京师范大学出版社，2015：200-201.有改动。——编者注

（一）分解目标建立指标体系，将一级指标分为二级指标和三级指标

以5岁幼儿的身体与动作发展这个一级指标为例，可将之分解为“参加体育活动的兴趣”“健康水平”“粗大动作技能”“精细动作技能”“生活能力”等5个二级指标，每个二级指标也应进一步分解为更细化的三级指标，如“粗大动作技能”这一二级指标，可分解为“基本动作”“综合动作技能”“操节队形”等三级指标，最后形成一个多层次的指标集，具体见表3-4。

表3-4　5岁幼儿身体与动作发展三级指标体系

一级指标	二级指标	三级指标
身体与动作发展	1.参加体育活动的兴趣	参加体育活动的兴趣
	2.健康水平	健康水平
	3.粗大动作技能	1.基本动作
		2.综合动作技能
		3.操节队形
	4.精细动作技能	1.使用工具
		2.使用文具
		3.美工技能
		4.结构造型
	5.生活能力	1.自我服务能力
		2.简单的劳动技能
		3.自我保健、保护能力

（二）确定指标的评价等级与可操作的评价标准，赋予分值

在完成三级指标体系建构的基础上，对每一个三级指标进行操作性定义和分级，譬如将二级指标“粗大动作技能”下的三级指标“综合动作技能”分为从高到低四个评价等级，为每一个评价等级编制出可操作的评价标准，赋予分值，从而使得每一个三级指标都可以进行参照评价。具体如表3-5所示。

表3-5　三级指标“综合动作技能”的评价等级与标准

一级指标	二级指标	三级指标	评价标准			
			1级（5分）	2级（4分）	3级（3分）	4级（2分）
身体与动作发展	粗大运动技能	综合运动技能	会运动器具的多种玩法，会拍球、跳绳等复杂的动作技能，平衡性好	会运动器具的多种玩法，会拍球、跳绳等复杂的动作技能，平衡性一般	会运动器具的简单玩法，拍球、跳绳等复杂的动作技能掌握不好，平衡性差	不会使用运动器具，基本上不能拍球、跳绳

（三）为指标分配权重，形成可计量的评价体系

在拟定好每一个三级指标各等级的评价标准之后，我们需要做的就是根据不同指标在评价体系中的地位和重要程度，对它们分配适宜的权重，形成可以计量的体系。

譬如，在对5岁幼儿的发展评价中，首先，通过查阅相关文献和咨询专家等方法，将5岁幼儿发展评价三个一级指标——身体与动作发展、认知发展、品德与个性发展在整个评价体系中的权重分别确定为“身体与动作发展”占总分的40%，即权重为0.4，“认知发展”占总分的30%即权重为0.3，“品德与个性发展”占总分的30%，即权重为0.3。

其次，对每个一级指标下的二级指标赋予权重，如对一级指标“身体与动作发展”下的“参加体育活动的兴趣”赋予权重0.1对“健康水平”赋予权重0.2，对“粗大动作技能”赋予权重0.2，对“精细动作技能”赋予权重0.2，对“生活能力”赋予权重0.3。

再次，对每个二级指标下的三级指标赋予权重，如对二级指标粗大动作技能下的“基本动作”赋予权重0.4，对“综合动作技能”赋予权重0.3，对“操节队形”赋予权重0.3。

最后，我们将形成一个标有权重分配的三级指标体系，由于篇幅有限，仅以5岁幼儿的身体与动作发展评价权重体系示例，如表3-6。

表3-6　5岁幼儿身体与动作发展的权重分配

一级指标	二级指标	三级指标
身体与动作发展	1.参加体育活动的兴趣（0.1）	参加体育活动的兴趣（1.0）
	2.健康水平（0.2）	健康水平（1.0）
	3.粗大动作技能（0.2）	1.基本动作（0.4）
		2.综合动作技能（0.3）
		3.操节队形（0.3）
	4.精细动作技能（0.2）	1.使用工具（0.3）
		2.使用文具（0.2）
		3.美工技能（0.3）
		4.结构造型（0.2）
	5.生活能力（0.3）	1.自我服务能力（0.4）
		2.简单的劳动技能（0.3）
		3.自我保健、保护能力（0.3）

（四）形成完整的评价方案与标准

通过将赋予权重的指标体系，与各指标下具体的评价等级与标准相结合，便形成了较为完整的评价方案。表3-7仅截取5岁儿童发展评价完整方案中三级指标“综合动作技能”的评价标准为例，我们可以看到，其中包括了关于三级指标“综合动作技能”

的4级具体评价标准与分值,也包含了“综合动作技能”在整个方案中的权重,“综合动作技能”在二级指标“粗大动作技能”中的权重为0.3,“粗大动作技能”在“身体与动作发展”中的权重为0.2,“身体与动作发展”在整个评价体系中的权重为0.4。

表3-7　关于5岁幼儿综合动作技能的评价标准

一级指标	二级指标	三级指标	评价标准			
			1级(5分)	2级(4分)	3级(3分)	4级(2分)
身体与动作发展(0.4)	粗大动作技能(0.2)	综合动作技能(0.3)	会运动器具的多种玩法,会拍球、跳绳等复杂的动作技能,平衡性好	会运动器具的多种玩法,会拍球、跳绳等复杂的动作技能,平衡性一般	会运动器具的简单玩法,拍球、跳绳等复杂的动作技能掌握不好,平衡性差	不会使用运动器具,基本上不能拍球、跳绳

第二节　评价资料的收集

学前教育评价的结果是依据评价过程中所收集到的评价资料做出的综合判断。因此，评价资料的全面性、正确性将直接影响到评价结果的可靠性和有效性。获得足够的客观有用的资料，必须依靠科学的收集方式。学前教育评价中常用的资料收集方式主要有：问卷调查、观察记录、访问谈话、量表测查等。下面将介绍每一种方法的主要内容、基本要求、使用步骤，并分享案例。

一、基于问卷收集材料

问卷法是调查研究中最常用的方法之一。在学前教育评价中，经常采用这种方法收集评价信息。问卷法以书面形式向评价对象提出问题，让评价对象以回答问题的形式发表自己的看法，从而收集评价信息。问卷法因其不受空间限制、评价对象回答方便等优点，可以在短时间内收集到大量评价信息，而且往往便于整理和统计分析。问卷法可以应用于幼儿教师和家长，了解他们对幼儿园各项工作的意见，以及幼儿的学习与发展进步的情况等。

（一）编制问卷的具体内容

问卷的设计和编制是一项技术要求较高的工作。题目的设计要针对调查的对象，所含问题的数量应当适宜。由于调查者与被调查者一般不直接进行言语交流，因此要获得较满意的调查结果，在问卷的设计与编制方面应付出特别的努力。下面就来介绍一下编制问卷的具体内容。

1. 问卷的构成

问卷主要由前言和题目两部分组成。前言是问卷不可缺少的部分，它一般包括的内容有：本项调查的目的与价值、个体作答的重要性、对答卷者做保密的允诺、可能给予作答者的报酬形式、调查者署名等。前言部分的文字要求简洁明了。

2. 问卷的种类

一般情况下，收集评价信息使用的问卷有两种类型：结构型问卷和非结构型问卷。结构型问卷是指问卷的题目和答案都是提前规定好的，评价对象只能按照要求答题。

李克特量表是选择型中最常见的形式。李克特量表是一种带有顺序测量量度数字的量表。即首先要有一组与题目相符合的答案，比如："非常赞同、赞同、不确定、不赞同、很不赞同""非常满意、满意、不确定、不满意、很不满意""很好、好、一般、不好、很不好"等，让作答者在一组答案中选择一个答案。每个答案对应一个数字，比如5、4、3、2、1。总计结果时，要求将同一问题或主题的所有题目的得分总计起来。另外，还可采用按重要性程度排序、以"是"或"否"的选择方式设计结构型问卷题目。非结构型问卷是指问卷的结构比较松散，只列出问题，没有规定好的答案，需要评价对象自由写答案，这样可以获取更广泛、更全面的材料，有些甚至是出乎意料的材料。

3.问卷题目的措辞要适宜

针对调查对象选用适宜的词汇。不同的调查对象群体对词汇意思的理解可能会有所不同。某些词语对某些特定的调查对象具有独特的含义，这些词语如用得适当，有时也能极好地表达问题的意思；用得不好，则常常会适得其反。因此，在出题前必须对调查对象的文化背景和文化水准有较为全面的了解。鉴于目前学前教育评价中的调查对象是幼儿教师和家长，文化程度参差不齐，一般来说，应使用简单明了的词语，避免专用术语和那些意思含糊不清的词语或模棱两可的解释，多重否定可能造成理解含混而使答题者误解题意，应避免使用。例如，这样的题目不太合适："给幼儿发小红花作为奖励是不是一种不好的奖励呢？

（二）问卷法案例

下面是一个运用问卷法的案例，评价者编制这个问卷，目的是在评价过程中，了解和收集教师对与同事及同事的工作相关的看法。问卷采取了李克特4点量表的形式，便于统计计分。

同事问卷调查①

老师：

您好！

作为评估的重要部分，我们征求你的反馈，需要了解你对同事工作的看法。所有调查都是匿名的。我们将综合所有信息后与教师分享结果。谢谢您的参与。

教师姓名：

日期：

幼儿园：

---

①资料来源：安热勒·桑乔·帕塞.幼儿园教师评价与支持[M].北京：教育科学出版社，2020：147.有改动。——编者注

我的同事：

1.打扫和布置教室(　　)

A.是　　B.有时　　C.不是　　D.不知道

2.能管理好学生的行为(　　)

A.是　　B.有时　　C.不是　　D.不知道

3.和孩子们关系融洽(　　)

A.是　　B.有时　　C.不是　　D.不知道

4.能够清楚地理解和解释幼儿园的课程(　　)

A.是　　B.有时　　C.不是　　D.不知道

5.教孩子们一些社交技能(分享、礼貌、关心等)(　　)

A.是　　B.有时　　C.不是　　D.不知道

6.教孩子们一些学习技能(语言、数学、科学、艺术等)(　　)

A.是　　B.有时　　C.不是　　D.不知道

7.教孩子们一些健康与安全的常识(　　)

A.是　　B.有时　　C.不是　　D.不知道

8.提供具有发展适宜性的活动(　　)

A.是　　B.有时　　C.不是　　D.不知道

9.评价孩子的进步,并与同事讨论这些数据(　　)

A.是　　B.有时　　C.不是　　D.不知道

10.与我沟通良好(　　)

A.是　　B.有时　　C.不是　　D.不知道

11.友好,乐于助人(　　)

A.是　　B.有时　　C.不是　　D.不知道

12.穿着和行为上很职业(　　)

A.是　　B.有时　　C.不是　　D.不知道

二、基于观察收集资料

观察,即通过感官或一定的仪器设备,有目的、有计划地观察对象的行为表现,记录观察到的事实并加以分析、归纳和解释。

观察法是学前教育评价中应用得最基本、最普遍,也是最重要的方法,如幼儿教师和家长可通过日常活动收集幼儿发展的有关信息,通过观察幼儿的行为了解幼儿的身体发育和心理特征，及时发现幼儿可能存在的问题行为和心理障碍，为进一步的教育和干预提供依据。教师可以在幼儿的游戏和自由活动时间观察幼儿的创造性、语言能力、同伴关系、分享行为或攻击性行为等方面的表现。但是，观察法也有一定的局限性。比如，观察资料的收集和解释在很大程度上受到观察者本人的知识能力水平等因素的影响，许多行为在观察时并不一定会发生，而且观察法的运用往往需要花费较大的人力和较多的时间。所以，在使用观察法的时候需要遵循一定的流程。

（一）观察前的准备工作

在实施观察之前需要提前做好准备工作，观察前的准备工作主要有以下几点。

1.确定观察目的

观察目的是观察工作的出发点，是我们选择观察内容、观察类型的基础，所以在观察之前一定要明确观察目的，根据观察目的确定观察内容，根据观察内容选择合适的观察类型。例如，对幼儿园教育效果的评价，其观察目的就是了解幼儿园的教育效果，根据这一目的选择的观察内容应该包括幼儿对教育活动的兴趣、参与积极性，幼儿与教师、同伴的交往关系，幼儿发展达到培养目标的要求等。选择的观察类型按照结构特征划分分别是非结构式观察和结构式观察。

2.制订观察计划

制订观察计划也是观察前的准备工作，严密的观察计划是观察顺利实施的前提，观察计划要包括观察的目标、观察的对象、观察的情景、观察时间安排、观察记录方式等。

3.准备观察所需材料

观察过程中所需要的材料包括观察的维度、观察的记录表等。在观察指标详情表的制定方面，因为观察目标是相对比较抽象的，所以需要对其进行分解，形成观察的维度，可以对制定好的观察维度体系进行预测，获得观察的信度和效度。观察的信度常用计算观察（评分）者同意率来表示观察者之间的一致性系数。同意率的算法为一致同意的项目数与各人所评项目数之和的商，乘以观察评分者人数。[①]例如，有3个观察者对20个观察项目进行观察，所得结果一致的项目有14个，则同意率为[14/(20+ 20 + 20)]×3=0.70，该项观察的研究信度就是0.70，没有达到高于0.85的要求，表明研究信度没有达到要求。观察效度一般从内容效度、描述效度及解释效度方面进行考察。

这里介绍一个量化取向的观察工具——幼儿园集体教学中教师提问的观察，以此

---

①王坚红.学前儿童发展与教育科学研究方法[M].北京：人民教育出版社，1991：59.

来介绍观察工具的制定过程。参见表3-8。

首先,形成观察的维度。这需要根据观察目标确定主要概念以及主要概念可以分解成的维度。幼儿园集体教学中教师提问的观察目标是观察记录幼儿教师的提问行为,主要概念是"提问行为"。根据查阅资料得知,幼儿教师的提问行为可以从提问的目的、提问的问题的质量、提问的对象、教师的候答时间和候答期间教师的作为,以及教师的反馈等方面进行评价。所以,将观察的维度定为提问的目的、提问的问题类型、提问的对象、教师的候答时间和候答期间教师的作为,以及教师的反馈等。

其次,制作观察记录表。观察维度确定好后,观察的主要目标已明确,但是每个内容有独特的计量方式,我们需要对每个维度进一步细化,形成可测量、可操作的观察记录表。

表3-8　集体教学中教师提问情况观察记录表

提问的时间	提问的次数	提问的目的	提问的问题类型	提问的对象	候答时间和候答期间教师的行为	教师的反馈

4. 进行内容的操作性定义

对于制定好的观察记录表,不同的评价者可能对其维度的理解存在差异性,所以需要我们对每个维度进行解释,形成关于维度的操作性定义。这样,表格的可操作性更强,有利于不同的评价者对同一内容形成共识,并按照统一标准做出评价。

提问的目的指教师为什么提问,希望通过提问达到什么样的目的,分为突出重难点、课堂衔接、了解幼儿的能力发展、其他四项。

提问的问题类型指问题属于什么类型。布鲁姆将认知领域的六个层次划分为识记、理解、应用、分析、综合、评价,在此基础上可将提问分为低认知水平的问题、高认知水平的问题、非认知水平的问题。其中,低认知水平的问题主要包括识记型和理解记忆型问题,高认知水平问题则包括应用型、分析型、综合型和评价型问题,非认知水平的问题是指关注情感态度、关注纪律的问题。

提问的对象分为集体和个人两种。面向个人的对象又可分为积极主动的幼儿、不积极主动的幼儿。

教师的候答时间以及候答期间的作为，指教师等待幼儿思考的时间以及候答期间呈现的行为，呈现的行为包括言语引导、直接观察、无反应等。

教师的反馈指幼儿回答问题后教师要给予及时的、合适的反馈，有利于幼儿了解自己答案的对与错，也有利于提问的进一步发展。教师对幼儿的反馈主要包括以下几个方面：肯定、称赞、重复或者转述、重复问、直接否定、不置可否等。

（二）观察的具体实施过程

1.执行观察计划

在观察的实施过程中，应严格执行观察计划。如果在观察过程中确实发现观察计划有不合适的地方，可以根据观察目标做出适当的调整，调整的依据是有利于获得最佳的观察效果。

2.做好观察记录

无论是结构式的观察还是非结构式的观察都需要做好观察记录。观察记录是得出结果的依据，如果在观察过程中记录得不够完善的，一定要在观察结束时及时补充完整。另外，在质性取向的观察中一定要尽量记录观察内容，且要注意将记录的真实描述与评价者的推测加以区分。

3.整理和分析观察材料

在每一个内容的观察结束后，都需要及时对观察资料进行整理，保证观察资料的完整性，如果发现有不完整的，趁着对观察情景还有印象应尽早补充完整。如果观察的周期比较长，还需要对每个阶段的观察资料进行整理、归档，避免再收集到的资料与其混淆。资料整理好后，需要对观察记录做出分析。

学习研究

如何开展幼儿园游戏活动的观察评价

在国务院印发的《深化新时代教育改革总体方案》中，明确要求“幼儿园教师评价突出保教实践，把以游戏为基本活动促进儿童主动学习和全面发展的能力作为关键指标，纳入学前教育专业人才培养标准、幼儿教师职后培训重要内容”。可见，开展游戏活动的能力是评价幼儿教师专业能力的关键，而幼儿园教师在游戏活动中常常感到困惑的是不知道该怎么观察幼儿的游戏，收集相关的评价资料。在观察评价幼儿的游戏方面，安吉游戏做了非常多的探索，积累了非常丰富的经验，鄢超云教授说：“我觉得“安吉游戏”中的教师头脑中都有三张地图。一张是儿童发展地图,具体体现为像《指南》一样的儿童发展知识、对儿童发展的期待;一张是班级儿童发展地图,意味着教师对班级中每一个儿童了如指掌;一张是资源地图,意味着教师对儿童游戏的区域以及整个幼儿园范围内哪里有什么、会发生什么、可以发生什么、可能发生什么,心中有数。这些地图不是由某位专家“画”好送到教师手里的,而是教师自己“画”的且不断完善的,是一个从粗略到精准、从局部到整体的过程,也是一个‘发现儿童’的过程。”①

请同学们从观察的角度搜索关于安吉游戏的相关资料,了解安吉的老师是如何在游戏中观察儿童的,相信你会对如何通过游戏观察评价儿童有更为深入的了解。

三、基于访谈收集资料

访谈法是评价者与评价对象通过面对面的、有目的谈话,以获取评价信息的方法。访谈法与日常交谈是不一样的,日常交谈目的性不强、谈话形式随意,而访谈法有明确的谈话目的,对谈话形式也有一定的要求。谈话法不受读写能力的影响,适用于一切具有口头表达能力的不同文化程度的谈话对象,方便易行。但谈话法对谈话结果的分析受谈话者的个人主观影响较大,而且谈话的过程和谈话所得资料的分析都比较费时费力,谈话效果也受环境、时间和谈话对象的特点等条件的限制。

(一)访谈的形式

访谈既可以是一对一的个别访谈,也可以是若干人参加的集体座谈。不管什么形式的访谈,都要按照一定的要求来进行才能收集到所需的一手材料。根据访谈的结构化程度的不同,访谈法可以分为结构型访谈、半结构型访谈和非结构型访谈。结构型访谈是指评价者按照事先设计好的访谈提纲的问题和顺序对评价对象进行访谈,对所有评价对象进行相同的谈话,收集评价对象的回答,以获取评价信息。结构型访谈的内容和形式都比较标准,因此又称为标准型访谈。半结构型访谈是指评价者按照事先准备好的问题对评价对象进行访谈,收集评价信息的方法。该方法对问题呈现的顺序没有要求,对谈话的形式也没有要求。非结构型访谈是评价者根据评价目的对评价对象进行访谈,评价者可以根据需要组织访谈内容,有什么样的访谈问题完全出于评价目的的需要,访谈形式更灵活。在很多情况下,这三种方式的谈话可以结合运用,以发

①鄢超云.“安吉游戏”与发现儿童[J].幼儿教育,2021(28):29-31.

挥它们各自的长处,避免它们的不足之处。

(二)应用访谈法的注意事项

(1)谈话前要明确谈话目的和熟悉谈话内容,了解对象的背景情况,选择好谈话的时间和地点,准备好谈话所需要的材料,如提纲或备忘录、记录纸和笔等。

(2)谈话开始之前应通过闲聊一些幼儿感兴趣的问题,设法营造自然轻松的交谈氛围,与幼儿建立一种合作友好的关系。

(3)与幼儿谈话时,谈话者应态度亲切自然,避免幼儿情绪紧张。谈话内容应是幼儿生活中所熟悉的,提问时使用的文句应简单易懂,但又针对谈话目的。

(4)可用录音机记录谈话全过程,事后再做笔录,但要注意现场做适当的笔记,把录音机无法记录的内容,如谈话对象的表情等非言语动作表现及时记录下来。

(5)与家长和教师谈话时,由于父母和教师对幼儿的认识、态度和要求有所不同,有时不能客观地、公正地反映有关儿童的情况。比如父母往往会夸大或淡化儿童的行为问题,或者忽视幼儿已经存在的较为严重的问题行为。因此,在谈话时提出的问题应尽可能具有客观针对性,在分析谈话所获资料时还应考虑谈话对象对幼儿的态度和期望程度,以及对象的个性特征,等等。

经典研究

皮亚杰的对偶故事访谈研究

所谓道德认知,又称为道德认识,是指人们对客观存在的道德现象、行为准则及其意义的主观反映。那么,儿童判断是非善恶的道德认知能力是如何发展的呢?瑞士心理学家皮亚杰采用了一种对偶故事访谈的研究方法进行相关的研究。皮亚杰认为,在测评涉及人的行为规范和道德时,如果采用直接测评的方法,那么被试会受到很多因素的影响和制约,其反应的真实性程度就会降低,为了克服这一弊病,他意识到要采取一种间接的访谈方法,他设计出向被试讲述对偶道德故事的方法,让被试在访谈中对研究者所设计的行为类型进行道德判断。为此,皮亚杰及其同事按研究的目的编撰了许多包含道德价值内容的情境故事,它们以对偶道德故事为主,因而称为“对偶故事法”。

这种对偶故事按评价目的的要求,对故事中的各种因素严格控制。如道德动机和产生的效果是一对对偶故事,一个故事中的主人公的过失行为是无意的或出于好意的,但造成较大的损害;另一个故事中的主人公的过失行为完全是有意的，但造成较小的损害。在研究开始的时候，主试先向被试讲述一对对偶故事，然后让儿童进行判断。判断之后，主试继续向儿童提问，以弄清儿童进行判断的理由，并根据结果判断儿童的道德认知发展水平。

通过整理分析对偶故事访谈收集的相关资料，皮亚杰把儿童的道德认知水平分为两级：一级是他律水平，儿童侧重通过故事导致的结果来进行是非判断，一级是自律水平，儿童侧重通过故事中人物的动机来进行是非判断。儿童的道德认知发展就是从他律向自律发展的。皮亚杰的这种通过向儿童讲述故事来间接推断儿童道德认知发展的方法，为后来的研究者所广为采纳和使用。直到今天，在儿童道德认知发展领域的研究所取得的重要成果都是与皮亚杰早年的开创性研究分不开的。①

四、基于测验收集资料

基于测验收集资料，即评价者通过编制相关的测验题目，按照规定程序，运用测量的方法来收集评价资料的过程。

（一）测验的类型

根据测验的标准化程度的不同，可以把测验分为标准化测验和非标准化测验。标准化测验是指评价者严格按照标准化测验的步骤编制测验，按照标准的程序，编制标准化的内容，在测验的常模、题目拟定、实施过程、计分方法等方面都符合标准化的要求。简单地说，标准化测验是基于一套标准的、公认具有较高的信度和效度的测试工具而开展的测试。非标准化测验则是评价者基于自身需要自编的一些测验，往往也称为自编测验。

在学前教育评价中，标准化测验较早地应用于收集儿童心理、智力等方面的发展水平评价信息，评价者使用标准化测验的主要目的在于诊断与度量儿童是否处于正常发展的水平，以便及时发现儿童的特殊才能，以及确定儿童发展中所存在的问题、缺陷或障碍。其中，智力测验是最常用的标准化测验。智力测验的结果，通常用心理年龄（Mental Age，简称MA）和智力商数（Intelligence Quotient，简称IQ）来表示。智商是心理年龄（MA）与实足年龄（Chronological Age，简称CA）之比，因而也称为比率智商（Ratio IQ）。智商的计算公式是：智商=心理年龄/实足年龄×100。由于智商是心理年龄除以实足年龄再乘以100的得数，所以智商为100者，其智力相当于同年龄人的一般水平，属于

①洪灵敏.道德认知发展研究方法述评[J].当代教育论坛，2008(3)：48-50.

中等智力。在一般人口中，智商呈正态分布，即中等水平的是大多数，两端的是少数。

标准化测验的优点在于其编制的过程、施测的方式、计分的过程、结果的解释都经过了严格的标准化，具有较高的信度与效度，可以直接用来测试，也可以通过将测试结果与常模相比较，确定评价对象在群体中的位置。标准化测验应用的不足在于，编制的要求较高，编制信效度高的测试需要耗费大量的时间与精力，一般而言，评价者很难自行编制符合要求的标准化测试题目，由于标准化测试的目的是便于大量应用的，因此在应用的灵活性、满足个体化需求方面存在不足。在学前教育阶段使用标准化测验是富有争议的一个话题，标准化的测验也并非一种最合适于评价儿童的评价方法，但是它有着其他评价方法不可替代的功能与作用，是非此即彼地否定掉标准化测验的使用，也非专业之道。作为教育者，我们应该在了解不同评价方法的基础之上，使用多种不同的评价策略去开展评价。

（二）标准测验法应用的注意事项

1. 根据被试的特点选择合适的测验工具

由于幼儿在发展和能力上的局限，测验内容和形式、项目数量、测试时间等必须与他们的当前反应能力相适应。比如，幼儿注意力持续时间短，小肌肉动作不够发达，不能阅读文字等。幼儿模仿性强，所以对幼儿的测验一般采用个别测验，不适合采用团体测验。选择测验时应从以下几个方面仔细阅读量表说明书，了解其内容，以便判断该测验是否符合当前需要。

（1）测验目的、所要测试的特征，以及测验的用途、适用范围等。

（2）测验设计、选择项目的依据和方式、量表的编制过程、测验情况与结果。

（3）测验量表是否具有较高的信度和效度。如果是标准化测验，还要考虑其常模所代表的样本总体是否符合当前评价的需要。

（4）测验操作指南，包括实施测验的具体步骤与方法、指导语、材料、时间，以及如何处理与解释测得的分数等。这些内容都应与测验目的相吻合。

2. 标准化测验并非人人可用

运用者必须经过严格的专门训练才能恰当地实施测验，并解释测验的结果。对许多人来说，测验手册中的内容十分复杂和难以理解。例如，无法判断手册中提供的信度系数是否合适，建立常模所用的样本是否足够大，测验题目是否适宜于测验对象，等等。因此，测验必须在有经验人士的指导下使用。

3. 做好测验前的准备工作

包括熟悉测验程序和指导语，预备测验所需材料，选择适宜的测验地点和环境（一般应为被试日常学习生活的环境，应尽力排除外界干扰）。还要努力与被试建立良好的关系，取得被试的合作，保证测验的效果。

4. 严格执行程序且考虑幼儿实际

测验时要解释清楚后再开始，测验过程中应控制时间，注意幼儿的疲劳征兆，不能催促幼儿，要在幼儿感到舒适轻松、精力充沛时进行，中途要有一定的放松停顿。对有缺陷的幼儿，应考虑其适应性和需要，既允许其有独特的反应，又保持正确的测试意图。

本章小结

本章重点讨论了学前儿童评价方案设计的内容、评价指标体系构建的步骤、评价信息收集的主要方法。其核心内容总结如下：

1. 评价方案除了应当对评价项目的费用预算、人员配备、完成各阶段任务的时间表等做出明确的规定之外，还包括明确评价目的和对象、设计评价指标体系、收集评价信息资料并进行有效分析。

2. 确定评价指标体系，应坚持方向性、科学性、整体性、层次性和可行性原则。

3. 评价者可根据指标设计的基本要求，选择切合实际的指标设计方法。

4. 评价资料的全面性、正确性将直接影响到评价结果的可靠性和有效性。学前教育评价中常用的资料收集方式主要有：问卷调查、观察记录、访问谈话、量表测查等。

思考与实训

1. 简述评价方案设计的基本内容。

2. 评价指标拟定的原则有哪些？

3. 结合具体案例描述设计评价指标体系的步骤。

4. 简述观察的具体实施过程。

5. 应用访谈法收集资料时应注意哪些事项？

6. 应用标准测验法进行测验时应注意哪些事项？

第四章

学前儿童发展评价

学习目标

● 理解学前儿童发展评价的基本内涵、目的与作用。

● 理解国内外学前儿童发展评价体系的基本内容与结构。

● 掌握并能够初步应用学前儿童发展评价中常用的评价方法。

学习重难点

● 重点：本章的重点在于把握学前儿童发展评价中的测验、观察评价、档案袋评价、学习故事等主要评价方法。

● 难点：本章的难点在于对基于《指南》的儿童发展评价、基于DRDP的儿童发展评价、高瞻儿童观察评价系统和作品取样系统等国内外儿童发展评价体系的整体内容把握和对相关儿童发展评价标准及评价方式的理解。

案例破冰

张老师是一名新入职的幼儿教师，在平时的工作中，张老师觉得最困难的是面对孩子家长们提出的一系列关于儿童发展的问题。早上晨接的时候，欣欣妈妈问："同事的孩子和我家欣欣都是4岁，为什么我的宝宝才刚学会从1数到10，同事的孩子就会10以内的加法了？他数学方面的能力是不是有点落后呀？"放学的时候，桐桐爸爸又问："张老师，为什么我家宝宝4岁半了，说个简单的小故事都不会？隔壁比他大几天的小姐姐，都会完完整整、绘声绘色地讲白雪公主的故事了！"每当张老师遇到这类问题的时候，就觉得真是不好给家长讲，自己以前倒是学过学前儿童发展心理学，但这方面好像也没专门地讲。其实，张老师面临的问题也是每一位幼儿教师在工作中要面对的问题。那么，什么是儿童发展评价？我们如何适宜地评价学前儿童的发展？是否有可供参照的标准与工具？

《纲要》明确指出，教育评价是幼儿园教育工作的重要组成部分，是了解教育的适宜性、有效性，调整和改进工作，促进每一个幼儿发展，提高教育质量的必要手段。《幼儿园教师专业标准》明确地将评价幼儿作为教师必备的专业能力，指出幼儿园教师应能“客观地、全面地了解和评价幼儿”，并“有效运用评价结果，指导下一步教育活动的开展”。可以说，能否恰当地对学前儿童的发展做出评价，是衡量幼儿教师专业性的重要标准，这也是本章所要重点探讨的问题。

第一节　学前儿童发展评价概述

一、学前儿童发展评价的内涵

学前儿童发展评价是依据学前教育目标，以及与此相适应的学前儿童发展目标，运用教育评价的理论与方法，对学前儿童在身体、认知、情感与社会性等方面的发展进行价值判断的过程。它是了解学前儿童发展的情况，对学前儿童实施有效教育的重要手段，是学前教育评价中最为核心、最为重要的内容。

由于学龄前的儿童尚不具备读写的能力，身心的各项机能处于快速的发展过程中，义务教育阶段常用的统一测验等方法在学前儿童发展评价中并不是主流的方法，学前儿童发展的个体性和差异性使得教师对于学龄前儿童的评价往往面临着更多的挑战。《指南》中强调："要充分理解和尊重儿童发展进程中的个别差异，支持和引导他们从原有的水平向更高的水平发展，切忌用一把尺子衡量所有的幼儿。"事实上，一名合格的学前教育者，只有全面、清楚地了解学前儿童的发展状况，才有可能提供有针对性的教育，给予每一个学前儿童适宜的帮助，使学前儿童在原有的水平上得到发展。若要做到这一点，就必须对学前儿童进行系统的、有意识的评价。具体地说，学前儿童发展评价内涵包括以下几个方面。

（一）关注学前儿童多方面的发展

学前儿童发展的表现是多方面的，学前儿童发展评价所涉及的内容也应当是多样化的。在学前儿童发展评价中，既要关注学前儿童的身体运动、在各学习领域知识技能的获得，也要关注学前儿童的社会交往与情感体验等各个方面；既要关注学前儿童的个体差异，儿童的气质、性格、情感和兴趣、家庭和社会背景，也要关注儿童在某一阶段在身体、语言、社会等方面的发展状况，在具体活动中的发展情况；既要关注学前儿童当前的发展现状，也要关注未来学前儿童的发展潜能。

（二）基于事实对学前儿童发展做价值判断

鄢超云将教育评价总结为"事实判断+价值判断"，是在事实判断基础上的价值判断。[①]基于学前儿童发展评价的价值判断也是建立在事实判断的基础上的，也就是说，学前儿童发展评价是建立在教育者充分掌握儿童发展的事实信息的基础上的。在学前儿童发展评价中，应尽量从教师对幼儿的观察、与幼儿的直接接触和互动中，而非靠道听途说去获取信息，应尽可能运用观察记录、谈话交流、作品交流等多种方法获取信息，唯有如此，才有足够的基础对学前儿童发展做出恰当的事实判断，并进而做出合理的价值判断。譬如我们在评价儿童的生长发育状况时，可以通过测量身高、体重，对照相应的身高、体重指标来判断儿童的生长状况是否达标，这是基于数据、基于量化手段进行的评价；我们在评价儿童的生活习惯时，通过观察记录儿童在幼儿园的日常生活行为，通过访谈家长了解儿童在家的行为习惯，在此基础上对孩子平时的生活习惯做出判断，这是基于观察、访谈等质性手段来收集信息并做出的评价。无论是采用量化的还是质性的手段，目的都是为我们的儿童发展评价提供进行价值判断的事实依据。

（三）更好地促进学前儿童的发展

促进学前儿童发展是一切教育活动的出发点和归宿点。学前儿童发展评价作为幼儿园教育评价的重要组成部分，其目的与教育活动、幼儿园教育评价的目的是一致的，即通过评价努力改进和提高幼儿园教育质量，更好地促进每一个学前儿童的发展。具体而言，通过儿童发展评价让教师、幼儿园管理人员、行政管理人员等相关的学前儿童教育活动实施者和相关专业人员能够考察相关的教育效果，判断活动是否达到了预期的目标，是否促进了幼儿的发展，并在此基础上改进和完善教育活动。譬如在儿童发展的健康领域，通过对学前儿童生长发育指数，如身高、体重等的评价结果的全面对比分析，帮助评价者判断健康营养教育计划是否存在问题，存在哪些问题，在此基础上对之进行进一步的完善，开展相关的健康教育活动，如有针对性的食育活动、体育运动等，更好地促进学前儿童身体的健康发展。

二、学前儿童发展评价的目的与作用

评价学前儿童的发展，其根本目的是全面深入地了解学前儿童的发展状况，为教师有效地引导和支持儿童发展提供依据，促进教师教育观念的改变和教育行为的变革，使教育过程更符合学前儿童的需要，从而促进学前儿童的全面发展，提升学前教育的质量。

①鄢超云.学前教育评价[M].北京：高等教育出版社，2010：10.

（一）帮助教师深入、全面地了解学前儿童的发展现状

学前儿童发展评价是运用各种研究方法和手段，对学前儿童发展进行系统观察并根据得到的大量信息进行分析的过程，在这个过程中，教师不仅要观察学前儿童的行为，而且还要对行为背后的诸多相关因素进行分析。如果没有通过系统的、有目的的观察和记录，教师在日常生活中获得的对学前儿童的观察印象往往是个别的、零散的、非系统化的，不足以为教师全面地了解每个学前儿童的整体发展情况提供事实依据。

学前儿童发展评价工作是一项系统工程，要通过多次观察而不是通过偶发事件获得学前儿童发展的信息并进行价值判断。评价应面向学前儿童体、智、德、美诸方面的全面发展要求，长期、系统的观察可以最大限度地排除偶然因素的影响，帮助教师掌握学前儿童发展的全面信息。通过评价，教师不仅要了解学前儿童每一方面的发展水平和特点，还要对各方面发展之间的联系进行综合分析，从而把握学前儿童的整体发展以及各方面发展的相互影响与相互作用。

（二）帮助教师了解学前儿童的个体发展差异，为支持其发展提供依据

开展学前儿童发展评价工作有助于教师了解集体中每个学前儿童的发展情况，能够为教师基于儿童的发展水平开展适宜性的引导和支持提供依据。杜威在《芝加哥实验学校》中倡导教师要研究儿童，苏霍姆林斯基和巴班斯基也论述了教师要研究学生。观察与评价正是教师了解和研究儿童的主要途径。在一些幼儿园，由于幼儿园保教结合的复杂工作性质，以及一日活动的紧凑安排，教师往往会忽视对儿童的观察与评价，无法捕捉到日常生活中儿童发展的“闪光点”，从而忽视掉了促进儿童有效发展的契机。因此，幼儿园需要给予教师专注开展儿童发展评价的时间与空间，只有通过系统的儿童发展评价，才可以帮助教师更清晰地理解儿童行为背后的意义，了解学前儿童的兴趣与需要、经验与能力，把握学前儿童发展的现有水平和通过教师支持可能达到的水平，帮助教师了解儿童的“最近发展区”，帮助教师对幼儿的发展状况做出客观、全面的分析与判断，为教师引导和支持儿童的发展提供依据。

（三）帮助教师分析教育目标，为改进教育过程提供依据

评价不仅可以使教师清楚地了解学前儿童的发展情况，而且可以使教师从中发现自身工作做得好的方面和需要改进的方面。首先，教师可以根据学前儿童的发展情况分析活动的目标是否恰当，即是否符合本园、本班学前儿童的发展水平；其次，通过对学前儿童发展情况的分析，教师可以了解教育内容、方法及手段的选择是否适宜；再次，通过对每一个学前儿童发展变化情况的分析，教师可以了解为个别学前儿童所确

定的目标是否适当，个别教育的方法、途径是否有效。这种分析过程实际上就是教师改进工作的开始。依据分析结果，教师可以更明确地为不同年龄段和每一个需要得到具体帮助的学前儿童确定下一步的学习目标以及实现目标的可行性措施，对教育内容、方法、手段等教育过程中的诸多要素进行调整。通过评价—反馈—改进的过程，教师工作的目的性、方向性将更为明确，评价所产生的积极效益还可以使教师改进工作的自觉意识获得提高。下面的案例就为我们呈现了教师在教育活动中基于儿童动作能力发展的评价，分析活动目标，改进和调整活动的过程。

案例

不同年龄段以“跑”为主题的活动与评价[①]

幼儿的跑可以分为直线跑、变速跑、圆圈跑、往返跑、弯腰半蹲跑、后退小腿跑、后退跑、持物跑、接力赛跑、协同跑、模仿跑、障碍跑。为了对这一项基本动作进行细致的了解和评价，体育老师开展了一系列关于跑的活动：

- 小班以“跑”为主题的体育活动

“小动物赛跑”——直线跑

“小鸡快快跑”——障碍跑

“爱冒险的小兔采蘑菇”——直线跑、障碍跑

“会跑的粘贴纸”——往返跑

在小班以“跑”为主题的体育活动中，教师创设情景，将直线跑、障碍跑、往返跑等各种不同的跑穿插在游戏中。活动以幼儿为主体，让幼儿自发地运动，使幼儿更加熟悉直线跑。教师在观察评价幼儿的同时，提醒幼儿在快速跑动时身体稍微向前倾斜，双脚向前交换频率提高，手臂甩起来，并保护好自己和同伴的安全，避免相互碰撞。培养幼儿听信号助跑跨越，绕过障碍物的能力。教会幼儿灵活地进行往返跑(转身前速度要有稍微降低，降低速度过程中降低重心，踩线后转身立即后退发力)，并根据每个幼儿的不同情况进行指导。

教师在活动中发现，小班的幼儿在跑的过程中协调能力和灵活性还有待加强，但已能初步地保持上体正直，手臂能够自然摆动，脚掌能够保持全脚掌着地向前跑。

①案例来源：四川省直属机关玉泉幼儿园课题组，课题组主研人员：袁园、师静、于彤、谭莉、张玉婷、宋泽红、徐斯苇、石磊、饶朝凌、马丽阳。

● 中班以“跑”为主题的体育活动

“丝带飘起来”——直线跑

“小小消防员”——变速跑

“小小投递员”——往返跑

“拯救报纸小羊”——直线跑、障碍跑

在中班以“跑”为主题的体育活动中，教师开始在基础的跑动中增加一些相应的难度，使幼儿运用多种方法来练习跑。在活动中我们观察评价记录的结果显示，在跑步时能够双脚自然跑的幼儿达到100%，上肢协调跑的幼儿达到40%，下肢协调跑的幼儿达到80%，前脚掌着地，身体稍前倾跑的幼儿达到30%。通过分析观察的记录，中班幼儿在起跑、停止、转弯时的整体协调能力还不够，在不提醒的情况下不太会灵活摆臂，还有小半部分的幼儿运用全脚掌着地，还有一小部分幼儿跑步时呈外八字。

教师们针对评价结果分析原因，将中班幼儿“跑”的发展目标设定为：身体前倾，目视前方，两臂与下肢协调跑；蹬伸和摆动协调，前脚掌先着地；按节奏上下肢协调地跑。

● 大班以“跑”为主题的体育活动

“飞人大战”——直线跑

“小飞人”——直线跑

“追追乐”——折返跑

“超级跨越”——障碍跑

“传棒接力跑”——持物跑

在对大班以“跑”为主题的体育活动进行观察后，我们的观察评价记录结果显示，在跑步时能够双脚自然跑的幼儿已达到100%，上肢协调跑的幼儿达到90%，下肢协调跑的幼儿达到80%，前脚掌着地，身体稍前倾跑的幼儿达到70%。分析观察的记录，大班的幼儿在跑步的过程中转弯回跑还不够自然，在老师不提醒的情况下幼儿的上下肢摆动还不够自然，在前脚掌不能先着地跑的幼儿当中女生占多数。

教师们针对评价结果分析原因，将中班幼儿“跑”的发展目标设定为：手臂前后的摆动随速度加快而加快，学会用手臂力量带动下肢奔跑；能控制身体重心，有节奏地跑；能上下肢协调地跑，身体向前倾。

从这个案例中我们可以看到，教师通过设计丰富的关于“跑”的活动，通过活动中的观察、分析和评价，更全面、细致地了解了不同年龄段幼儿关于“跑”的基本运动能力的发展状况。可见，儿童发展评价对于我们了解幼儿的关键发展经验、调整和改进活动，拟定适宜的发展目标，都有着非常重要的作用。

（四）帮助家长了解学前儿童发展情况

注重家园合作是学前教育的重要特点，学前儿童教育既包括幼儿园教育，也包括家庭教育。家庭教育在学前儿童的发展中具有不可替代的重要作用。为使家庭教育在学前儿童发展中真正发挥作用，促进家园有效合作，首先必须让家长全面了解孩子的发展情况。近年来，幼儿园越来越注重开展丰富多样的家园交流活动，有的幼儿园还专门开展了相关的家长培训活动。这些活动对家长了解学前儿童起到了一定作用，但仍难以为家长提供有关学前儿童发展的全面而系统的信息。教师对学前儿童发展进行的系统评价可以为家长了解自己的孩子提供重要参考，评价记录可以清晰地展现每个学前儿童在各个方面的发展情况，使家长能够更深层次地了解孩子的发展水平与兴趣需要；还有助于家长了解适宜的学前儿童教育目标与内容，让家长在教育孩子的过程中更有针对性，配合教师教育孩子时也会更积极主动。

三、学前儿童发展评价的意义

学前儿童发展评价是幼儿园教育评价的重要组成部分，是幼儿教师调整和改进保育保教方案和进程，促进学前儿童的身心健康发展所必不可少的，有效的儿童发展评价也是提高学前教育质量的重要手段和促进幼儿教师专业发展与素质提升的有效方式。

（一）提高幼儿园教育质量的重要手段

学前儿童发展评价工作与提高幼儿园教育质量具有十分密切的关系。它既是幼儿园质量意识提高的标志，也是一种促进幼儿园教育质量进一步提高的重要动力。学前儿童发展评价虽然只是幼儿园众多工作中的一个部分，但因为广泛涉及园长和教师的教育观与儿童观、幼儿园的管理思想与管理制度、保教人员的文化与业务素质等问题，因此，它与一所幼儿园的整体工作又是息息相关的。

学前儿童发展评价是对学前儿童各方面的发展进行观察、分析和判断的过程，因此，它本身就是研究学前儿童发展的过程。将此项工作纳入幼儿园工作日程中，就是在管理制度上为研究学前儿童发展提供了条件和保证。而这项工作的深入开展和不断完善，又将有助于形成研究学前儿童发展的良好园风。

学前儿童发展评价工作有利于加强和改善幼儿园的日常工作。对学前儿童发展进行评价，主要通过幼儿园日常生活中的各项活动来进行。客观上要求教师在日常工作中要加强计划性，减少随意性，要开展丰富多彩的、有利于学前儿童身心全面发展的教育活动，以利于对学前儿童各方面的发展进行全面观察。教师通过对班级学前儿童发展的了解，可以认识到工作中存在的问题，从而激发改进自身工作的内在积极性。

（二）促进教师专业发展的有效方式

学前儿童发展评价是教师了解学前儿童的最为有效的途径之一。而了解学前儿童，对促进教师的儿童观的改变也同样具有重要作用。通过系统和客观的观察，教师对学前儿童发展的特点与规律、学前儿童发展的个别差异、教育与学前儿童发展的关系等问题的认识将会更深刻。对学前儿童发展的正确认识，则是教师尊重、热爱学前儿童的重要基础。对学前儿童发展的全面认识有助于教师更理性地面对和接纳每一个处于不同发展水平的学前儿童，特别是那些存在各种发展问题的孩子，发现每一个学前儿童身上的优点和不足，从而改变可能已经形成的对一些学前儿童的思维定式。评价工作为集体中的每一个学前儿童，无论是发展较好的孩子还是存在一定发展问题的孩子，都提供了被教师了解的平等机会，有助于教师发现他们每一个人身上的闪光点，从而建立起对他们发展的信心。

开展学前儿童发展评价可以提高教师的业务理论水平。要做好这项工作，需要教师熟练掌握相关评价体系，包括制定评价体系的指导思想、评价指标及评价标准的具体内容等。熟练掌握评价体系的关键点是认识和深刻理解其思想内涵。对评价体系的学习、掌握过程，也是教师结合实际，系统化地学习学前儿童发展相关的知识与经验的过程。这种学习不仅可以帮助教师从理论上进一步了解学前儿童发展的一般规律，而且有助于教师了解和掌握学前儿童身体、认知、社会性等各方面发展的具体规律。

观察、记录、分析、判断学前儿童发展的能力，是新时期幼儿教师基本能力结构中的重要内容。开展幼儿发展评价，有利于教师发展和提高这些基本能力。同时，对提高教师的分析问题、解决问题等一般能力也具有促进作用。评价也是一个广泛积累和分析学前儿童发展资料的过程，如果教师在拥有儿童发展的实践资料的基础上进一步进行思维加工，就可以获取更多关于学前儿童发展的认识，读懂儿童。这些认识，对一名幼儿教师的专业成长至关重要。

第二节 学前儿童发展评价体系

一、基于《3—6岁儿童学习与发展指南》的儿童发展评价

（一）《指南》及其导向性作用

2012年10月，学前教育领域的国家指导性文件《指南》即《3—6岁儿童学习与发展指南》正式颁布。《指南》将3—6岁幼儿的发展划分为健康、语言、科学、社会、艺术五个领域，每个领域按照幼儿学习与发展最基本、最重要的内容划分为若干子领域，每个子领域按照3—4岁，4—5岁，5—6岁三个年龄段提出了儿童学习发展最基本、最重要的目标，对在特定年龄段幼儿应该知道什么、能做什么、大致可以达到什么发展水平提出了合理期望。

需要指出的是，《指南》面向的范围是全国，而我国幅员辽阔，各地之间有较大差异，各地区、各民族幼儿的发展也有一定的差异。因此，《指南》的目的在于提出一整套幼儿学习与发展的目标体系，配合目标体系提出有针对性的教育建议，引导成人用正确的方法去支持幼儿的学习与发展，而不是将之作为放之四海而皆准的评价儿童发展的固定标准。《指南》的制定者们之所以将其命名为"指南"，是强调其导向、指引的作用，其本质属性是导向性、引领性的。也就是说，《指南》是通过引导幼儿学习与发展的方向来表达国家对学前教育的要求，防止不正确的教育将幼儿的学习与发展带入歧途，而不是要对幼儿发展的具体水平或者发展方式、速度等做出统一规定或量化要求。《指南》对各年龄段幼儿提出了合理的期望，这一期望也不宜视为幼儿静态的、终极的发展结果描述，而应视为对幼儿学习过程与发展过程的描述，视为对幼儿学习过程与发展过程的引导，如果只是将《指南》作为静态的、终极的分年龄阶段的评价标准，那么《指南》就很容易变成一种年终验收清单，教师或者园长也容易变成验收大员，到时间就照章进行比对，一一核查，仅仅只关注幼儿"这条做到了吗？""那一条还不行？"，那就与《指南》的精神背道而驰了。总之，《指南》的"目标"意在导向，而不在检测，各年龄段典型表现意在观察、了解幼儿，促进幼儿向目标希望的方向前进，而不是评量优劣，伤害幼儿。我们必须正确理解指南的"目标"与"各年龄阶段典型表现"，及二者的关系，才能让《指南》真正成为促进幼儿学习与发展的正能量。基于《指南》的"目标"与"各年

龄段典型表现”的不同理解，在实践中会带来迥然不同的做法与结果。表4-1简单地比较了二者的主要区别。①

表4-1 对《指南》“目标”与“各年龄段典型表现”的不同理解与做法

	作为导向	作为标准
对《指南》的“目标”的理解	是每一个幼儿在某领域的学习发展的重要努力方向	是丈量每一个幼儿在某领域的优劣程度的一个标准
对《指南》“各年龄段典型表现”的理解	是对幼儿的合理期望；是观察、理解幼儿的重要参照	是“目标”的细化与分解，是刚性的量化标尺
使用《指南》的情况	以“目标”与“各年龄段典型表现”作为引导幼儿学习和发展的实际情况或个性化表现，在此基础上，根据幼儿的不同特点采取有针对性的措施，帮助幼儿向“目标”方向学习与发展	把《指南》作为测量标准和训练项目清单，统一测试，用“各年龄段典型表现”作标尺去检测，给幼儿贴上“合格”或“不合格”的标签，打分、排名、划分等级等，并进行强制性统一的“达标”训练，给幼儿身心造成严重伤害

可见，《指南》的制定者们主张其“导向”作用，不主张将之作为僵化的测量标准。但是事实上，在《指南》颁布以来，无论是国内的个别幼儿园，还是一些地区，在运用《指南》的过程中都或多或少地将《指南》当作一种评价的标准，也有人基于国外儿童发展评价的相关应用经验，对基于《指南》开发儿童发展评价工具提出了建议，认为在开发儿童发展评价工具的过程中，首先应注重工具与《指南》之间的链接，让评价指标和课程目标始终结合在一起；其次，在具体的评价指标设计时关注实践应用时的可操作性，将指标用具体的行为来表述，并辅以细致的解释和范例，帮助教师进行更准确的判断和评价；再次在划分幼儿发展水平等级时，考虑其对于所有儿童的适用性，不仅仅针对普通幼儿，还应满足发展落后或超前的幼儿的需要，例如，提供幼儿从低到高发展趋势的图谱，无论幼儿现在的发展水平如何，都帮助教师看到他们目前已达到的目标，接下来会发展出的能力以及取得的进步，从而帮助幼儿逐步迈向发展的各个里程碑。②

总之，《指南》为我们观察和评价幼儿提供了非常重要的指引和参照，所以真正的问题并不是能否将《指南》应用于儿童发展评价，而是如何吸纳《指南》关于儿童学习和发展的观点和精髓，根据幼儿发展的方式和特点，因地制宜地将《指南》的内容与精神和儿童发展评价结合起来，以满足幼儿园教育教学实践的需要。在将《指南》应用于儿童发展的评价过程中应注重《指南》的导向性作用，注重因地制宜、因园制宜地对《指南》的相关内容进行借鉴和适宜的改造，而不是完全照搬《指南》，将之作为固化的、唯

①李季湄，冯晓霞.3—6岁儿童学习与发展指南解读[M].北京：人民教育出版社，2013：35.

②黄爽，周彬.美国幼儿发展评价的经验及其对我国的启示[J].中国特殊教育，2014(3)：93-98.

一的评价儿童发展优劣的标准。

学习研究

《指南》自颁布以来在社会各界引起了广泛的影响，有媒体报道说，《指南》"给学前孩子的健康、语言、社会、科学、艺术五个领域的成长设定了一个'阶梯'状的标准：3岁学会不跟陌生人走、4岁学会体谅父母辛劳、6岁学会接受不同意见。"认为《指南》是衡量和评价学前儿童发展的硬性标准。那么，《指南》能不能用来当作衡量所有学前儿童发展的尺子？我们是不是可以在幼儿园的学前儿童发展评价工作中，直接照搬《指南》的内容作为评价标准？请你仔细研读《指南》的主要内容，通过网络搜索、查阅文献、小组讨论、实地访谈幼儿教师等方式，从专家对《指南》精神的相关解读、学前儿童发展评价中基本原则、《指南》在幼儿园儿童发展评价中的具体实践经验与问题等角度阅读和收集相关的资料，在此基础上，对上述针对上述两个问题，提出自己的观点和依据。

（二）基于《指南》的《上海市3—6岁儿童发展观察指引》

1. 3—6岁儿童发展观察指引的主要领域与评价内容

在国内诸多基于《指南》的儿童发展评价体系中，《上海市3—6岁儿童发展观察指引》（以下简称《指引》）是当前应用得比较多，受到广泛认可的评价体系。《指引》是上海市教育委员会拟定的一套儿童发展观察评价指标，旨在为园所、教师了解和把握幼儿发展现状、组织实施适合幼儿的课程活动，促进每一个幼儿在原有水平上获得切实的发展提供观察依据，是上海市2020年颁布的《上海市幼儿园办园质量评价指南（试行稿）》的一部分。

《指引》的主要指标和具体内容与《指南》大体保持一致，但相对于《指南》中"健康、语言、科学、社会、艺术"传统幼儿园课程活动五大领域的划分，《指引》因地制宜地基于儿童发展评价的需要进行了改造，将儿童发展观察的领域划分为了健康与体能、习惯与自理、语言与交流、自我与社会性 、探究与认知、美感与表现等 6 个领域14个子领域，并各自列出观察内容及不同阶段的行为表现。表4-2列出了《指南》和《指引》在主要领域和相关项目上的相同与不同之处。

表4-2 《指南》与《指引》主要领域与项目内容对比

3-6岁儿童学习与发展指南的主要领域与目标			儿童发展观察指引的主要领域与指标		
领域	子领域	目标	领域	子领域	指标
健康	(一)身心状况	1.具有健康的体态 2.情绪安定愉快 3.具有一定的适应能力	健康与体能	(一)身心状况	1.具有健康的体态 2.情绪安定愉快 3.具有一定的适应能力
	(二)动作发展	1.具有一定的平衡能力,动作协调灵敏 2.具有一定的力量和耐力 3.手的动作灵活协调		(二)动作发展	1.对运动感兴趣 2.具有一定的平衡能力,动作协调灵敏 3.具有一定的力量和耐力 4.手的动作灵活协调
	(三)生活习惯与生活能力	1.具有良好的生活习惯 2.具有基本的生活自理能力 3.具备基本的安全知识和自我保护能力	习惯与自理	(一)生活习惯和能力	1.具有基本的生活自理能力和良好的生活与卫生习惯 2.具有基本的自我保护能力
				(二)学习习惯	1.倾听习惯良好 2.爱提问题 3.做事专注、坚持
				(三)文明习惯	1.具有文明的言行举止 2.遵守基本的行为规范
语言	(一)倾听与表达	1.认真并能听懂常用语言 2.愿意讲话并能清楚表达 3.具有文明语言习惯	语言与交流	(一)理解与表达	1.能听懂常用语言 2.愿意用语言进行交流并能清楚地表达
	(二)阅读与书写准备	1.喜欢听故事,看图书 2.具有初步的阅读理解能力 3.具有书面表达的愿望和初步技能		(二)前阅读与前书写	1.喜欢听故事,看图书 2.具有初步的阅读理解能力 3.具有书面表达的愿望和初步技能

续表

3-6岁儿童学习与发展指南的主要领域与目标			儿童发展观察指引的主要领域与指标		
领域	子领域	目标	领域	子领域	指标
社会	(一)人际交往	1.愿意与人交往 2.能与同伴友好相处 3.具有自尊、自信、自主的表现 4.关心尊重他人	自我与社会性	(一)自我意识	1.知道自己和他人不同,接纳自我 2.具有自尊、自信、自主的表现
	(二)社会适应	1.喜欢并适应群体生活 2.遵守基本的行为规范 3.具备初步的归属感		(二)人际交往	1.愿意与人交往,能与同伴友好相处 2.关心尊重他人
				(三)社会适应	1.喜欢并适应群体生活 2.具备初步的归属感 3.感受和体验多元文化
科学	(一)科学探究	1.亲近自然,喜欢探究 2.具备初步的探究能力 3.在探究中认识周围事物和现象	探究与认知	(一)科学探究	1.喜欢探究 2.用一定的方法探究周围感兴趣的事物与现象 3.在探究中认识事物与现象
	(二)数学认知	1.初步感知生活中数学的有用和有趣 2.感知和理解数、量及数量关系 3.感知形状与空间关系		(二)数学认知	1.初步感知生活中数学的有用和有趣 2.感知数、量及数量关系 3.感知形状与空间关系
艺术	(一)感受与欣赏	1.喜欢自然界与生活中美的事物 2.喜欢多种多样的艺术形式和作品	美感与表现	(一)感受与欣赏	1.感受自然界与生活中美的事物 2.感受多种多样的艺术形式和作品
	(二)表现与创造	1.喜欢进行艺术活动并大胆表现 2.具有初步的艺术表现与创造能力		(二)表现与创造	1.具有艺术表现的兴趣 2.具有初步的艺术表现与创造能力

从上表中可以看出,《指引》在《指南》的基础上,无论是大领域的划分、子领域的划分还是具体评价项目的划分都有一定程度的改造。

首先，《指引》在《指南》中的五大领域的基础上，将《指南》中健康领域中“生活习惯与生活能力”部分单独列出，形成了“习惯与自理”这一大领域。同时，在这一领域增设了“学习习惯”和“文明习惯”两个子领域，以强调学龄前阶段对儿童良好习惯的培养。

其次，部分与《指南》类似的大领域下，子领域的内容也有所调整。如与《指南》中的“社会”领域相比，《指引》对应的“自我与社会”领域在“人际交往”和“社会适应”子领域的基础上增加了“自我意识”子领域，注重对幼儿自我意识发展的观察与评价。

最后，部分《指引》中的具体指标相对于《指南》也做了因地制宜的改造。如《指南》科学领域中的“科学探究”部分，提出了亲近自然，喜欢探究；具备初步的探究能力；在探究中认识周围事物和现象三个目标，在《指引》中相应的观察项目则表述为：喜欢探究；用一定的方法探究周围感兴趣的事物与现象；在探究中认识事物与现象。

2. 3—6岁儿童发展观察指引的评价方式与方法

相对于《指南》中分三个年龄段采用的“目标”与“各年龄阶段典型表现”的描述方式，《指引》没有按年龄段来表述，而是通过不同层次的“表现行为”来呈现幼儿不同阶段的发展状态。具体而言，在《指引》中，各子领域下儿童的具体发展指标被划分为3种表现行为和5个发展层次。以“探究与认知”领域下的子领域2“数学认知”为例，其表现行为和相关描述如表4-3所示。[①]

表4-3《指引》中的具体指标与表现行为示例

		表现行为描述			信息来源
		表现行为1	表现行为3	表现行为5	
子领域2：数学认知	1. 初步感知生活中数学的有用和有趣	2.1.1 能感知和发现生活中物体的形状是多种多样的，对不同的形状感兴趣 2.1.2 能体验和发现生活中很多时候会用到数 2.1.3 能结合生活感知在不同的时间做不同的事	2.1.1 能感知事物的形状、方位，并用相应的词语来描述 2.1.2 能用数字符号来描述事物，对环境中数字符号的各种意义有探究的兴趣 2.1.3 理解活动或事件发生的先后顺序，能用语言描述事情发生的前后经过	2.1.1 能感知空间的大小与人们活动的关系 2.1.2 能发现生活中简单的排列规律，并尝试创造新的规律 2.1.3 能发现生活和游戏中的许多问题可以用计数、排序、分类、测量等数学方法来解决，体验解决问题的乐趣 2.1.4 在活动中感受和理解时间的先后与长短，逐步形成时间意识	·观察一日生活环境及环节中幼儿的行为表现 ·观察集体教学活动及区角活动中幼儿的探索表现 ·观察游戏及自由活动中幼儿运用数学的状况 ·观察幼儿与教师、同伴的日常交谈等 ·家长问卷调查及访谈

①上海市教育委员会.上海市幼儿园办园质量评价指南(试行稿)[M].上海教育出版社，2020：26.

教师在观察评价时，当幼儿已经稳定达到"表现行为1"却与"表现行为3"尚有差距时，其处于"表现行为2"阶段；同理，已稳定达成"表现行为3"，却未达到"表现行为5"，其处于"表现行为4"阶段。值得提出的是，《指引》所列出的表现行为并不完全对应于幼儿的3—4岁、4—5岁、5—6岁年龄段，而只是列出了幼儿发展的阶段性典型表现行为，强调幼儿园和教师要认识并尊重幼儿各方面发展存在的不均衡性和个体差异性，切忌将表现行为当成三个年龄段幼儿的发展水平，这一点与《指南》的精神是一致的。

《指引》指出幼儿在稳定达到某一阶段时，教师可以运用后一阶段的表现行为作为观察和了解幼儿的参照，并提供适宜的活动机会，引导幼儿向后一阶段发展。并要求幼儿园要树立幼儿发展与幼儿园培养目标一致的意识，建立持续、自然地了解、分析幼儿的制度与运行机制，使观察分析幼儿发展的工作成为幼儿园、教师课程实施的重要组成部分，发挥其引领幼儿发展的作用。上级教育部门开展评价和督导时，可以依据《指引》的部分内容，进行全面或专项观察分析，并将其作为评价幼儿园办园质量的组成部分；同时，要注重对幼儿发展状况的分析，并就幼儿发展情况与幼儿园、教师进行对话，引领幼儿园、教师关注并持续促进幼儿发展的意识和行动。①

此外，在相应的每一个评价项目中，《指引》也专门列出了"信息来源"板块，很有针对性地提供了教师观察和收集相应指标信息资料的渠道、观察内容与要点以及收集资料的方法与方式，为教师有针对性地应用《指引》观察分析儿童的发展状况提供了有效的支持。

二、DRDP的评价标准与主要内容

（一）DRDP的研制背景

20世纪70—80年代，美国50个州在州教育部门的引领下，相继建立了儿童学习与发展的标准方案。其中，较为著名且被借鉴应用得比较广泛的，是加利福尼亚州制定的一套学前教育评价体系——预期发展结果评价体系，在这套评价体系中，预期发展结果档案（Desired Result Developmental Profile，简称"DRDP"）是专门针对学前儿童发展的评估工具，强调儿童发展评价与课程活动及教学实践紧密衔接，用以评估儿童在项目中期望成果的达成度，鉴定儿童的发展水平与所获得的进步。

DRDP倡导评价主体的多元性，评价的标准由加州早期教育部门（CDE）领导下的

①上海市教育委员会.上海市幼儿园办园质量评价指南（试行稿）[M].上海教育出版社，2020：15.

家长、政府管理人员与儿童发展评估专家共同制定完成。作为专门应用于0—6岁婴幼儿课程、以班级为单位的幼儿计划课程、家长分享幼儿不同领域进步的评价工具，引导教师学习观察、评价、整理以及报告幼儿的发展，通过“评价—课程”循环实现其对儿童学习的支持作用。他们总结了儿童发展所需的四大指标，即儿童需具有个人和社会能力、儿童是有效的学习者、儿童具有运动能力、儿童安全且健康，并以这些指标确定了社会情感、读写、数学等八个评估领域，形成了最初的DRDP，并广泛应用于全加州以公共资金为基础的各项早期教育项目。[①]

（二）DRDP的主要内容

DRDP的评价体系一直处于不断修订中，其中2015年版本的DRDP主要涵盖了八大领域的内容，具体包括：学习品质－自我管理（ATL-REG）、社会性与情感发展（SED）、语言和读写能力发展（LLD）、英语语言发展（ELD）、认知发展（科学、数学）（COG）、身体动作发展－健康（PD-HLTH）、历史－社会科学（HSS）、视觉和表演艺术（VPA）等。其中学习品质－自我管理领域是相较于2010年版本新增加的一个领域，体现了对儿童入学准备的重视。在八大领域的基础上，每部分内容又划分成“反应、探索、建构、融合”四个层次的指标水平及其两个（早期、后期）发展阶段。

在DRDP 3—5岁版的评价工具中，将每个指标又分为4类连续的发展阶段和细化的发展层级：反应（早期、后期）、探索（早期、中期、后期）、建构（早期、中期、后期）和融合（早期）。

反应（Responding）指的是根据儿童的基本反应，辨别他们的知识、技能和行为的发展水平，在无语言信息的环境下幼儿与熟悉的成人之间的反复互动和交流情况。

探索（Exploring）指的是儿童在活动过程中通过积极的探索，有目的地动作、操作，有目的地沟通，与成人共同合作解决问题。

建构（Constructing）指儿童在与周围环境的互动中建构对周围人与事物之间的关系的理解，即理解人和事物之间的关系，调查信息、事物运行的机理，并尝试用语言表达自己的感受和看法，学习写作和计算，通过小组合作掌握知识、技能和行为方式（在此阶段儿童开始前书写与运算，同伴合作也越来越多）。

融合（Integrating）指儿童尝试表达复杂感受和看法，解决复杂的问题，知识、技能或行为表现出了较为复杂的连接，应用组合策略，解决多步问题，并参与包含社会性与情感、自我管理、认知、语言和运动的广泛活动（在此阶段儿童有较多的相互支持、相互

① 董翌暄，朱宗顺．美国加州幼儿发展评估工具——预期发展结果档案分析[J].现代特殊教育，2020(4)：75-79.

影响)。评价人员根据典型表现与行为,在这四个阶段下的具体时期划分中选择一个作为该指标该儿童的得分。以表4-4为例。

表4-4 DRDP(2015)儿童发展评价表的评价点示例[①]

发展领域:社会情感领域 评价点1:在与他人的关系中辨认自我 儿童在与他人区别和联系的关系中,逐渐发展自我意识							
在儿童最近发展水平下面做标注							
反应阶段		探索阶段		建构阶段			融合阶段
早期	后期	早期	后期	早期	中期	后期	后期
用基本的方式回应他人	用感官探索自我和他人	能辨认自己和家人	能说出自己和家人的名字或称呼(如:爸爸、妈妈或兄弟姐妹的名字)	能表达自己简单的想法,说出自己与他人的关系	能对自己或者其他人的基本身体特点进行描述	能描述自己的喜好和感受,能描述家人、朋友或其他熟悉的人的感受和需求	能将自己的喜好和感受与他人进行交流
案例(每个等级均有数个案例,下面只示例一个)							
当听到家人的声音时,安静下来	能注视自己的手和脚或者把它们放进嘴里	当被叫到自己的名字时,能朝向叫自己的大人	能表达:"我叫路易斯"	能在扮演游戏中表演自己家人的角色	看着墙上的身高记录时能辨认出自己的身高	能对成人表达:"下雨时我感觉要疯了,因为我们根本没法出门玩"	跟一个朋友交谈到他们都喜欢花生酱和果冻三明治
(　　)孩子表现出了更高的水平 (　　)因为孩子缺席没法评价级别							

表中展现的是DRDP社会情感领域中的一个具体的评价指标,在这个评价指标中包括了儿童发展的领域、评价的要点以及儿童这一指标的发展在上述四个阶段中各个具体层级的表现,同时还附有幼儿每个级别所对应的案例,这样使教师能够更好地理解这一指标下儿童具体的发展层次的内涵,也便于教师在观察评价儿童的时候更好地操作和对应。

(三)DRDP的主要特点

1.重视评价的过程性与可操作性

DRDP是过程性儿童发展评价工具,强调教师在儿童日常的学习过程中进行观察

①常宏.美国加利福尼亚州学前预期发展结果评价体系分析及启示[J].学前教育,2018(4):10-12.

和评价。教师完成DRDP的儿童发展评价需要三步:第一步是观察和记录日常环境下发生的儿童与他人互动的行为表现;第二步是根据评价表进行评价,判断儿童的最近发展水平;第三步是核定评价表,确认是否有遗漏、更新,最后形成个体发展档案。除英语语言发展领域的评价点略有不同以外,其他各领域评价点的评价表基本一致,各评价点均设置了4个主要的发展阶段:反应、探索、建构、融合,每个阶段又有不同的级别水平。每个级别水平都有细致的描述以及相应的3—5个案例来帮助评价者明晰儿童的发展情况和可采取的教育方式,让评价变得更加易于操作,更加切实可行。

2.考虑儿童的特殊需求和多元需求

DRDP面向从婴儿早期到学前班前的所有学龄前儿童,包括有特殊需要的儿童,相关评价指标也适用于对特殊需要儿童的评估。DRDP的儿童基本背景信息登记表中也包含专门的特殊儿童信息登记表,用于教师全面了解特殊儿童的背景情况。此外,由于加州外来移民较多且人口文化背景多元,评价体系还考虑到了非英语母语儿童的评估需求,专门为这些双语儿童设置了"英语语言发展领域"。该领域在发展阶段和级别设置上不同于其他领域的4个主要发展阶段和多个发展级别,而是将领域内所有评价点的级别调整为"发现语言、发现英语、探索语言、发展英语、建构英语、融合英语"6个级别,便于评价者根据双语儿童的英语发展特点进行灵活的评估和更有针对性的指导。

DRDP评价工具对儿童多样化需求的关注值得我们借鉴之处,一方面体现在关注特殊儿童的需求,另一方面体现在关注不同文化、不同语言背景儿童的需求。我国民族众多、地方文化差异大,尤其在大城市里,儿童通常来自不同文化背景、不同语言背景的家庭,因此,制定评价工具时也要考虑到这些儿童的发展需求。如将残障儿童和不同民族背景儿童的需求都考虑在内,符合学前教育个性化发展的趋势,让所有的儿童都有机会展示自己的发展。

3.评价指标基于一致的课程标准

在一天的保教活动中,掺杂着许多流程和活动,选择何种活动进行观察或资料收集成为高效评估面临的问题,DRDP评估内容为评估者提供了参考范围。DRDP中的八大评估领域除与州和联邦的早期课程标准保持一致之外,其评估内容是所有幼儿需具备的几大领域的关键能力。因此,教师不必毫无根据地花费大量精力,事无巨细地记录幼儿的每一件小事,只需记录体现八大领域内容的活动或材料作品,进而将之作为评估幼儿发展水平的依据。我国学前教育的纲领性文件《指南》强调,语言、社会、科学、健康与艺术五大领域是学前教育的主要内容。因此,可以借鉴DRDP的经验,在制定儿童评估工具时与国家纲领性文件内容或标准保持一致。

4.将家庭纳入评价体系内，综合评价儿童的整体发展环境

加州学前预期发展结果评价体系除了DRDP之外，还包括预期发展结果家庭调查(Desired Results Family Survey System)和儿童环境评定量表(Environment Rating Scale)。其中，预期发展结果家庭调查每年通过匿名问卷让家长对自己孩子参与的教育和发展项目进行量化评估。加州教育部门通过这个问卷了解家庭需求，调整政策措施，督促机构教育质量发展，促进机构与家庭之间的沟通与交流。儿童环境评定量表主要用来监测儿童成长的环境质量，包括成人和儿童的交流环境、空间材料、健康安全环境等。同样也是每年进行一次评估，根据不同阶段儿童在不同环境下的互动情况，设定不同的评定标准。家长也参与到评估体系之中，一方面能让教师、机构、教育政策制定者更好地了解家庭的教育需求，另一方面也能提示家长要加强与机构的交流，发挥家庭在儿童发展中的作用。此外，对家庭、机构等儿童成长环境进行综合评估也是监测儿童成长质量的重要保障。因此，我们在制定评价工具时，除了考虑对儿童本身的评估，还需要对家庭在内的儿童整体发展环境的需求和现状进行评估，才能建立全面的儿童发展评价体系。①

三、高瞻儿童观察评价系统的评价标准与主要内容

(一)高瞻儿童观察评价系统的研发背景

高瞻(High-Scope)课程在我国又被译为“高宽课程”“海伊斯科普课程”等。高瞻课程诞生于20世纪60年代的美国，历经半个多世纪的发展实践，已经成为世界范围内较有影响力并受到广泛认同的课程模式。

高瞻儿童观察评价系统是基于高瞻课程研发的一套基于观察来评价学前儿童发展情况的工具。该评价系统强调教师通过对照评价标准，对儿童的行为进行观察，以评价儿童的智力、情感、社会性和身体的不同发展水平和能力层次。

高瞻儿童观察评价系统最初于1992年由美国高瞻教育研究基金会(High/Scope Educational Research Foundation)基于高瞻课程所强调的“儿童关键发展经验”开发，强调系统性、真实性的评价。高瞻课程的研究人员主要以皮亚杰认知发展阶段理论中有关前运算阶段儿童最重要的特征为主要依据，研制形成49条关键发展经验，后来又在多元智能理论等智力发展理论的影响下，对之进行不断的修订。“儿童关键发展经验”既是课程内容框架，指导课程的设计与实施，又是儿童发展评价框架，每一个关键

①常宏.美国加利福尼亚州学前预期发展结果评价体系分析及启示[J].学前教育，2018(4):10-12.

发展指标都根据儿童的发展细分为不同的层次，帮助教师在真实的教学环境中结构化、系统化地观察评价儿童。

目前，这个专业性的工具不但应用于高瞻学前教育课程项目（High/Scope Early Childhood Curriculum）中评价课堂或项目的进展，而且被应用于其他众多支持学前儿童的发展性项目中。

（二）高瞻儿童观察评价系统的主要内容

1.主要评价领域与条目

高瞻儿童观察评价系统的儿童发展评价注重认知、社会性与情感的全面发展，将评价幼儿学习和发展的领域划分为9个，分别是领域一“学习品质”（Approaches to learning），领域二“社会性和情感发展”（Social and emotion development），领域三“身体发展和健康”（Physical development and health），领域四“语言、读写和交流”（Language, literacy, and communication），领域五“数学”（Mathematics），领域六“创造性艺术”（Creative arts），领域七“科学和技术”（Science and technology），领域八“社会学习”（Social studies），领域九“英语语言学习”（English Language Learning）。每个领域都包括2～7个观察条目，共36个具体观察条目（如下表所示）。[①]其中，第9个领域针对英语学习者，如果幼儿的母语不是英语的话，也可以使用第9个领域的评价。见表4-5。

表4-5　儿童观察评价系统的主要领域与具体条目

领域	具体条目	领域	具体条目
学习品质	1.主动性和计划性 2.使用材料解决问题 3.反思	创造性艺术	24.美术 25.音乐 26.律动 27.假装游戏
社会性和情感发展	4.情感 5.与成人建立关系 6.与其他幼儿建立关系 7.集体 8.冲突解决	科学和技术	28.观察和分类 29.实验、预测和得出结论 30.自然和物质世界 31.工具和技术
身体发展和健康	9.大肌肉运动技能 10.小肌肉运动技能 11.自我照顾和健康行为	社会学习	32.自我和他人的认知 33.地理 34.历史

①黄爽，霍力岩.美国《学前儿童观察记录系统》的内容、特点与启示[J].基础教育，2018，15(5)：80-89.

续表

领域	具体条目	领域	具体条目
语言、读写和交流	12.言语 13.倾听和理解 14.语音意识 15.字母知识 16.阅读 17.图书乐趣与知识 18.书写	英语语言学习	35.英语听力和理解 36.讲英语
数学	19.数字与计数 20.几何:形状和空间知觉 21.测量 22.模式 23.数据分析		

上述这些条目，主要由教师基于观察随时进行记录，每个条目都分8级水平，从0(最低)到7(最高)。为了让记分有效可靠，每个领域、条目和水平均有两个典型行为的例子，便于教师理解和参照。

2.具体条目的水平层次

如前所述，高瞻儿童观察评价系统没有按照年龄段去描述幼儿发展可能达到的水平，而是在每一条目下提供了幼儿从出生到入学前需要发展的能力，并将其划分为0—7共8个水平层级，婴儿可在最低水平上记分，学步儿可在较低的水平上记分，年龄稍大的学龄前儿童可在较高的水平记分。为帮助观察者更好地理解和正确使用，该工具对每个领域、每个条目、每个发展水平都有简短说明，每个发展水平均有两个轶事记录的例子对幼儿行为进行解释。

以社会性和情感领域中的情感指标为例，这一指标下包括了幼儿情感发展的8个水平层次，分别是：水平0幼儿用面部表情或身体表达情绪；水平1幼儿开始通过与他人的身体接触来表达情绪；水平2幼儿给情绪命名；水平3幼儿解释情绪产生的原因；水平4幼儿先试图控制自己表达情绪的方式，随后又用身体来表达；水平5幼儿能够控制自己表达感受的方式；水平6幼儿用更丰富的词来描述自己的情绪；水平7幼儿能够描述人们在相同情境下的不同感受并说出一个原因。这8个水平层级中，每一个水平层级下又有对这一水平层级的专门解释和两个典型的例子，以“水平2幼儿给情绪命名”为例，相关的解释和示例如表4-6所示。

表4-6　幼儿发展水平层次及相关解释与示例①

水平2：幼儿给情绪命名
解释：幼儿使用词语（如高兴、生气、难过）来表达基本情绪。幼儿谈论自己的或者别人的情绪也属于这一水平。
例子：12/16户外活动时间，当玛利亚的祖母来接她时，玛利亚跑过去给了祖母一个大大的拥抱，说："我很高兴！" 5/1在问候时间，辛娜在看书，她指着图说："她很难过，正在哭。"

有了细化的层次和解释示例，教师对每个幼儿进行观察和评价时都能在观察评价系统中找到与其发展相符的水平层级并且在相应的能力水平上进行记分。

3.轶事记录

轶事记录是指教师对儿童的具有重大发展意义的行为进行观察后所做的简要记录。高瞻儿童观察评价系统根据学前儿童观察评价系统的相关条目，设计并提供了专门的《轶事手册》用于记录儿童的轶事。在对儿童进行总结性评价，以及对全班幼儿进行整体性评价时这本手册可以提供大量有用信息。高瞻儿童观察评价系统还对幼儿教师如何进行轶事记录提供了一些可操作性较强的建议与步骤。

在记录轶事时，首先，教师应假装自己是一位专业摄影师，通过一些文字而不是照片来捕捉一个瞬间。在事件进行时，写下儿童的姓名、日期以及一些重要细节，如事件发生的时间、地点、人物（如果适宜），并且用关键词描述儿童的言行。

其次，教师应思考学前儿童观察评价系统中的哪一条最适合这则轶事，在相应的空格中记录下来。考虑该记录是否也可能适用于其他条目。如果是，做一个标记。最后，确定一个水平。如果每则轶事都确定了发展水平，那么教师就可以准备填写幼儿个人的总结表和全班的总结表了。

再次，教师在每个条目下的8级发展水平中判断是第几级。如果教师在记录轶事时就可以确定它属于哪一级发展水平，那么在填写有关总结表时，就会得心应手。

最后，教师还可以选择一则轶事（不包含具体水平层次的内容）分享给家长，要么是在日常交流时，要么是在一次安排好的家长会中。

四、作品取样系统的主要内容与工具

（一）作品取样系统的研发背景

作品取样系统是由美国密歇根大学的山姆·麦索尔斯博士为首的研究团队历经20多年的研究所开发的一套儿童发展评价体系。山姆·麦索尔斯本人认为研发了这

① 美国高瞻教育研究基金会.学前儿童观察评价系统[M].霍力岩，刘祎玮，刘睿文，等，译.北京：教育科学出版社，2018：34.

一套儿童评价系统，是自己人生中最大的成就之一。作品取样系统主要采用一种真实性表现评价（Authentic Performance Assessment）方式，以幼儿在真实活动中的具体表现为评价依据，目的在于协助教师运用真实的经验、活动与作品来记录并评价幼儿的技巧、经验和行为。这一评价系统强调对幼儿发展过程的真实记录，为幼儿园教师提供了一个结构化的观察框架，为幼儿园教师收集和解读幼儿发展信息提供了科学依据，让教师更为了解幼儿的活动状态和发展水平。

作品取样系统中的幼儿作品取样是指对幼儿的作品进行有目的的观察和选择，建立成长档案记录，并在此基础上针对儿童的真实表现进行系统的评价。为了真实、科学、客观地对幼儿发展开展评价，必须在幼儿作品的取样过程中遵循一定的依据、过程和步骤。一般而言，作品取样系统会在学期初、学期中和学期末三个阶段，应用《发展指引与检核表》对儿童在7个领域的表现进行评价，同时兼顾整体性和差异性，形成面向所有儿童的项目报告和面向儿童个性化成长的个体项目报告。借助作品取样系统对幼儿发展进行评价，可以让教师有效把握幼儿发展的动态性、多样性和阶段性，进而为他们的学习提供更为适宜的支持。目前，作品取样系统已在我国和世界范围内多个发达国家的幼儿教育实践中广泛应用。

（二）作品取样系统的主要内容体系

作品取样系统主要包括三个相互关联的系统，即：发展检核表、成长档案、综合报告。作品取样系统中的每一个评价工具都非常重视幼儿在教室真实活动中的表现，通过记录幼儿在真实生活、真实情境、真实探究中如何与周围的环境和同伴互动，使教师了解幼儿建构经验的成长过程。见图4-1。

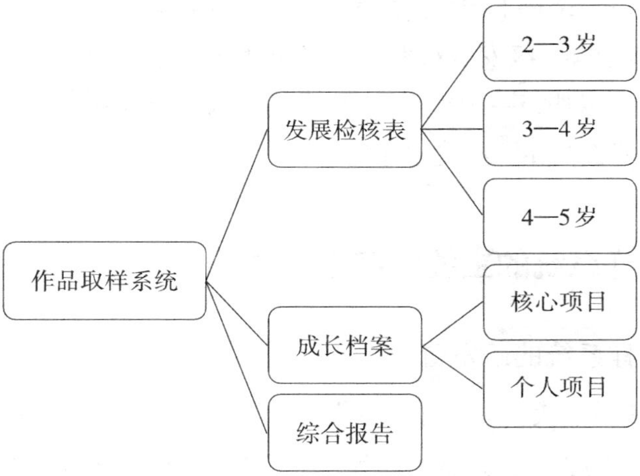

图4-1　作品取样系统图

作品取样系统的设计是较为全面的,它不会仅根据幼儿的某一项表现来评价他的能力,而是会多次运用发展指引检核表、教师的观察以及成长档案中收集整理的资料来评价。教师与幼儿随着时间的积累会收集到大量的活动中的表现资料,从这些资料中,教师可以根据自己的观察,依据作品取样系统提供的发展指引标准,对课程活动以及幼儿的发展成长做出评价。

(三)作品取样系统的主要评价工具

1.幼儿发展检核表

幼儿发展检核表能帮助教师观察记录和评价孩子的技能、知识、行为和成就。它旨在帮助教师了解孩子知道什么以及能做什么,并且帮助教师在一年之中规划儿童的学习经验。表格中所呈现的行为与技能适合该年龄段大多数的幼儿。

检核表是根据该年龄段大多数孩子的活动设计的,能反映他们共有的生活经验和日常的教学活动目标。具体包括体能发展与健康、个人与社会发展、科学思考、数学思考、语言与文学、社会文化、艺术等七个领域。

这个检核表每年填写三次,每一次都在相对应的作品取样系统收集期观察之后进行。观察及评价儿童在检核表指标上的表现,提供给教师在规划教学上有用的信息。在学期初,当教师与儿童熟悉之后可以使用观察及检核表来帮助自己规划教学活动和经验,以促进儿童技能的成长与发展。在学期末,教师可以根据儿童的发展状况调整课程计划。在学年末,检核表为儿童在整整一年中的发展及成就提供了一份详细的总结说明。

(1)发展指引

发展检核表用单句的表现指标来呈现儿童应该要达成的特定技能、知识或行为。每个年龄的检核表都搭配了一套详细的发展指引,发展指引提供每一项发现指标存在的理由及例子。这些例子示例了在该指标下儿童展现具备该技能或成就的一些方式。

(2)检核表的等级——检核表的等级反映出儿童掌握的技能与行为的程度,或儿童是否达到检核表指标所要求的成就。儿童可能获得的等级如下:

尚未发展——儿童无法表现出该指标。它表示儿童尚未习得该指标所代表的技巧、知识、特定的行为或成就。

发展中——儿童间歇性地展现该指标所代表的技巧、知识、行为和成就,或者萌发中,尚未稳定地展现。

熟练——表示儿童能稳定可靠地展现出该指标所代表的技巧、知识、行为或成就。

虽然儿童可能已超出该指标的程度，也不再参与该指标所描述的活动，但如果教师观察到儿童表现出这些技能，且这些技能是在儿童的能力范围内，就应该勾选“熟练”。

如果课程并未涵盖某指标的内容，或教师尚未向儿童介绍过，则填上“不适用”。

2.儿童成长档案

儿童成长档案主要通过有目的地收集体现幼儿各个学习范畴关键经验的作品，在此基础上记录、分析、展示和评价幼儿的发展成就。幼儿成长档案主要包括核心项目和个人项目两种项目，收集幼儿学期初、学期末和学年末三个时期的作品。

档案收集的作品以幼儿发展检核表中的发展指标为依据，如果幼儿发展检核表是对幼儿的学习做广泛的检查，焦点在于幼儿是否能表现出某种技巧，幼儿成长档案则提供幼儿如何学习和完成探究的具体信息，为家长、教师和幼儿园管理者提供了解幼儿学习与发展状况的概览图，展现每一个幼儿作品的独特性，述说幼儿的发展历程。

面对在活动中的大量的幼儿作品，如果教师每一个作品都去收集整理，工作量将会大到难以负荷。因此，儿童成长档案的核心项目与个人项目的架构，将会给教师提供一个收集作品的框架，通过这个框架，有效率地、简洁地、有意义地描绘幼儿的成长轨迹。

(1)儿童成长档案的核心项目

儿童成长档案的核心项目，是面向班级所有幼儿的项目，主要包括：语言与文学、社会文化、数学思考、艺术。这五个领域由幼儿的具体作品来呈现。幼儿在“个人与社会发展”“体能发展与健康”两个领域的发展可以通过直接观察而非研究幼儿作品展现。这两个领域的评价运用发展检核表往往会更有效。

教师应根据五个领域中具体项目的具体发展目标来收集作品。由于幼儿各领域的作品较多，儿童成长档案的核心项目仅围绕每个领域的两个重点具体发展目标收集作品。教师也可根据活动的特点和具体的需要自行制定具体的发展目标。两个具体发展目标虽然无法涵盖一个完整的领域，但可以避免教师收集项目过多导致工作量难以负荷，以及作品收集泛化导致无法有效分析和整理。

在每一学年开始之前，教师就需要确定要收集作品的每个领域中的两个具体发展目标，这两个目标应该对全班幼儿的发展有重要的体现，将指引教师收集类似的体现幼儿进步的作品，虽然收集的幼儿的具体作品不同，但所反映的发展目标应该是相同的。

(2)儿童成长档案的个人项目

个人项目是针对幼儿个体，体现幼儿独特发展特点和个别学习的项目。相对于核心项目而言，个人项目不需要教师事先规划，也不限于特定的领域。个人项目更多地体现幼儿在活动中随机的、偶然出现的、个别化的“闪光点”，呈现的是幼儿独特的兴趣和才能，展现的是幼儿个人的发展方式，记录的是幼儿个人的重要成就。核心项目只收集一个领域的作品，个人项目收集的作品往往是跨领域的，譬如幼儿在项目探究中“高潮活动”的作品，如“恐龙”主题，幼儿合作制作的真实恐龙大小的广告画，既体现艺术领域也体现数学思考和社会领域的发展。个人项目和核心项目的主要特点和作品收集总数如表4-7。

表4-7　成长档案核心项目与个人项目①

	核心项目	个人项目
主要功能	全体幼儿发展	个人独特发展
领域	单个领域	跨领域
计划	教师预设	幼儿生成
发展项目	每个幼儿相同	每个幼儿不同
总数	2项目×5领域×3个收集时期=30个项目	5项目×3个收集时期=15个项目

3.综合报告

综合报告是一个阶段对幼儿发展的总结性评价，综合报告综合了发展检核表和成长档案的信息，主要呈现幼儿在主要课程学习发展范畴的表现与进步。教师在一个学年需要撰写两次综合报告，每学期末撰写一次。综合报告的具体撰写样例如表4-8。

①该表改编自：山姆·麦索尔斯《作品取样系统：教室里的真实性表现评价》。

表4-8　综合报告样例①

幼儿发展综合报告							
儿童姓名：小明				年龄/年级：中班			
教师：花花老师				日期：2022年3月7日			
学校/机构：春田幼儿园				出席状况：　迟到天数：　出席天数：			
领域及功能分项	表现				进步		综合评述（记下儿童在每个领域的优点与才华，在表现部分勾选“需要加油”者，请述明原因；在进步部分勾选“异于期望者”，也请说明原因，并描述未来帮助学生成长的计划）
	检核表		档案				
	符合期望	需要加油	符合期望	需要加油	符合期望	异于期望	
个人及社会发展		√				√	小明对教室里的学习活动感到兴奋，有时可以与其他大人及小孩互动得很好。小明在以下几项进步很小：学习如何解决冲突、依从指令行事、使用语言来表达生气及要求教师的协助，我目前以有关“感受”的小组活动来帮助他
语言与文学		√		√	√		小明喜欢听故事、看书，并开始试着写字，他使用名牌来练习自己的名字。说话时，他在说出句子及用口语与他人沟通方面显得很费力。如同我们讨论过的，他目前正接受一些外部资源帮他发展这些技能
数学思维	√		√		√		小明对数与量非常感兴趣，他可以轻易地认出并复制简单的规律。他也可以用一一对应的方式正确地数到5
科学思考	√		√		√		小明喜欢用感官探索周遭世界，他观察力敏锐，会将看到的事物画下来，试着用自己的话说明或询问所观察到的事物，也开始理解并解释图表上的信息

① 该表改编自：山姆·麦索尔斯，《作品取样系统：教室里的真实性表现评价》。

续表

幼儿发展综合报告							
儿童姓名:小明				年龄/年级:中班			
教师:花花老师				日期:2022年3月7日			
学校/机构:春田幼儿园				出席状况:　迟到天数:　出席天数:			
领域及功能分项	表现				进步		综合评述 (记下儿童在每个领域的优点与才华,在表现部分勾选“需要加油”者,请述明原因;在进步部分勾选“异于期望者”,也请说明原因,并描述未来帮助学生成长的计划)
	检核表		档案				
	符合期望	需要加油	符合期望	需要加油	符合期望	异于期望	
社会文化	√		√		√		小明开始了解家庭成员的角色,他经常提到自己的家人。前几个月我有些担心(去年十一月到今年一月),因为他不太适应家中有个新生宝宝,但他现在进步相当多,开始谈论他如何照顾宝宝
艺术	√		√		√		小明喜欢手指与音乐,对这些活动很有反应,而这些活动对他的语言发展很有帮助,他也喜欢演出故事
体能与健康	√				√		小明在此领域的发展正符合4岁幼儿的发展目标。他能平衡与协调地跳、跑、爬;玩拼图、积木及操作性教具时,也能运用小肌肉技巧执行工作

第三节 学前儿童发展评价方法与工具

一、测验

测验是指在学前儿童发展评价中，评价者应用各种测量工具对儿童的身体发展、认知、情绪、社会性发展等方面进行测量和评价的方法。我们需要首先搞清楚的一点是：测验评价本身不产生任何教育效果，它仅仅是一项手段，而不能成为目的。鉴于学前儿童身心的稚嫩性，对他们的测评需要非常慎重，不当的测评极易对幼儿的智力和人格发展造成伤害。测验并不是一种最合适于评价儿童的评价方法，但是它有着其他评价方法不可替代的功能与作用。作为教育者，我们应该在学习了解不同评价方法的基础之上，使用多种不同的评价策略去评价儿童。

（一）标准化测验

标准化测验是指由专门人员设计，用来评估个体的特征，测验的结果可以跟一定的标准（常模）相对照，以判断被测者的程度。[①]标准化测验往往是通过专业的研究人员，经过较长时间的严谨研究过程编制而成的，通常采用具有标准化常模参照的测验量表作为工具。由于测验条件的标准化，测验的结果比较客观一致，适用的范围和时限也较宽广。

标准化测验必须要有特定的、具有严谨指标的量具，关于儿童的发展的相关标准的拟定和层级的划分必须基于严格的操作定义。例如，要测量学前儿童的智力发展，需要有专门研发的智力测量量表为量具，测量儿童的生长发育，需要有建立在大量调研基础上的儿童发展常模和指标为依据，这些量表中的项目和指标是共同的，任何人测验时都是不能改变的。例如国外的韦克斯勒学前儿童智力量表、我国发布的“0—6岁儿童发育行为评估量表”均属于标准化测验。标准化测验，能够为我们判断儿童在所测量的方面的发展进度与质量提供依据。

①鄢超云.学前教育评价[M].北京：高等教育出版社，2010：81-82.

（二）非标准化测验

非标准化测验在学前儿童发展评价中主要是指教师自编测验，即教师根据教育教学的实际需要，自行设计和运用各种非正式的工具和策略评估儿童的发育及发展。非标准测验的形式可以是灵活多样的，教师可以综合多种途径去获得与学前儿童发展评价相关的信息。如教师为了解幼儿的数学能力的发展情况，通过自编测验题目对儿童进行提问测验。见表4-9。

表4-9　教师自编数学能力测验题目

1.妈妈买回了四根香蕉，五个桃子，妈妈买回的香蕉多还是桃子多
（　　）桃子多（　　）香蕉多（　　）一样多（　　）都不多
2.天黑了是
（　　）早上　（　　）中午　（　　）晚上
3.小明和妈妈玩排火车的游戏，小明站在妈妈后面，那妈妈站在小明的（　　）
（　　）前面（　　）后面（　　）上面（　　）旁边

又例如，教师为了了解中班幼儿是否能分清“以自我为中心”和“以他人为中心”区分左右。教师在幼儿小组或个别活动时，创设相应情境，出示相关材料，有目的地对幼儿进行测试和提问，记录幼儿的反应，并做出评价。教师事先准备了两颗糖果、一个玩偶小熊。教师先出示两颗糖果在桌上，并提问：“请你把你左/右手边的糖果拿给我。”幼儿完成后，教师拿出小熊，面向幼儿放置，将糖果分别放在小熊的左右两侧。教师继续提问：“请你把小熊左/右边的糖果拿给我。”教师通过这个简单的小测验，了解幼儿对空间方位的理解与应用。

二、观察评价

观察是我们在学前儿童发展评价中最重要的一种方法，是全面了解学前儿童各方面发展最直接的方法。观察法是指有目的、有计划地通过感官、观察量表或辅助仪器，对自然状态下的客观事物进行系统观察，从而获得资料的一种方法。观察法强调对幼儿行为的观察，让教师去了解作为独特个体的幼儿。在自然状态下比设定好的评估中更能清楚地观察到幼儿的发育特征。成人通过观察儿童在个人或群体活动中的学习和玩耍情况能够全方位地判定儿童的发展状况。观察主要有三个目的：了解儿童的行为、评估儿童的发展、评价学习过程。①

① 沃瑟姆.学前教育评价[M].向海英，译.北京：北京师范大学出版社，2013：125.

(一)观察评价的工具

在学前儿童发展评价中,教师会使用到多种多样的观察工具,在这里我们着重介绍轶事记录、行为检核表和等级量表等幼儿园日常教学和评价过程中最常用的工具。

1.轶事记录

轶事记录是指简短地记录幼儿在活动中的行为或幼儿活动中的偶发事件。这些记录可集中地反映幼儿的兴趣、需要以及社会性、认知、情感和身体等方面发展的状况。教师在应用轶事记录对学前儿童进行观察评价时应该着重把握五个要点[①],即:轶事记录记录的是直接观察到的结果;轶事记录是对一个事件准确、及时、具体的记录;轶事应包含行为所发生的具体背景信息;在轶事记录中对事件的解释与发生的事件本身要分开记录。轶事记录往往记录的是被观察儿童的典型或不同寻常的行为。表4-10中呈现了一个轶事记录的案例:

表4-10　婴幼儿发展观察轶事记录

观察对象:半愚 年龄:11月龄零8天 地点:家中 日期:2021年7月7日 星期二 观察者:父亲 观察发展类型:身体发展与健康/大肌肉运动技能
观察内容: 今早,半愚独立完成了一套完整的下床动作。他首先爬到床沿附近,然后通过身体旋转,将自己脚的那一头调换到床边。然后通过爬行,把自己挪到离床沿半个身子的位置(以便刚好能把脚放下去),然后在趴着的状态下,双手抓着床单,双脚去试探下床途径,就这样倒着、慢慢地梭下去。如果双脚没有试探到合适的下床途径,他还会收回来,重新再观察一下
观察分析: 这两个月的半愚,肢体大动作越来越丰富。从“会爬”到“快爬”再到“拱着身体爬”,从“坐起来”到“站起来”再到“扶着围栏走”。以前他不懂得床的高度,爬到了床沿也不知道调头。最近,他逐渐建立了深度知觉,知道床和地之间存在着挺大的高度差

2.行为检核表

行为检核表主要用来观察核对幼儿在活动中的重要行为出现与否,观察者将准备观察的项目列出,当出现此项目行为时就在该项目做特定的记号。运用行为检核表进行的观察有两个优点。其一,观察评价相对比较系统。教师可以在行为检核表中系统地设计一系列有序排列的行为清单,观察儿童是否表现出了所列出的行为或者技

①参见:Gardner,H.*Intelligence reframences:Multiple intelligences for the 21st century*[M].New York:Basic Books,2000.

巧。[1]其二，应用行为检核表可以方便、快捷地观察多个幼儿的多种行为。适用于教师对多名幼儿某类特定行为的短时间观察和记录。如表4-11所示，教师通过行为核对表，非常简洁直观地观察评价了多名幼儿在超市活动中特定游戏行为的表现情况。

表4-11　行为检核示例表

名称	超市活动中的儿童游戏行为观察				
班级	小1班	观察时间	2021年8月1日	记录者	张老师
项目	愉悦的情绪	有假想活动	自觉遵守游戏规则	乐于与同伴合作	创造性地使用材料
幼儿1	√	√	√	√	√
幼儿2	√	√	√	√	√
幼儿3		√		√	
幼儿4	√	√			√

3.等级评定量表

评定量表提供一种方法，来判定儿童在何种程度上表现出该种行为或判定该种行为的质量表现如何。[2]与行为检核表类似，等级评定量表可用于教师在同一时间内评估一系列广泛行为的情况。但是，与行为检核表不同的是，等级评定量表不仅仅简单地观察和评估幼儿出现或未出现的行为，观察者还可以观察幼儿呈现行为的层次或等级，并评价这些行为的发展程度，在等级评定量表中，每种特征都可被连续评估，以此来帮助观察者确定儿童的表现在哪里符合这些等级。在下面关于幼儿角色游戏发展等级的评定量表即呈现了教师对幼儿角色游戏发展水平的评定，量表中既有相关的等级，也有相关等级可参照的儿童发展水平作为参照。见表4-12，4-13。

表4-12　幼儿角色游戏水平等级评定表

观察时间：　　　　观察对象：　　　　　记录者：

姓名	评定等级		
	主题、情节与角色	角色扮演与表现	材料的选择与使用
×××	1	2	2
×××	2	3	2
×××	1	2	1

①沃瑟姆.学前教育评价[M].向海英，译.北京：北京师范大学出版社，2013：139.

②沃瑟姆.学前教育评价[M].向海英，译.北京：北京师范大学出版社，2013：139.

表4-13　角色游戏水平等级评定参考

评定等级	主题、情节与角色	角色扮演与表现	材料的选择与使用
行为表现水平1	无明显的游戏主题，没有情节或情节单一、角色单一	时常游离于自己所扮演的角色之外，扮演行为单一、重复	无目的地摆弄材料，与游戏主题关联不大；主要选择使用仿真道具，偶尔能以物代物
行为表现水平2	有明确的游戏主题，有多种角色，有情节发展和推进	有相对稳定的角色意识，能运用语言、表情和动作表现出角色的特点	能选择外形相似或功能相近的玩具材料，进行以物代物，一物多用
行为表现水平3	游戏主题明确而稳定，能设计更多与主题相关的角色，能灵活地、创造性地推进情节发展	能准确地理解角色的社会职责、社会关系，创造性地生动表现所扮演的角色	能不受材料本身的外形与功能的限制，创造性地使用材料，既能使用同一物品进行多种替代，也能使用不同物品进行同一替代

（二）观察评价的方式

我们要科学地通过观察来评价学前儿童的发展，不仅需要运用适宜的观察工具，还需要掌握合适的观察方式与方法，在学前儿童发展评价中，人们基于不同的维度与视角对观察儿童的方式做出了多种划分，在这里我们主要介绍三种幼儿园常用的观察评价方法。

1.扫描观察

扫描观察即分时段定人观察。这种观察方法是对班里或小组的幼儿平均分配时间，在相等的时间里对每个幼儿轮流进行扫描观察。扫描观察适用于粗线条地了解多个幼儿在活动中的发展情况。运用扫描观察法时，教师要确保观察的幼儿都在自己的视线范围内。此外，教师可以提前设计好表格，采取检核表法（表格内做记号）与轶事记录相结合的方式进行观察记录。下面表4-14是一个教师应用扫描观察法的案例。

表4-14　托幼混龄班扫描观察记录

观察时间	××××年×月×日 上午10:15—10:20
观察对象	托幼机构内混龄班的所有儿童，年龄2岁6个月至4岁
观察目的	为了调整活动安排，观察并记录儿童在看护学校内不同区域里做些什么。在必要时，限制某些活动的参与人数
观察环境	托幼机构内的混龄班教室

续表

观察记录	教师安排了手指画活动，凤凤、兵兵、翠翠和霞霞参与其中。保育员在给轩轩、晨晨和松松念故事。明明和娟娟在沙槽那里玩沙子，佳佳、琪琪、玲玲、辉辉和燕燕在“娃娃家”区玩，佳佳和琪琪穿着护士的服装，辉辉脖子上套了个听诊器，琪琪和燕燕躺在小床上。磊磊和朋朋把火车轨道拼装起来，在上面玩开火车的游戏。芬芬从“娃娃家”区走到手指画活动的场地。米米、潘潘和凯凯在观察者的监督下玩水。他们把水泼到轮子上，观看轮子的转动
观察结论	几乎所有儿童都至少参与了一项活动，只有芬芬例外，她只是从“娃娃家”区走向手指画活动的地方。这些活动区域都没有人数过多的情况，虽然，“娃娃家”区正处于忙碌之中，但还可以再吸纳更多的儿童
分析建议	目前无须改变现有的活动内容，玩沙和玩水的装置可移到远些的地方，因为玩沙和水时儿童有些拥挤

2.定点观察

定点观察即定点不定人观察。教师可以固定的某一地点进行观察，见到什么观察什么，只要在此点的幼儿（单个幼儿或小组幼儿）都可以作为观察的对象。定点观察适合于了解一个主题或者一个区域幼儿游戏的情况。教师可以把握特定区域中幼儿的活动兴趣、需要、发展水平、特点和个体差异。

3.追踪观察

追踪观察即定人不定点观察。教师事先确定一到两个幼儿作为观察对象，观察他们较长一段时间内的活动情况。被观察的幼儿走到哪里，观察者就追随到哪里，固定人而不固定地点。这种方法适合于了解个别幼儿在活动全过程中的情况，跟踪了解其发展的水平，获得更详细的信息。下面的这个案例中，如教师通过追踪观察的方式，连续观察和收集一位刚入园、有些分离焦虑的幼儿半日活动情况与相关信息，在此基础上了解该幼儿与他人互动的情况与各方面的发展情况。见表4-15。

表4-15　半日跟踪观察记录①

时间	活动	互动
9:15	柯林来得较晚，送他来的母亲解释说他之前发了通脾气	拒绝和任何人说话
9:30	涂色，很仔细地不让颜色涂到线条外面	和教师聊动物园的一次经历
9:45	“写”动物园之行	无
10:00	和其他儿童一样坐在垫子上，给教师讲他的故事	对他所写的东西做非常详尽完整的解说
10:15	坐在桌子边，喝果汁，吃饼干	无

①参见：Carole Sharman，Wendy Cross，Diana Vennis.观察儿童：实践操作指南[M].单敏月，王晓平，译.上海：华东师范大学出版社，2008.

续表

时间	活动	互动
10:30	儿童们到户外玩耍,柯林在墙边,他皱着眉,一脸不高兴,时而踢墙壁几脚	轻声地嘀咕
10:45	脱下外套并挂起来。急忙跑到桌边坐在和他一组的小伙伴旁边。看着他的工作表上《三只山羊》的图片。当老师问谁知道哪只年龄最小时,他举起手,在老师让他回答后说:"这只最小,这只中等大,这只最大,他没有被山怪吓倒。"	对老师微笑
11:00	柯林在画他心中那个版本的故事	和老师交谈
11:15	儿童们在唱歌,柯林在发了一顿脾气之后,经安抚,已经平静下来了	大叫"我要走"
11:30	坐着听故事录音	无
11:45	在其他儿童收拾要带回家的作品时,柯林在教室里走来走去	无
12:00	柯林的母亲接他回去	母亲问他做了些什么时,两人聊起了他的故事

三、档案袋评价

档案袋评价(Portfolio Assessment)又称为"学习档案评价"或"学生成长记录袋评价",是以档案袋为依据而对评价对象进行的客观的综合的评价。[①]最初使用这种形式的是一些画家、摄影家,他们把自己有代表性的作品放在"档案袋"里,以便于向他人展示、证明自己。后来人们将这种方法用于教育评价,特别是学生发展评价,教师和学生有意地将各种有关学生表现的材料收集起来并进行合理的分析与解释,以反映学生在学习与发展过程中的努力、进步状况或成就,它展示了学生某一段时间内、某一领域内的技能的发展。由于"档案袋评价"的外延比较广泛,收集的素材多种多样,因此在操作过程中也呈现出百花齐放的现象。

(一)档案袋评价的特点

1.目标性、计划性与组织性

档案袋评价是教师依据教学目标与计划,有组织、有目的地收集儿童的一系列表现或作品来展现其能力水平和进步程度的一种评价。档案袋中所包含的信息,必须是足以反映儿童向预期教学目标进步或发展的信息。因此,无论是档案袋的生成,还是基于档案袋的评价,都具有目标性、计划性和组织性的特征,是结构性较强的教学评

① 鄢超云.学前教育评价[M].北京:高等教育出版社,2010:78.

价，绝不是突发、零碎、杂乱地呈现结果。

2. 成长性与表现性

档案袋评价强调形成性评价，关注成长、改变历程和表现性行为，既注重学习结果也重视学习的过程。与传统意义上的纸笔测验相比，档案袋评价更能显示儿童成长发展的历程、进步与成就的现况。例如儿童的绘画作品档案袋，其中可能会完整地呈现儿童整个学习和练习绘画过程的材料，这包括从一开始的涂鸦、描画、临摹到进一步的尝试创作草稿、修改稿、成品，甚至在学习绘画的过程中儿童的心得和教师的评语都可作为档案袋的内容资料。

3. 整合性与多样性

一方面，档案袋评价中教师依据教学目标与计划，持续一段时间系统、有效地收集各式各样的有代表性的幼儿活动成果，着重于教学与评价的整合。同时，档案袋资料内容与形式、资料呈现方式、评价人员及评价对象都呈现出多样性。例如档案袋资料的内容与形式可以是文字、图片、评定量表、日常记录等；资料的呈现方式可以是静态的文字或图片叙述，也可以是动态的音频或视频录像。

4. 主题性和反思性

档案袋一般都要有明确的主题。主题明确，便于教师和儿童对资料进行收集和归类。同时，儿童成长发展档案不仅要记录和反映儿童发展过程及所取得的成就，还要包括儿童、教师及家长对“成长过程”、对“成果作品”以及对制作档案过程进行的自我评价或他人评价记录。这不仅可以让儿童看到自己的成长与进步过程，还可以帮助他们从小养成自我反思的良好习惯。

（二）档案袋的类型

档案袋评价在幼儿园被广泛运用，它是一种展示幼儿成长及发展的过程型评价方法。在幼儿园多被称为“幼儿成长档案袋”“幼儿成长记录袋”。幼儿成长档案袋并不是一个无所不装的大口袋，不是幼儿所有的作品都要装进去。哪些幼儿的作品可以放进去及怎么存放，不是随意的，而应根据成长档案的特定目的进行分类收集。根据所收集资料的分类，档案袋可分为文字资料档案袋、图片资料档案袋、作品档案袋、自然资料档案袋、录音及影像资料档案袋。其中，图片资料档案袋和作品档案袋在幼儿园的应用最为广泛。

1. 图片资料档案袋

它包含与儿童成长发展相关的图片信息，如儿童在幼儿园中的绘画、印画作品；教师或家长拍摄的儿童参与活动的照片，通常称为儿童成长手册；儿童在不同年龄段最喜欢的图片等。

2. 立体作品档案袋

它主要收集和保存儿童在成长过程中制作的立体作品，如儿童亲手捏制的泥工作品、自己用废旧物改造的玩具、缝制的小玩偶、搭建的小房子等。

3. 文字资料档案袋

它主要用来收集和保存与儿童成长发展相关的文字信息，如儿童书写的简单文字等作品；儿童写给同伴、教师或家长的信；同伴、教师或家长写给儿童的评语或信件等。

4. 自然资料档案袋

它主要收集和保存与儿童成长发展有关的自然材料，如儿童自己种植或收藏的植物标本、果实、种子；儿童收集的动物标本、羽毛、茸毛、鳞片、骨骼等。

5. 录音及影像资料档案袋

它主要收集和保存儿童成长发展过程中的音频及影像资料，音频资料可包括儿童唱歌、讲故事、演讲、朗诵等音频信息；影像资料可包括儿童表演、创作，以及与他人（同伴、教师、家长）互动的视频录影资料。

除此之外，幼儿成长档案袋中还应该包括教师、幼儿、同伴对该幼儿作品的评价；教师对该幼儿成长过程中的观察、轶事、测验等记录内容。

（三）档案袋评价的主体

1. 幼儿自我评价

幼儿成长档案袋不是以收集作品为目的，而是为幼儿发展评价提供原始真实的信息。因此，在使用中幼儿的参与和自我评价是不可缺少的。比如让幼儿选择自己最喜欢的作品放进档案袋，并请幼儿说出其选择的理由。这个过程就是幼儿自我评价的过程。幼儿对自己的作品收集、选择、评价的过程就是自我发展的过程。

2. 教师评价

档案袋中的材料不仅记录了幼儿发展的结果，而且反映了幼儿发展的过程。这些材料为教师从多角度判断幼儿的发展提供了真实而详细的资料，教师利用这些信息可以进行纵向比较，了解幼儿的成长或进步。

档案袋评价是一种从实践中诞生的评价方式，体现了从重视结果到过程评价、从非情境化到情境化、从单一评价到多元评价、从终结性评价到循环性评价的发展趋势。

四、学习故事

学习故事由新西兰怀卡托大学的玛格丽特·卡尔教授及其研究团队于2001年提出，并记录在《新西兰国家早期教育课程框架》中，获得了教育实践工作者的认同与实践。华东师范大学的周欣教授认为学习故事评价是指在真实情景中应用叙事的方式进行结构性观察和记录，提供一种能反映儿童发展的持续性画面，记录和交流儿童学习的复杂性，帮助幼儿形成自己的人格认同。

（一）学习故事的特点

1.真实性

教育叙事研究的典型特征是真实性，作为一种叙事性的评价方法，学习故事强调记录幼儿真实的活动场景和活动过程，活动后教师将幼儿活动的画面真实完整地呈现出来，展现幼儿的材料使用、与人交往、对待生活等。评价的对象不再局限于单一个体，教师可以将一名幼儿作为记录评价的对象，也可将班集体作为记录对象。除此之外，也可以记录幼儿与同伴的沟通情况、活动环境的空间布置、授课教师的言行等。详细真实地记录幼儿的言行，可以帮助教师更加深入地了解个别幼儿，更加广泛地认识所有幼儿，也有助于教师在活动后进行反思。

2.过程性

学习故事侧重于观察幼儿的言行，在幼儿学习过程中将其行为看作一个统一的整体，并进行记录与解读，注重过程评价的连贯性，为教育者提供能够反映幼儿活动的持续性画面，避免了评价的碎片化现象。幼儿的学习活动是其参与社会建构、进行社会化的过程，也是其心智、操作技能等各方面提升的过程。因此，在科学教育理念的指导下，评价幼儿的发展必须尊重儿童，以儿童为中心，发挥儿童的主体性地位，重视儿童的所思所感和所作所为，发现每个幼儿的闪光点，提升保教质量。

3.全面性和综合性

学习故事作为一种儿童在不同的学习情境之间的“边界介质”，将影响幼儿发展的各种情境联系起来，发挥系统综合的作用。幼儿受身心发展水平的限制，心智尚未成熟，难以分辨自己在各种情况下的角色，且难以独立地将各种学习情境联系起来。学习故事可以弥补这方面的欠缺，真实地记录幼儿的行为，将幼儿的多种生活场域联系起来，联结家庭、学校、社区，为评价幼儿的行为提供参考，实现全面且综合的评价。

4.多元性

新西兰的学前教育者提倡教师同家长、幼儿一起工作交流，探讨幼儿在园的表现情况，评析幼儿的活动表现，以便于下一步针对性工作的开展，这种活动被称作“集体审议”。这种集体审议活动能够从多人视角评价幼儿行为，评价维度丰富，评价更具客观性、可靠性，为幼儿培养并拓展兴趣提供了保障。教师以学习故事为联结点，加强家园沟通，在共同观看幼儿活动视频的过程中捕捉活动中的“哇”时刻，增进家长对幼儿园工作的了解，加深家长对活动中幼儿学习表现的认识，促进家园在交流中拉近距离，增进沟通，便于后续工作的开展。

（二）学习故事的实施

“学习故事”是一种强调过程的形成性评价，具体分为注意、识别、回应三步，可简要地概括为“是什么”“为什么”“怎么做”三个关键词。

首先是“注意”，教师要注意幼儿的行为，善于捕捉幼儿生活中的“哇”时刻，关注其情绪及行为。其次是“识别”，对于幼儿的日常行为，教师要积极思考，对其行为进行解读、评析。最后是“回应”，要重视评价的“落地”，把个人评价反馈落实到教学实践之中，落实到实际行动中。作为正在成长中的独立个体，幼儿的行为需要外部力量的引导和支持。在理解幼儿行为的基础上，教师应进一步支持幼儿深入学习，为他们接下来的健康发展夯实基础。下面是一则教师应用学习故事的案例，在这一则学习故事中教师观察记录了幼儿用胶带搭建一座桥的过程。

案例

搭建胶带桥的学习故事

伊丽莎白，今天你和露西在手工区忙碌着。你们想出了一个特别棒的主意，那就是用透明胶带搭建一座大桥。你们花了很长的时间，非常专注地把你们的计划付诸行动。你们搭的大桥和我在一本有关大桥的书里看到的一幅图片越来越像了。于是，我就去把书拿给你们看，你们两个真是非常出色的工程师呀！

伊丽莎白，你和露西的合作真默契，我非常欣赏你们互相分享想法和协商的方式。你还是一个令人尊敬的朋友，因为你很清楚地告诉大家，搭建这座大桥一开始是露西的主意。你有没有意识到，为了搭建这座大桥，你们在一起工作了两个半小时，你们的专注力太让我惊讶了！

当我问你们是如何搭建大桥的时候，你问我：“那个贴在我们教室墙上的单词怎么念？”我回答，那个单词是“合作”。于是，你就去告诉露西，你是在跟她合作。你真的很喜欢这些单词！我想告诉你一个秘密，我也很喜欢它们！①

事实上，我们可以看出，在上述案例中，观察是教师评价幼儿的重要方式，通过记录的学习故事我们可以发现教师采取了“注意”“识别”“回应”的策略。

首先，教师注意到伊丽莎白和露西在手工区的活动，注意到他们“想到了一个特别棒的主意”——用透明胶带搭桥，并予以了关注。

其次，教师有效地对幼儿在活动过程中的创造性（“你们想出了一个特别棒的主意，那就是用透明胶带搭建一座大桥。”）、专注力（“为了搭建这座大桥，你们在一起工作了两个半小时，你们的专注力太让我惊讶了！”）进行了识别和记录。

最后，在观察的基础上，教师也通过为幼儿提供与搭建大桥相关的书籍，将单词“合作”贴在墙上并告诉幼儿念法，对捕捉到的幼儿发展的“闪光点”进行了支持回应。

实际上，在活动中有效评价幼儿的学习与发展，特别在教师与幼儿的互动、幼儿之间的互动中开展评价往往是相当复杂的。借鉴学习故事的方法，将观察作为重要的评价手段，通过注意、识别、回应等有效方式捕捉和评价儿童发展的闪光点，为幼儿的学习搭建支架，能够切实帮助我们有效评价幼儿在活动过程中的发展，让教育的效果能够“看得见”。

因此，学习故事作为一种评价幼儿的方法，不仅是记录幼儿在游戏、生活中展现出来的精彩瞬间以及产生的学习倾向，更是聚焦于让评价者发现和促进幼儿主动学习、看懂幼儿的兴趣与需要，从而更好地帮助教师与幼儿实现互动以及了解和支持幼儿的学习与发展。

五、基于信息技术的学前儿童发展评价

随着现代信息技术的不断发展和各种多媒体设备的普及，观察者逐渐开始采用相机、录音笔、摄像机、电脑等设备对儿童进行观察记录，这些都是观察记录的有效工具。这种方式最大的优点在于便捷、方便且具有准确性。观察者可以通过对照片、录音、录像等资料进行编码、整理后进一步观察分析，实现对儿童的评价。

数码相机、笔记本电脑、电视机、录音笔等设备都能有效地呈现儿童的行为、语言、兴趣等。这是一种更直接的观察记录方法，在将来需要使用的时候这种方法能以更稳

①Margaret Carr 等.学习故事与早期教育：建构学习者的形象[M].周菁，译.北京：教育科学出版社，2015：70.

定、持久的形式输出。比如，在前面讲到的档案袋评价方法，教师可通过采用相机将儿童的作品进行拍照，形成儿童作品电子版，并通过电脑笔记本建立电子版的幼儿成长档案袋，这样更易于资料的长期保存。如果教师想了解儿童的语言发展情况，也可采用录音的方式，通过录音笔记录儿童的语言，通过后期对录音的译录进行语言分析及评价。并且，当前随着二维码在生活中的广泛应用，教师也可以将儿童的录音文件或视频文件生成相应的二维码，实现资料的现代保存。录像也是当前在儿童发展评价中最常用的手段，通过录像记录儿童的行为或事件，然后教师通过回放录像，有目的地对儿童的某一行为或语言等方面进行分析，从而实现评价的目的。

图4-1　婴儿在户外活动中自言自语的录像记录及二维码

以上的这些方式有助于教师对儿童进行评价，其资料的直观性决定了在幼儿园教师也可邀请幼儿一起通过看录像、听录音、看照片等，共同展开评价。

专题探讨

背景资料：随着智能手机的普及，基于智能移动终端的评价方式也开始逐渐在学前儿童发展评价中获得应用。目前，国内外已有相关的机构研发了相关的儿童发展评价手机App，在此基础上开发了基于智能手机的资料上传、观察评价标准检核、电子成长档案记录、智能分析和云储存等功能，将之作为产品向幼教机构推广。

探讨：你是如何看待此现象的？基于智能手机App的学前儿童发展评价适合在幼儿园应用吗？你认为在具体应用的时候需要注意哪些问题？

专业建议：需要指出的是，虽然当前已经有基于移动端的幼儿发展评价系统的实践运用，但缺乏对基于移动端幼儿发展评价系统效果的相关研究，移动终端是否适宜于幼儿发展评价？评价指标、评价系统使用的效果如何？其中存在哪些优势与问题？这些还需要进一步探讨和研究。幼儿园在应用移动终端App开展儿童发展评价时，建议要考虑如下几点问题：

首先，应注意评价标准的适宜性。当前的儿童发展评价App一般是基于相关的儿童发展评价标准体系研发，如有的儿童发展评价App内置了《上海市3—6岁儿童发展观察指引》、高瞻课程的儿童观察评价标准等，这些标准要么是基于国外的，要么是基于上海等国内较发达地区的儿童发展标准，是否适宜于本园幼儿的发展评价，是要审慎考虑的。

其次，智能化的儿童发展评价，将手机终端和App作为重要应用工具，教师应意识到，评价的对象是儿童，基于教师的观察评价和分析依然是学前儿童发展评价最重要的方式。因此，智能移动终端虽然为教师提供了方便参照的评价标准、便利的上传资料方式和智能分析等技术手段，但它只是一种评价的技术手段，教师要结合实际灵活地运用这些技术手段，但不能仅依靠这些技术手段，而忽视了日常生活中对儿童的细致观察与分析。

最后，智能化的儿童发展评价基本上都具备基于数据的儿童发展情况分析功能，如何去解读这些量化分析结果，是否有必要以及如何向家长呈现这些分析结果，都是教师需要审慎考虑的。在面临这些分析数据的时候，教师需要注意的是，这些评价数据只能够在一定程度上为教师判断分析儿童的发展情况提供依据，其目的是帮助教师了解和分析儿童的发展情况，不是给儿童的发展划分等级优劣，更不是给儿童贴标签。

本章小结

本章重点讨论了学前儿童发展评价的内涵、国内外儿童发展评价体系与学前儿童发展评价的主要方法。其核心内容总结如下：

1. 学前儿童发展评价是依据学前教育目标，以及与此相适应的学前儿童发展目标，运用教育评价的理论与方法，对学前儿童在身体、认知、情感与社会性等方面的发展进行价值判断的过程。

2. 学前儿童发展评价的目的是帮助教师深入、客观、全面地了解学前儿童的发展现状，了解学前儿童的个体发展差异，为因人施教提供依据，帮助教师反思教育目标，为改进教育过程提供依据以及帮助家长了解学前儿童的发展情况。

3. 学前儿童发展评价应以《指南》的精神为导向，可以适当借鉴国内外应用得较为广泛的儿童发展评价体系与标准。

4. 在评价过程中可以应用测验、观察评价、档案袋评价、学习故事等方法开展评价。

5. 在新时期如何基于信息技术开展儿童发展评价，也是值得进一步探索和实践的问题。

思考与实训

1. 简述学前儿童发展评价的基本概念、内涵、目的与作用。

2. 如何理解《指南》在学前儿童发展评价中的导向性作用？

3. 简述作品取样系统的主要内容体系和评价工具。

4. 在高瞻儿童观察评价系统中,教师在开展轶事记录时应注意哪些问题?

5. 结合实际谈一谈,如何在学前儿童发展评价中应用观察评价的方法?

6. 在应用学习故事对学前儿童进行评价的过程中,教师可以采取哪些策略?

第五章 幼儿教师评价

学习目标

- 理解幼儿教师评价的内涵、功能和原则。
- 理解幼儿教师职前专业评价的内容和形式。
- 理解幼儿教师专业发展阶段与职后专业发展评价的内容和形式。

学习重难点

- 重点：本章的重点在于理解教师评价对其专业发展的意义和价值，把握职前及职后教师专业评价的几种主要方式。
- 难点：本章的难点在于理解和把握我国《学前教育专业师范生教师职业能力标准》《幼儿园教师专业标准》中教师评价的维度和要点，明确国家将师德师风作为幼儿教师评价的第一标准，将综合育人作为幼儿教师第一职责的意义所在，并能在自己的学习与工作实践中自觉地遵循。

案例破冰

小何老师怀揣着成为一名优秀老师的梦想斗志昂扬地走进幼儿园，从新手教师做起。但几个月之后，小何老师却陷入了迷茫。小何老师发现，自己的工作和原先以为的单纯的“带孩子”不一样，作为一名新老师，她要参加各种活动和比赛：集体教学活动公开课比赛、班级环境创设评比、早操评赛、观察记录评比、教育论文评比、《指南》知识竞赛等，这让她倍感疲惫，明明是打工人，为什么也要像运动员一样参加各种比赛？年终的时候，幼儿园也将老师们参加各类评赛的结果纳入评价中，与绩效考核挂钩。回想自己参加的各种评赛，小何老师也有一些困惑，一方面，通过参加评赛，小何老师觉得能够让自己花心思去钻研学习，比如怎样上好一次公开课，有机会与同事们取长补短，互相交流，见贤思齐；另一方面，小何老师又觉得有的评赛存在着“表演”的成分，与自己平时的教学常态相差甚远。小何老师发现自己有很多问题想不明白，各种评赛的成绩能够成为评价幼儿教师的重要标准吗？幼儿教师专业能力的评价，不是更应该体现在日常的观察和与幼儿有效的互动中吗？我们究竟应该如何有效地评价幼儿园老师的专业能力？在幼儿教师的评价中有没有可以参照的标准呢？

事实上，这些问题，不仅像小何老师这样初入职场的教师会有所思考，其实所有教师甚至幼儿园的管理者都会存在着困惑。无论是来自领导、同事还是家长的评价，无论是职前的资格认定还是职后的绩效考核，评价都会影响教师的自我认同、效能感，都会对教师的工作与专业发展产生重要的影响。我们如何正确地看待教师评价，并积极利用评价促进教师职前和职后的专业发展，是本章重点探讨的内容。

第一节　幼儿教师评价概述

一、幼儿教师评价的概念内涵

教师评价是评价主体依据一定的价值评判标准对教师做出职业性、专业性和行政性的价值判断的过程。近年来，伴随着国际教师专业发展研究的兴起，通过教师发展评价促进教师专业成长的研究和实践日益增多，人们也越来越认识到幼儿教师在提升学前教育质量中的重要作用及其不可替代性，对幼儿教师职业的专业化期望越来越高。

幼儿教师评价是根据学前教育方针、政策、法规以及学前教育培养目标与要求，运用教育评价理论、方法与技术，对幼儿教师的专业能力及教育工作中的行为表现与绩效进行全面、客观、公正的价值判断，以促进教师专业发展、提高保教质量为目的的一种活动。作为学前教育评价的重要组成部分，有效的幼儿教师评价对学前教育的高质量发展具有重要作用。

二、幼儿教师评价的主要功能

幼儿教师评价不仅是保障和提高教师队伍组织管理绩效的重要手段，也是促进幼儿教师专业发展的重要方式。一方面，幼儿教师评价是行政管理的产物，对教师行为起到规范和规制作用，以最终实现管理利益和需求；另一方面，幼儿教师专业发展评价作为教师专业发展的一部分，通过评价改进教育教学质量并提升专业素养，从而促进教师的专业发展和自我价值的实现，最终提升幼儿教师群体的质量和专业发展水平。两方面并非完全割裂的，而是存在一定差异却又紧密联系。

(一)管理功能

幼儿教师评价的管理功能主要体现在绩效评估上，更偏向结果导向，这是为了保证教师的教学质量达到一定的标准，对教师水平是否合格进行评定和通过奖惩实现利益分配的必要手段，具有导向、激励、矫正、鉴定的作用，如何进行合理的绩效评估体现了教师队伍管理的科学化。首先是要有统一的教师评价指标体系，这是科学化管理的依据和客观标准，根据教学目标和任务制定标准，避免出现主观、片面评价的问题。其次是要形成自评与他评相结合，自评为主、他评为辅的评价方式，突出教师的主体作用，促进教师自我反思，应避免自上而下的、单向的、鉴定性的评价，他评中充分利用幼儿、家长、同事等多方面的综合因素，以求全面评价教师业绩，力求评价过程的科学性。最后是对于评价结果的运用，应该是以奖优督促进步为主，以惩罚为辅，业绩评价是为了反馈工作效果，进一步改进以提升教学效果，而非唯一的利益驱动为导向，注重评价后的建设性意见反馈，为提升教师专业能力、工作能力提出可参考的、有价值的建议。

（二）发展功能

幼儿教师评价的发展功能是指对教师进行发展性评价，偏向过程导向，其目标是通过提高教师的职业素养和教学能力激发教师自主学习并创造性地开展工作，从而促进自我价值的实现。幼儿教师发展性评价关注教师的背景和基础，重视教师当下的水平，着眼于未来的个性化发展方向，评价是在教育过程中不断提升问题解决的能力，促进成长。发展性评价注重分析当前水平与《幼儿园教师专业标准（试行）》中要求的教师专业素质之间的差距，依据自己的特点反思自己的问题，有针对性地选择适合自身发展所需的专业素养目标和提升的方式，成为幼儿教师自我成长的重要途径。

幼儿教师评价应在提升管理绩效和促进教师发展之间寻求合理的平衡，不仅保障和提升教师队伍管理绩效，而且促进教师专业发展。因此，幼儿教师评价要建构多元价值的评价过程与内容，兼顾园所管理效益的实现与幼儿教师专业发展的达成，使幼儿教师评价不仅能促进幼儿园绩效管理，而且能助力教师专业发展。

三、幼儿教师评价的原则

（一）以德为先，能力为重

幼儿教师的师德对教师的教育教学行为起着重要的引导作用，是幼儿健康成长的基本保证。良好的品行、高度的责任心和事业心应是幼儿教师必备的基本道德素养和职业要求。2012年2月10日教育部颁发的《幼儿园教师专业标准（试行）》中指出：“幼儿园教师是履行幼儿园教育教学工作职责的专业人员，需要经过严格的培养与培训，具有良好的职业道德，掌握系统的专业知识和专业技能。”幼儿教师是对幼儿实施保育与教育的专业人员，需要具有特定的专业素质、良好的职业道德与态度、专业的教育知识与技能。幼儿教师评价要以师德为先，能力为重。在《幼儿园教师专业标准（试行）》

的基本理念中着重强调师德为先，要求幼儿教师："热爱学前教育事业，具有职业理想，践行社会主义核心价值体系，履行教师职业道德规范，依法执教。关爱幼儿，尊重幼儿人格，富有爱心、责任心、耐心和细心；为人师表，教书育人，自尊自立，做幼儿健康成长的启蒙者和引路人。"同时强调能力为重，要求幼儿教师："把学前教育理论与保教实践相结合，突出保教实践能力；研究幼儿，遵循幼儿成长规律，提升保教工作专业化水平；坚持实践、反思、再实践、再反思，不断提高专业能力。"幼儿教师面对的教育对象是身心发展迅速、可塑性强，同时易受伤害的幼儿，幼儿教师需要具有高尚的师德、良好的职业道德修养，富有爱心、责任心、耐心和细心，热爱幼儿。师德、专业态度与能力是评价幼儿教师专业的基准线。

2020年10月13日中共中央、国务院印发的《深化新时代教育评价改革总体方案》中也指出，"坚持把师德师风作为第一标准。坚决克服重科研轻教学、重教书轻育人等现象，把师德表现作为教师资格定期注册、业绩考核、职称评聘、评优奖励首要要求，强化教师思想政治素质考察，推动师德师风建设常态化、长效化。健全教师荣誉制度，发挥典型示范引领作用。全面落实新时代幼儿园、中小学、高校教师职业行为准则，建立师德失范行为通报警示制度。对出现严重师德师风问题的教师，探索实施教育全行业禁入制度。""突出教育教学实绩。幼儿园教师评价突出保教实践，把以游戏为基本活动促进儿童主动学习和全面发展的能力作为关键指标，纳入学前教育专业人才培养标准、幼儿教师职后培训重要内容。"

（二）多元评价，自评为主

幼儿教师评价应尽可能做到全面及个性化，不用单一的、唯一的、固定不变的标准去衡量有不同成长背景、不同专业基础、不同潜质的教师，而应尊重教师的能力特长、发展方式、发展阶段和发展速度，得出全面且个性化的评价结论。但幼儿教师角色的多样性和教师劳动的复杂性，决定了在对教师进行评价时任何单一性的评价主体想要对教师做出全面而科学的评价是极其困难的。因此，在开展教师评价工作时应多渠道收集体现教师教学表现和水平的资料，由评价者的多元化代替单一性，将幼儿评价、家长评价、同行评价、专家评价、领导评价以及教师的自我评价相结合，正如《幼儿园教育指导纲要》中第四部分指出的："管理人员、教师、幼儿及其家长均是幼儿园教育评价工作的参与者。评价过程是各方共同参与、相互支持与合作的过程。""幼儿园教育工作评价实行以教师自评为主，园长以及有关管理人员、其他教师和家长等参与评价的制度。"值得关注的是，教师自我评价正日益受到重视，正如哈里斯(B.M.Harris)和希尔(J.Hill)所指出的："只有教师本人对自己的教学实践具有最广泛、最深刻的了解，并且通过内省和实际的教学经验，对自己的表现形式和行为做一个有效的评价。”教师自我评价使评价的过程成为教师运用专业知识审视教育实践，发现、分析、研究、解决教育教学问题的过程，同时让幼儿教师参与评价能够关注到教师的个体差异，鼓励教师积极参与到评价中并反思自己的教学，成为有效促进教师专业发展的重要内在动力机制及增进教师可持续专业发展的关键因素。

（三）问题导向，以评促进

教师评价是一种手段，评价的过程是教师运用幼儿发展知识、学前教育原理等专业知识分析问题、总结经验、自我反思的过程，也是教师自我成长的重要途径。评价指标是教师发展努力的方向，而非最终目标。幼儿教师发展评价要关注教师的背景和基础，重视教师当前的水平和表现，着眼点在于教师的未来，应重视通过评价与教师一起解决教育问题，提出改进建议，促进教师成长与发展。幼儿教师应对照《幼儿园教育指导纲要》《幼儿园教师专业标准（试行）》等法规文件中对幼儿教师的专业要求进行自我评价，客观分析目前自身已具备的专业素养与合格幼儿教师的专业素养之间可能存在的差距，对自己的专业发展水平以及所处的专业发展阶段进行客观的自我认识，通过将《幼儿园教师专业标准（试行）》的相关要求与自身专业发展需求进行对比，发掘自己的专业优势，反思自身存在的问题，从而有针对性地选择适合自身发展需要的专业素质提升目标模式、内容与方法。

第二节　幼儿教师职前职业能力评价

教育质量的关键在于教师素质，而职前教师作为教师队伍的来源，其质量优劣（能力水平）具有决定性的意义。要确保教师队伍的质量，就需要从源头上严格保证评价职前教师的能力与素质。幼儿教师职前职业能力评价是在一定教育思想的指导下，依据职前职业能力相关标准对教育活动及其效果给予价值判断和评估，它是检测幼儿教师职前职业能力是否达标的有效途径。

一、幼儿教师职前职业能力评价的内容

教育部着眼于新时代教师培养目标，基于师范生能达到的实际水平和不同学段的专业特点，于2021年4月颁布了《学前教育专业师范生教师职业能力标准》（以下简称《能力标准》），为教师教育院校基于教育现代化发展的教育过程提出了更加明确的要求，也对学前教育专业师范生的教育教学基本能力、实践能力和素质进行了细化，有助于学校和师范生更加清楚教育培养重点和职业能力发展的方向。

《能力标准》围绕“一践行三学会”（即践行师德、学会教学、学会育人、学会发展）的思路，对学前教育专业师范生提出了四大能力，即师德践行能力、教学实践能力、综合育人能力和自主发展能力的要求。

（一）师德践行能力（见表5-1）

表5-1　师德践行能力

一级能力指标	二级能力指标	指标要点
●遵守师德规范	●理想信念 ●立德树人 ●师德准则	强调知行合一，从知、情、意、行等方面引导师范生贯彻党的教育方针，努力成为“四有”好老师
●涵养教育情怀	●职业认同 ●关爱幼儿 ●用心从教 ●自身修养	

《能力标准》将师德践行能力作为学前教育专业师范生的首要能力，突出了师德师风的第一标准，契合了《幼儿园教师专业标准（试行）》中“师德为先”的理念。《能力标

准》中提出了具体的态度、行为要求,有利于师范生形成正确的思想认识,从不同角度建立师范生对即将从事的教育事业的认识和责任感,同时帮助师范生对照标准反思自身的言行。

(二)教学实践能力(见表5-2)

表5-2　教学实践能力

一级能力指标	二级能力指标	指标要点
●掌握专业知识与技能	●保育教育基础 ●领域素养 ●信息素养	从掌握专业知识、学会教学设计、实施课程教学(环境创设和游戏活动、实施教育活动)等方面,对学前师范生教育教学实践所需的基本能力提出了细化要求
●环境创设	●创设物质环境 ●营造心理环境	
●组织一日生活		
●开展游戏活动	●满足游戏需要 ●创设游戏环境 ●支持幼儿游戏	
●实施教育活动	●设计教育活动方案 ●组织教育活动 ●实施教育评价	

幼儿园在对刚进入工作岗位的新手教师进行评价时发现,新手教师往往不能立即进入教师角色,尤其缺乏对幼儿的了解、师幼互动能力以及根据幼儿年龄特点选择适宜的内容和组织实施教学活动的能力等问题,往往需要经过一年左右的适应期才能进入角色,成为成熟型教师则需要更长的时间。

《能力标准》强调学前专业师范生的专业化发展需要具备一定的知识、技能和意向,以便形成专业判断能力和教育实践能力,能够在教育教学实践中了解、发现、确定幼儿的需要,并能依据需要提供教育支持和帮助。①它对师范院校教学课程设置和学前专业师范生的学习提供了明确的方向指引和内容要求。例如,“保育教育基础”要求师范生具备观察、分析与评价幼儿行为的能力。学生应通过学校学习,掌握观察幼儿、做行为分析的基本理论和方法,并结合教育实习等实践活动,尝试在不同的活动中运用适宜的方式进行观察、记录,对幼儿行为进行分析、判断,增强自身对不同年龄段幼儿行为方式、年龄特点的理解和掌握,为进入幼儿园正式工作打下坚实的基础。

①古吉慧. 论师范生职业能力评价的依据、条件和原则[J]. 内江师范学院学报,2011,26(3):97-99.

(三)综合育人能力(见表5-3)

表5-3　综合育人能力

一级能力指标	二级能力指标	指标要点
●育德意识 ●育人实践 ●班级管理 ●心理健康 ●家园协同	无	从开展班级指导、实施课程育人、组织活动育人等方面强调教育"育人为本"的本质要求,落实立德树人根本任务

《能力标准》强调,学前教育专业师范生应在一日生活和多种活动中捕捉教育契机、开展教育,为幼儿在成长与发展过程中形成正确价值观、关键能力和必备品格提供保障;应学习利用不同资源,与家长合作,共同促进幼儿的健康成长。

(四)自主发展能力(见表5-4)

表5-4　自主发展能力

一级能力指标	二级能力指标	指标要点
●注重专业成长	●发展规划 ●反思改进 ●学会研究	突出终身学习、自主发展,以及在学习共同体中不断提升专业水平的意识和能力
●主动交流合作	●沟通技能 ●共同学习	

幼儿园在对教师进行评价时越来越注重教师的自我评价,提倡教师应该在对自己教育实践的反思中获得成长。《能力标准》中的自主发展能力,重在激发师范生专业发展的内驱力和自主性,让师范生职业能力的评价不单纯依赖于学校学业成绩和指导教师,而是逐步学习、掌握对自己的教育教学行为进行反思的方法,学会独立自主地评价自己的教育行为和发展情况,确保今后能持续发展。

二、幼儿教师职前职业能力评价的形式

(一)职前教育实习的评价

教育实习是师范生亲身参与到真实的幼儿教育情境和幼儿园工作之中,将学习到的理论知识、技能、方法在实践中加以运用,在体验中积累经验,提高自身素质和教育教学能力的过程。实习评价是幼儿教师职前阶段对其专业能力进行评价的主要途径,在师资培养和专业发展方面扮演着重要角色。

1.国内学前教育专业师范生教育实习评价

一般而言，师范院校在师范生开展教育实习前会制定详细的计划和实习手册，明确实习目的、任务和具体要求，帮助师范生顺利开展实习。在教育实习过程中，一般由幼儿园指导教师、学校指导教师对师范生的整体表现进行综合评价，以促进师范生的自我认识，引导其专业发展。见表5-5。

表5-5　幼儿园指导教师评价表

实习班级：　　　　　　　　指导教师：

<table>
<tr><th>姓名</th><th></th><th>毕业学校</th><th colspan="2"></th><th>实习岗位</th><th></th><th>评估时间段</th><th></th></tr>
<tr><td colspan="9">独立组织的环节或活动评价（四个以上）</td></tr>
<tr><td>活动环节/名称</td><td colspan="3">计划的制定（如目标、环节设计、重点提问等）</td><td colspan="2">组织实施（如目标达成、语言、态度）</td><td colspan="2">亮点</td><td>问题</td></tr>
<tr><td></td><td colspan="3"></td><td colspan="2"></td><td colspan="2"></td><td></td></tr>
<tr><td colspan="9">其他方面</td></tr>
<tr><td>态度</td><td colspan="8"></td></tr>
<tr><td>学习能力</td><td colspan="8"></td></tr>
<tr><td>反思能力</td><td colspan="8"></td></tr>
<tr><td>合作</td><td colspan="8"></td></tr>
<tr><td>建议成绩等级</td><td colspan="8">（请从优秀、良好、中等、合格、不合格五个等级中选择确定一个）</td></tr>
</table>

师范生进入幼儿园开展教育实习时，园所都会为其安排经验较为丰富的班级幼儿教师作为指导教师，在实践层面对他们进行具体的指导和评价。幼儿园指导教师的评价指向于学生开展班级工作和组织一日活动的各个方面，反映出学生活动设计与组织实施、学习、思考等的能力水平。幼儿园指导教师的评价能更好地帮助师范生发现、了解自己的优势与不足，找到存在的问题和解决方法，对师范生的专业思想、能力发展有着重要的推进作用。见表5-6。

表5-6　学院指导教师评价表

评价内容	评价等级				
	1	2	3	4	5
1.态度端正，无迟到、早退现象					
2.能正确写出实习班级的幼儿和指导教师的名字					
3.认真填写实习手册中的各项表格					
4.实习过程中善于发现问题，有讨论、有思考、有参与，并能做好相关的记录					
5.认真完成所在班级的各项工作，虚心向班级指导教师学习，能与指导教师进行讨论，提出自己的想法和建议					
6.按时提交实习材料					

续表

评价内容	评价等级				
	1	2	3	4	5
7.实习总结能全面反映实习情况，能够客观对实习过程进行总结和评价					
指导教师意见（实习表现、实习总结和其他情况） 指导教师签字（单位盖章） 年　月　日					
实习总成绩：					

师范院校在安排教育实习时，会安排相关学院的教师担任实习指导教师，负责对师范生在教育实习过程中进行管理和评价。院校指导教师的评价旨在从实习态度、实习表现、实习效果等方面帮助师范生明确要求，自觉规范自身行为，在实践过程中进一步运用、内化所学的知识经验，也从更多元的角度反映出师范生在校学习、发展的整体情况。

2.美国学前教育专业师范生教育实习评价

美国"教师表现性评价"（educative Teacher Performance Assessment，edTPA）是美国第一个可全国通用的职前师范生实习评价系统，目前涵盖幼儿园、小学和中学的27个学科领域，针对每一个不同的学科都有相对应的评价手册和具体的评估标准。①

美国学前教育专业师范生实习表现性评价包括三大模块：(1)教学设计（教学准备）；(2)指导和吸引幼儿学习（教学实施）；(3)评估幼儿的学习（教学反思与评价）。这三个模块代表着一个教学周期，紧紧围绕满足幼儿的学习需要这一核心展开。见表5-7。

表5-7　美国学前教育专业edTPA的评价指标

教学设计	指导和吸引幼儿学习	评估幼儿的学习
(1)考虑幼儿发展的年龄特征	(1)学习环境	(1)对幼儿学习的分析
(2)照顾到幼儿多样化的学习需要	(2)幼儿参与	(2)指导进一步学习并提供反馈
(3)全面了解幼儿多方面的背景信息	(3)深化幼儿学习	(3)幼儿使用反馈的情况
(4)明确并支持幼儿的语言发展需要	(4)教学方法	(4)分析幼儿的语言发展
(5)设计评价手段，以检测和支持幼儿学习	(5)教学有效性分析	(5)运用评价指导幼儿

每一个模块都要求师范生思考以下四个维度的问题：我需要考虑什么、我需要做什么、我需要写什么、我的教学实践材料如何被评估。同时，师范生需要在教育实习过程中结合以上维度准备包括学习片段的背景说明和教学计划、教学材料、评估材料、学

①李政云，刘向娟.美国学前教育专业师范生实习表现性评价及其启示[J].教师教育学报，2018，5(4)：95-101.

习片段的视频、教学评论、音频(视频)的幼儿学习证据、评价说明、评价反馈材料等在内的评估材料。见表5-8。

表5-8 “指导和吸引幼儿学习”评价模块(部分)

我需要考虑什么	我需要做什么	我需要写什么	我的教学实践材料如何被评估
(1)创建什么样的学习环境,以形成彼此尊重、融洽和谐的教室氛围,支持幼儿积极参与学习; (2)在语言和文化背景下,什么样的跨学科学习经验吸引幼儿; (3)如何引导幼儿的答案,发展和深化幼儿对他们正在学习的内容的理解 (略)	(1)获得录制视频所需要的权限; (2)检查学习片段内的计划,确定具有一定挑战性的学习活动; (3)明确要进行视频录制的学习活动; (4)提供2个视频剪辑(总共不超过15分钟),演示如何与幼儿互动,营造积极主动的学习氛围 (略)	在该模块中,你需要撰写一个指导和吸引幼儿学习的评论,评论不超过6页,包括提示。如果需要,请插入不超过2页的录影文件。具体包括以下内容: (1)描述剪辑的教学视频中显示了哪些学习活动; (2)描述你的教学如何让幼儿参与学习 (略)	指导和吸引幼儿学习。教学实践材料评估参照标准6—10进行。在准备教学实践材料时,经常参照标准进行思考、教学和写作

美国学前教育专业师范生实习表现性评价系统重视教育实习评价的甄别功能,对幼儿教师候选人的筛选十分严格。注重收集教学实践证明材料,作为实习评价的主要依据,提高了师范生实习评价的有效性。同时,师范生的自我反思在评价中得到高度重视,学生在实习过程中需要经常进行教学分析,反思自己的教学与幼儿需求之间的对接情况。评价人员根据具体的评价指标体系,对实习生表现进行评分,并给出评分说明,让师范生对自己的教学表现有清晰的认识,知道自己在哪些方面、哪些环节上存在不足,利于其针对性地加以改进。①

学习研究

在过去弹唱、跳舞、画画等专业技能是幼儿教师职业能力的集中体现,随着时代发展,随着学前教育质量提升的需要,对幼儿教师职业能力的评价也有了更综合的标准,开始从片面关注相关技能到关注思想态度、自主发展与综合能力,《能力标准》和《幼儿园教师专业标准(试行)》,使幼儿教师职业定位与能力有了更丰富的内涵。请仔细研读《幼儿园教师专业标准(试行)》和《能力标准》,通过文献查阅、小组讨论等方式,思考两个标准之间的联系与区别,提出自己的观点。并通过课程学习、实践演练、教育实习等多种途径,对照两个标

①李政云,刘向娟.美国学前教育专业师范生实习表现性评价及其启示[J].教师教育学报,2018,5(4):95-101.

准，了解自身作为准幼儿教师的能力现状与差异，并提出下一步的努力方向与主要措施。

（二）资格认定

《教师资格条例》中规定，在幼儿园从事教育教学工作的人员，必须通过一定的教师资格认定程序获得幼儿园教师资格证，才能够在幼儿园从事教育教学活动。教师资格认定是指国家对符合相应教师资格条件并提出申请的人员进行教师资格确认并发给教师职业证书（从业许可证）的过程。

1.幼儿教师资格认定条件

幼儿教师是履行幼儿园保育和教育职责的专业人员，从事这一职业必须持有幼儿园教师资格证。《幼儿园工作规程》也明确规定，“幼儿园教师必须具有《教师资格条例》规定的幼儿园教师资格”。在幼儿教师资格认定条件中，除对师德践行能力、教育实践能力、综合育人能力以及自主发展能力提出相应要求外，不同国家对教师资格的申请者的学历也有一定的要求。如美国一般要求幼儿园教师尤其是公立学校系统的幼儿园教师，一般要达到四年制本科以上学历；英国和芬兰都明确将幼儿园教师的学历要求提高到硕士层次；日本对学前教育教师的学历要求均为获得学士学位，日本幼儿教师还有职前培养制度，采取学历与履修学分相结合的办法，保证了幼儿教师的基本素质和专业素质。我国规定幼儿师范学校毕业生可按要求进行教师资格认定，非专业的同等学力及以上人员，需要通过笔试、面试、普通话等级考试（二级甲等以上）才能进行国家教师资格认定，获得幼儿教师资格。

2.我国的幼儿教师资格认定

为严把教师入口关，择优选拔乐教、适教人员取得教师资格，教育部于2013年8月15日印发《中小学教师资格考试暂行办法》，通过实施资格考试，考查申请人是否具备教师职业道德、基本素养、教育教学能力和教师专业发展潜质。

幼儿园教师资格考试包括笔试和面试两部分。笔试科目为《综合素质》《保教知识与能力》这两科。笔试各科成绩合格者，方可参加面试。

针对笔试科目的备考可大致分为四个阶段。

第一阶段：基础知识阶段，通读教材，归纳知识点，做笔记，整理知识框架；

第二阶段：做题攻坚阶段，这阶段主要是对基础阶段做检查，有方法依据地查漏补缺，加深自己对知识点的印象；

第三阶段：错题巩固阶段，根据第二阶段的检测结果，实时反馈自己存在哪些知识难点，做针对性练习及巩固；

第四阶段：真题模拟冲刺阶段，找以往的真题试卷实时进行测试，即使是模拟考试，也尽量给自己营造一种真实的考试场景，按规定时间完成考试，熟悉考试节奏。

面试采用结构化面试、情景模拟等方法，通过备课、试讲、答辩等方式进行，使用教育部考试中心统一研制的面试测评系统。面试实行考官主考制度，评审组由3名考官组成，由高校专家、幼儿园优秀教师、教研机构专家等组成，考官须经过省级或以上教育考试机构统一培训后持证上岗。面试主要考查申请人的职业认知、心理素质、仪表仪态、言语表达、思维品质等教师基本素养和教学设计、教学实施、教学评价等教学基本技能。

面试分为抽题、备课、结构化面试、试讲、答辩5个环节，其中结构化面试5分钟、试讲10分钟、答辩5分钟。试讲内容采取抽题的方式确定，内容涉及五大领域（健康、语言、社会、科学、艺术），六大类型（弹唱、儿歌、舞蹈、故事、绘画、游戏）。抽题结束后，有20分钟时间用于设计教学活动，因此建议日常学习与实践中有意识地强化技能、丰富活动储备；其次，在面试过程中，考生易出现没有读（听）懂题目、答非所问，或只能就事论事，泛泛而谈，无法找准答题的知识点，题目答得不够深入、完整，导致得分不理想。因此在备考过程中，可将考试题目或者幼儿园案例作为问题引入，后针对问题展开讨论、学习知识点，进而建立题库、熟悉考核方式方法，归纳答题技巧，针对常见的几种题型设计答题模板。同时，面试时也应调整好心态，沉着应考。

资格考试标准为教育部制定并颁布的幼儿园教师资格考试标准，考试标准规定了教师教育教学能力的基本要求，是确定考试科目和考试大纲的依据。教育部考试中心根据教师资格考试标准制定了考试大纲。考试大纲规定了考试内容和要求、试卷结构、题型示例等。其中幼儿园教师资格考试大纲包括笔试的《综合素质考试大纲》《保教知识与能力考试大纲》和面试的《幼儿园教师资格考试面试大纲》。教育部考试中心负责教师资格考试笔试和面试命题，建立试题库，为各省考试点提供试题。教师资格考试命题依据考试标准和考试大纲，主要考查申请人从事教师职业应具备的职业道德、心理素养和教育教学能力，突出育人导向、能力导向、专业化导向和实践导向。[①]教育部考试中心将为笔试、面试均合格的申请者颁发《中小学教师资格考试合格证明》，该证明是申请教师资格认定的必要条件。

①中国教育考试网．http://ntce.neea.edu.cn/html1/folder/1507/1181-1.htm.

扩展阅读

幼儿园教师资格考试面试大纲

一、测试性质

面试是中小学和幼儿园教师资格考试的有机组成部分，属于标准参照性考试。笔试合格者，可参加面试。

二、测试目标

面试主要考查申请幼儿园教师资格人员应具备的基本素养、职业发展潜质和保教实践能力，主要包括：

1. 良好的职业道德、心理素质和思维品质。

2. 仪表仪态得体，有一定的表达、交流、沟通能力。

3. 有一定的技能技巧，能够恰当地达成保教目标。

三、测试内容与要求

（一）职业认知

1. 爱幼儿，尊重幼儿。

2. 对幼教工作有热情、有责任心。

（二）心理素质

1. 具有一定的情绪调控能力。

2. 乐观开朗、有自信心。

（三）仪表仪态

1. 行为举止自然大方，有礼貌。

2. 服饰得体，符合幼儿教师职业特点。

（四）交流沟通

1. 有较好的言语表达能力。口齿清楚，普通话标准，语速适宜，表达比较准确、简洁、流畅、有条理，有一定的感染力。

2. 善于倾听、交流，有亲和力。

（五）思维品质

1. 能正确地理解问题，条理清晰地分析思考问题。

2. 有一定的应变能力，在教育教学上表现出一定新意。

（六）了解幼儿

1. 具有了解幼儿兴趣、需要、已有经验和个体差异的意识。

2. 能通过观察来了解幼儿。

(七)技能技巧

1.熟悉一些幼儿喜欢的游戏和故事。

2.具有一定的弹、唱、画、跳、手工制作等幼儿教育所必需的基本技能。

(八)评价与反思

1.能对录像或资料中的教育活动、教育行为进行评价;或能对自己的面试表现进行评价。

2.能根据评价结果提出进一步改善的意见。

四、测试方法

采取结构化面试和展示相结合的方法。通过展示、回答问题、陈述等方式进行。

考生按照有关规定进行准备,时间20分钟,接受面试,时间20分钟。考官根据考生面试过程中的表现,进行综合性评分。

五、评分标准(见表5-9)

表5-9 幼儿教师评价标准一览表

序号	测试项目	权重	分值	评分标准
一	职业道德	10	5	爱幼儿,尊重幼儿
			5	有热情、有责任心
二	心理素质	10	5	能较好地调控情绪与情感
			5	开朗、乐观、善良
三	仪表仪态	10	6	五官端正,行为举止自然大方,有礼貌
			4	服饰得体,符合幼儿教师职业特点
四	交流沟通	15	8	有较好的语言表达能力,普通话标准,口齿清楚,表达流畅,语速适当,有感染力
			7	善于倾听、交流,有亲和力
五	思维品质	15	8	能条理清晰地分析思考问题
			7	有一定的应变能力,在活动设计与实施、环境创设上表现出一定新意
六	了解幼儿	10	5	有了解幼儿兴趣、需要、已有经验和个体差异的意识
			5	能通过观察来了解幼儿
七	技能技巧	20	10	熟悉一些幼儿喜欢的游戏和故事
			10	具有弹、唱、画、跳、讲故事、手工制作等基本技能
八	评价与反思	10	5	能对教育活动和教育行为进行较客观的评价
			5	能根据评价结果提出改进意见

第三节　幼儿教师职后专业发展评价

1996年，联合国教科文组织召开的第45届国际教育大会提出，“在提高教师地位的整体政策中，专业化是最有前途的中长期策略”。南京师范大学教授虞永平指出，“幼儿园教师是专业而有尊严的职业。”专业化是指某种职业所特有的需要通过专门的学习和实践才能获得的知识和技能。教师专业发展是幼儿教师职后评价的重要指向，教师评价也应以促进教师专业发展为目的。

一、幼儿教师专业发展阶段

美国学前教育专家丽莲·凯兹把幼儿教师的专业发展分为求生阶段、强化阶段、求新阶段、成熟阶段四个阶段。

求生阶段：这一阶段对于刚踏上岗位的新手幼儿教师而言，是从事专业的生存性适应阶段。一方面，该阶段的教师对于自己开始从事的职业怀有极高的热情、期盼和想象，这种动机对于他们今后所要接触的儿童生活和教育生活，对于成为一名成熟且优秀的幼儿教师会产生积极的影响。另一方面，面对复杂的教学情形与工作环境，教师也容易产生矛盾心理和困惑。这个阶段教师所面临的重大挑战是如何将书本中所学的理论知识有效地运用到教学实践中去，他们在精神上需要鼓舞和肯定，也需要教育教学技巧方面的援助和支持。

强化阶段：这一阶段的幼儿教师已具备了适应本专业的基本能力，能胜任日常教学工作，开始关注有需要的个体儿童和教育教学中的一些问题。这时，教师的教育能力已从原来形式的层面开始转到与教育及儿童发展切实相关的一些具体问题上，他们面临的新挑战是怎样运用自己的实践经验和理论基础创造出自己的教学风格，期待能和同事、朋友一起分享教学上的快乐、挫折、观察和想法，并寻求支持。

求新阶段：这一阶段的幼儿教师的专业成长已开始进入理论的层面。经过几年的锤炼，部分幼儿教师在工作中不同程度地产生一些疑问，喜欢通过各种途径搜索相关信息，开始关注本专业领域的一些新的发展。他们愿意进行自我反思，并试图寻找改进课程、教学的新方法，多方探讨幼儿教育的新趋势，以调整、更新和充实自己。

成熟阶段：这一阶段的幼儿教师在教育生涯中已迈向成熟，获得了足够的教育教学经验，并能提出一些较深刻的、抽象的、要求反省和探索性的问题。他们往往不满足于关注教学技巧、教学方法等细节，更加重视对自身教育理念的梳理和澄清，对教育、实践往往有自己独到的见解。

国内也有学者将幼儿教师专业发展阶段划分为：适应期、成熟期和精深期，并对不同阶段教师的专业发展目标及可能遇到的挑战进行了如下阐释。见表5-10。

表5-10　不同发展阶段教师的专业发展目标与专业发展难点①

发展阶段	专业发展目标	专业发展挑战
适应期教师	初步了解幼儿教育教学的基本理念	缺乏教育经验，经常主观、非理性地做出反应
	初步掌握幼儿教育教学基本功；独立完成并胜任幼儿教育的基本常规工作：保育教育与班级组织管理、安全与保护、环境创设、与家长的联系与沟通等	对课程中的目标、内容与要求认识不清、把握不准，经常处于“茫然式教学”“套路式教学”状态；容易忽视幼儿不同年龄阶段身心发展的特点，教育手段单一，方式方法的有效性较差
	养成经常反思的习惯，具有一定的评价能力	没有形成反思的习惯，自我评价能力较差，经常需要他人的提醒与帮助性评价
	具有一定的职业道德修养和良好的职业状态	教育自我感觉较差
成熟期教师	能正确理解并把握现代幼儿教育教学基本理论	经常以经验代替专业判断，缺乏科学分析的能力，教育行为与理念脱节
	具有较为扎实的教育教学基本功，能较为娴熟、灵活地运用幼儿教育策略	对课程理念与实施实践存在一定的困惑，对一些有争议或易混淆的问题缺乏专业判断能力
	具有一定的反思与自我评价能力，能够参与开展专题研究	由于研究指导与研究能力提升迟缓，专业化水平容易出现高原停滞现象或出现滑坡
	具有职业道德判断能力，能够调整自我职业感觉	由于缺乏挑战和成功感，容易产生职业倦怠
精深期教师	具有成熟的幼儿教育理念，能将教育理念较好地体现在教育行为中	由于视野和思路不够开阔，经常在教育实践中体现出形式化的理念
	能创造性地开展幼儿园课程实践与研究	由于研究能力不足，导致课程开发与实践的价值性和科学性不强
	能够较为科学地反思与评价，具有较强的自我调整能力	当出现主观臆断的反思评价时，需要他人的提醒与修正
	具有执着的职业追求与信念，具有极强的心理调适能力和快乐的教育感觉	经常会出现自我满足或浮躁的倾向

①李云翔.关于幼儿教师专业化成长评价的研究[J].大连教育学院学报，2008(4)：16-18.

二、不同发展阶段幼儿教师评价的要点

生存阶段：对处于这一阶段的幼儿教师来说，适应幼儿园的各项管理要求、顺利完成常规工作、把握幼儿一日生活要点、组织一日活动、了解幼儿园课程模式与实施方式、与班级教师开展合作、向其他教师学习等方面是非常重要的。有调查显示，职初的幼儿教师最为关注的三个问题分别是“保证幼儿在活动中的安全”“组织集体教学活动”“与家长沟通”。①

在开展教师评价时，对处于这一阶段的幼儿教师要充分考虑其教育背景和经历，评价目标和内容可更多地指向教师良好的工作态度，独立组织幼儿活动的能力，独立承担班级工作的情况。例如，初入职的教师，应对其是否能遵守幼儿园的规章制度，特别是安全和卫生保健制度，是否能服从园所的工作安排，是否能承担班级的相应工作，是否能按要求组织半日活动等方面进行评价。同时，要针对这一阶段教师的主要工作内容有针对性地开展评价。例如，有的幼儿园会安排职初教师，在第一年承担班级保育工作和协助班级教师开展活动，那么在进行评价时就要针对班级保育工作的要求设计相关指标，使评价结果能反映出其工作状况和质量。在评价时，应营造宽松平等的氛围，鼓励教师进行自我评价，逐步感受评价对自身成长的引导作用，缓解初入职的紧张和焦虑。

强化阶段：处于这一阶段的教师已基本适应了幼儿园的常规工作，他们开始关注自己教育中所碰到的问题，这一阶段的教师对所从事的教师职业的热爱程度和认同程度、对自己所碰到问题的解决能力等都对其专业发展起着重要的影响。②

这一阶段的教师评价，应重在帮助教师提高自己的教育理论水平和实践能力。可以通过引导教师制订个人阶段（学期或学年）发展计划的方式，让园所管理者与教师在发展目标上达成一致，引导教师明确自己需要改进的方面和具体问题。例如，针对教师观察、分析幼儿行为的能力较弱，游戏活动中的指导不适宜等问题，可以提出相应的评价指标和内容，促使教师主动学习理论知识，如“自主学习观察幼儿的不同方法”“每周完成一篇有质量的观察记录”“阅读1本关于幼儿游戏的理论书籍”等，并通过与其他教师交流请教、教研培训、活动观摩等途径解决实际问题。同时，还可以围绕教育活动的设计与实施、教育环境的规划与创设、有效的家园沟通等与教师实践需要联系紧密的各个方面进行评价。

求新阶段：这一阶段的教师对自己的职业发展更加重视，期待获取更多的学习、展

①孙凌毅.幼儿教师与中小学教师在入职适应问题上的差异比较[J].学前教育研究，2009(12)：38-40.

②徐跃飞.幼儿教师专业发展阶段与幼儿园教师评价研究[J].教育导刊(下半月)，2010(6)：74-77.

示与提升的机会，他们在教研活动中比较活跃，能大胆地表达自己的观点和思考。由于经验较为丰富，这一阶段教师也往往成为幼儿园教育教学及研究的中坚力量，参与各级各类评赛评选、进修培训的机会也较多。因此，评价应更加侧重于教师对其教育观念、态度和行为的反思，在不同活动中获得体验和启发，并对自身的工作产生职业幸福感，减少职业倦怠的出现。

这一阶段教师的评价要着眼于展现教师对教育理解水平和教育组织能力的提升，同时要关注教师的个性特点、专业优长，让每一位教师实现自己在“最近发展区”的发展。例如，有的教师擅长教学活动的设计与实施，在评价上可侧重于其教学技能、反思能力的更新和提高；有的教师善于开展班级管理，能充分调动班级成员的主动性和协作精神，在评价上可关注其管理经验的梳理、总结和对其他班级的辐射；还有的教师乐于参与研究，能主动地梳理自身工作的经验成果，在评价时应突出其研究能力的提高和研究成果的获得，可以通过参与教育教学比赛、公开展示教学活动、论文及其他文章获奖或发表、承担教师培训的次数等量化评价，鼓励教师对专业提升保持热情和积极状态。

成熟阶段：这一阶段的教师处于专业发展的相对成熟时期，既有成熟型教师，也有专家型教师，他们对自己的专业发展价值认识更趋稳定，专业素养、研究能力、研究习惯的提升也让他们获得更强的自我效能感和职业幸福感。但也需要注意，部分教师可能会遭遇专业发展的瓶颈期，对工作和专业发展产生倦怠的情绪，主动性减弱。

在对这一阶段的教师进行评价时，要注意基于对教师个性特点和存在问题的了解分析，科学合理地制定评价目标、内容，可由幼儿园管理层、教研部门负责与教师共同商议，帮助他们获得持续发展的动力和信心。评价内容方面更加突出层次，如对于已经产生职业倦怠的教师，侧重点应放在是否具有自主发展意识、准确了解自身发展的优势与问题以及对自身专业发展的设想等方面；对于想成长为专家型教师的教师，在评价中要侧重于教师对自身专业发展的设想及是否有相应的实现手段或措施等；而对于专家型教师，在评价中要侧重于教育信念、学习反思、合作交流、研究能力、成果质量及年轻教师带培等方面，充分发挥其在教师团队中的引领和激励作用。

当然，无论教师处于哪一个发展阶段，在开展教师评价时都需要注重包括基本的职业道德、个人形象、心理素质、语言表达、专业知识、技能等方面的基本素质要求。在评价方式上，应注重收集与教师工作、发展的各类证据，如读书笔记、教育案例、个案的反思追踪、论文、研究成果，建立教师成长档案袋等。

三、幼儿教师职后专业发展评价的内容

不同的评价组织或个人基于不同的角度实施幼儿教师专业发展评价，其评价的内容不尽相同，如美国的幼儿教师评价着重从学科知识与幼儿发展知识、课程通识与多种教学技能、教师热忱与态度、教师专业成长、专业伦理、教师人际关系等方面进行。我国幼儿教师评价的内容以国家的相关法律法规为依据，反映目前我国幼儿教育发展与改革的现实需求，体现幼儿教师职业特点和专业特征。《幼儿园教师专业标准（试行）》是国家对合格幼儿园教师专业素质的基本要求，是幼儿园教师开展保教活动的基本规范，是引领幼儿园教师专业发展的基本准则，也是幼儿园教师培养、准入、培训、考核等工作的重要依据。以《幼儿园教师专业标准（试行）》等一系列与幼儿教师专业发展有关的政策文件为指导，结合幼儿教师专业成长的连续性与阶段性，我国幼儿教师专业发展评价的主要内容包括专业理念与师德、专业知识、专业能力三个部分。

（一）幼儿教师专业理念与师德

幼儿教师的专业理念与师德是幼儿教师专业素质的核心，会对教育实践及幼儿发展产生潜移默化的影响，其中包括职业理解与认识、对幼儿的态度与行为、对保育和教育的态度与行为、个人修养与行为。这四个方面涉及幼儿教师的教育观、儿童观、职业道德观和人格特质。

职业理解与认识是幼儿教师对自己职业的理解和认识，正确的认知是从事这一职业的前提。幼儿教师对国家方针政策和法律法规的理解、对学前教育事业的了解和态度、对幼儿教师这一职业的认同以及团队合作和职业道德修养等都会影响到其后续发展。例如，幼儿教师学习、了解与儿童生存、发展、保护相关的法律法规，能很好地帮助教师规范自己的言行，避免体罚、变相体罚、言语伤害等不当行为的出现。同时，幼儿教师对职业的独特性和自身专业发展的重视程度也会影响到正确的专业理念的形成，有利于产生专业认同，自觉提高自身的专业水平。

对幼儿的态度与行为涉及幼儿教师如何看待、认识、评价幼儿以及对待幼儿的行为与态度，体现幼儿教师的儿童观、教育理念，并会对教育内容、方式与方法产生影响，真正做到关爱幼儿，尊重幼儿，信任幼儿，重视生活对幼儿成长的重要价值。例如，要关爱幼儿，重视幼儿身心健康，将保护幼儿的生命安全放到首位。这一具体要求是幼儿教师专业性的显著体现。幼儿教师的工作对象是身心稚嫩、有着多种需要的幼儿，教师必须要对幼儿的生命安全进行保护，对幼儿的生活进行照料。同时，在一日生活中挖掘教育契机，为幼儿的学习与发展提供适宜的机会，这也是体现幼儿教师专业性

的重要方面。

幼儿教师对保育和教育的态度与行为决定了其如何组织开展保教活动。《专业标准》从幼儿园的保教观出发，对幼儿园保教活动的原则、方式、内容等方面做出了规定。一名合格的幼儿教师要注重保教结合，注重幼儿的自主性、好奇心、想象力的培养，重视环境创设和利用，重视游戏活动的开展，重视儿童的学习特点与直接经验，重视充分利用各种资源开展活动，重视实现家园共育。其中，保教结合是幼儿园工作的显著特点，也是幼儿教师区别于其他学段教师的重要特征，幼儿园教师开展保教活动的水平直接体现了幼儿教师的专业水平。

幼儿园教师的个性修养与行为是幼儿教师应具备的个性特点、人格特点、心理状态、言谈举止。从幼儿园的工作特点出发，幼儿教师需要具备良好的个性特点、人格特点，健康的心理状态，乐于学习的品质以及规范的言谈举止。良好的个性修养是幼儿教师开展工作的前提和保障，因为幼儿教师只有具备了爱心、细心、耐心、童心和责任心才能胜任幼儿园的日常工作，才能体现出幼儿教师的专业理念与师德。

（二）幼儿教师的专业知识

幼儿教师作为一个专门的职业，拥有其专业的知识体系，这既是幼儿教师专业素质的重要组成部分，体现着幼儿教师的专业性，也是幼儿教师专业理念与专业能力形成的前提。幼儿教师应该通过系统学习和教育实践，积累和掌握丰富的专业知识，包括幼儿发展知识、幼儿保教知识和通识性知识。

幼儿发展知识是从教育对象的角度对幼儿教师的知识体系进行的要求，幼儿教师首先要了解自己的教育对象，掌握幼儿发展的相关知识，了解幼儿的身心发展特点和学习特点，才能有效地开展保教工作。幼儿教师尤其要掌握幼儿身心发展的规律、年龄特点、个体差异以及发展中的常见问题和解决策略等方面的知识。例如，了解幼儿发展中容易出现的问题与适宜的对策是对一位幼儿教师专业性的考验。幼儿在成长过程中难免会出现一些问题，可能是生理上的，也可能是心理上的、行为上的，这就需要教师基于扎实的幼儿发展知识，有针对性地进行问题分析，寻找适宜的教育引导策略，帮助幼儿克服这些问题，更健康地成长。

幼儿保育与教育知识主要是指幼儿教师掌握的幼儿园保育与教育活动的目标、内容、途径、任务、方法策略等知识，是教育活动本身对幼儿教师专业知识的基本要求。幼儿教师必须具备的专业知识主要包括：幼儿园教育活动的相关知识、幼儿园各领域的相关知识、环境创设和一日生活等方面的知识、幼儿园卫生保健与安全事故处理方法、学前教育的研究方法以及与其他年龄段的幼小衔接知识。例如，熟知幼儿园的安全应急预案，掌握意外事故和危险情况下幼儿安全防护与救助的基本方法。这对于幼儿园教师来说是极为必要的专业知识和素质。安全工作一直是幼儿园工作的重中之重，这是因为幼儿身体发育不成熟，缺乏自我保护的意识和能力，又活泼好动，在活动中较容易发生危险。幼儿教师只有掌握基本的急救知识，在出现紧急情况时能采取正确的急救方法，才能为幼儿在幼儿园的健康成长增加一层保护网。

幼儿教师掌握的通识性知识主要包括一定的自然科学知识、人文社会科学知识、艺术欣赏与表现知识和现代信息技术知识。幼儿园教育与中小学学科教育不同，教育内容是全面且丰富的，很多通识性知识恰恰是适宜幼儿的教育内容。同时，幼儿教师只有具备了丰富的通识性知识，才能对“好奇、好问”的幼儿提出的问题游刃有余，才能真正成为幼儿学习活动的支持者、合作者、引导者。在通识性知识里“具有一定的自然科学和人文社会科学知识”是幼儿教师通识性知识的核心要素；“具有相应的艺术欣赏与表现知识”是幼儿教师职业的显著特点。①

（三）幼儿教师的专业能力

幼儿教师的专业能力是幼儿教师专业性的直接体现，幼儿教师的专业能力与其他学段以学科教学为核心的能力结构不同，涵盖范围广泛，并具有保教结合，以游戏为主要活动的特点。但幼儿教师与中小学教师同样都需要具备反思、评价、合作方面的能力。幼儿教师在工作中应注重自身沟通能力、组织一日活动的能力、基本的教学能力、自我发展能力等专业能力的锻炼与提升。

环境的创设与利用是要求幼儿教师具有创设良好的物质环境和心理环境的能力。幼儿园教育具有潜在性，幼儿可以通过与周围环境的互动进行主动学习，所以环境是幼儿园重要的教育资源和教育途径，幼儿教师要创设适合幼儿身心发展特点的、满足幼儿学习与发展需求的室内外环境。见表5-11。

表5-11　幼儿教师环境创设与利用能力评价标准②

能力	标准	1级	2级	3级
		（不合格）	（合格）	（良好）
1. 营造良好的室友关系与班级氛围	●师幼和幼儿同伴之间关系积极友好，班级充满关爱			
2. 充分利用和合理安排空间	●充分挖掘和利用空间来支持幼儿活动，活动的区域设置与安排合理			

①丁婧.《幼儿园教师专业标准（试行）》视野下的幼儿园教师专业发展研究[D].苏州：苏州大学，2017.
②刘占兰，杨丽欣.聚焦幼儿教师专业发展——从骨干到名师[M].北京：北京师范大学出版社，2014：276.

续表

能力	标准	1级 （不合格）	2级 （合格）	3级 （良好）
3. 提供和制作适合的玩具材料	●班级玩具材料充足，适合幼儿操作，玩具材料具有开放性，便于幼儿自由取放，有至少三成的自制玩具和自然材料			
4. 创设适宜的墙饰	●主题墙饰与其他墙饰配合兼具教育性与艺术性，高低适宜，幼儿参与程度高			

幼儿园一日生活包括：入园、盥洗、餐点、喝水、自由活动、如厕、午睡、离园。幼儿生活的安排与照料、随机教育、常见事故处理等都是幼儿教师组织一日生活所需的专业素质。幼儿教师需要意识到生活活动对幼儿的教育作用，将保育与教育充分结合，将细心照顾与自理能力培养相结合，才能促进幼儿健康全面的发展。见表5-12。

表5-12　幼儿教师一日生活的组织与保育能力评价标准①

能力	标准	1级 （不合格）	2级 （合格）	3级 （良好）
1. 建立合理的班级秩序与规则	●作息安排与生活常规合理 ●班级秩序井然 ●幼儿积极主动，自由快乐			
2. 合理安排和组织一日生活环节	●计划中充分体现合理安排一日生活的各个环节和各种活动 ●安排合理，既满足幼儿的需要，又能发展幼儿的自主性和独立性 ●既有稳定性，又有灵活性			
3. 实现保教结合	●保教人员合理分工协作 ●考虑到幼儿的身心健康并呵护			
4. 善于随机教育	●发现并利用各种教育契机进行个别教育 ●善于生成有意义的活动			
5. 有效保护幼儿安全	●提前预见和避免活动中的不安全因素 ●及时发现幼儿的身体不适并妥善处理 ●妥善处理日常事故及其他紧急情况 ●进行适合幼儿年龄特点的健康与安全教育			

游戏活动是幼儿园的基本活动，多种教育活动也都是通过游戏的形式来进行的，游戏活动的支持与引导能力是幼儿教师的核心能力之一。提供适合幼儿的游戏、为幼

①刘占兰，杨丽欣．聚焦幼儿教师专业发展——从骨干到名师[M]．北京：北京师范大学出版社，2014：276.

儿游戏创设条件、支持幼儿自主游戏、对幼儿游戏进行引导，体现着一位幼儿教师是否具有支持引导幼儿游戏的实践能力，还体现出幼儿教师对幼儿在游戏中主体地位的尊重。幼儿教师在实践中要让幼儿自主地去选择游戏材料、内容、玩伴，不随意干涉幼儿也是对幼儿游戏的一种支持，只有这样才能让幼儿在游戏中得到快乐与发展。见表5-13。

表5-13 幼儿教师游戏活动的支持与引导能力评价标准①

能力	标准	1级	2级	3级
		（不合格）	（合格）	（良好）
1.提供游戏机会与适宜内容	●保证幼儿游戏时间 ●有条件开展各类型的游戏 ●内容健康，符合幼儿年龄特点，尊重幼儿意愿			
2.材料丰富、适宜	●各种游戏区域内的材料种类丰富 ●材料能支持、引发和促进幼儿游戏			
3.鼓励幼儿自主游戏	●自选游戏，自己决定玩什么 ●自选伙伴，自己决定跟谁玩 ●自选材料，自己决定用什么材料和怎么用			
4.适时、适当地引导幼儿在游戏中发展	●根据游戏特点适宜地引导幼儿获得身体、认知、语言和社会性的发展 ●注意促进幼儿发展，以满足其获得游戏快乐为前提，渗透自然、不勉强 ●教师介入游戏的方式、实际适宜，效果良好			

幼儿园教育活动是指教师以多种形式，有目的、有计划地引导幼儿生动、活泼、主动活动的教育过程，与中小学的“上课”相对应，充分体现出幼儿园教育的特点。教育活动的计划与实施的能力是幼儿园教师核心的专业能力之一，包括制订教学计划和活动方案的能力、教学监控的能力、教育组织方式、引导幼儿主动学习。见表5-14。

①刘占兰，杨丽欣.聚焦幼儿教师专业发展——从骨干到名师[M].北京：北京师范大学出版社，2014：276.

表5-14　幼儿教师教育活动设计与实施能力评价标准①

能力	标准	1级（不合格）	2级（合格）	3级（良好）
1.有明确适宜的教育计划	●有长短兼顾、适宜的目标 ●有全面的计划与安排 ●有具体的活动方案，目标、内容、形式和方法适宜 ●考虑到教育在生活中的渗透			
2.能观察幼儿并实施调整活动	●能观察和判断幼儿的需求和发展水平 ●能在观察判断的基础上了解幼儿，基于幼儿适宜地指导			
3.活动的组织形式与方式适宜	●具有趣味性、综合性和生活化特点 ●灵活运用集体、小组和个体活动形式			
4.鼓励和支持幼儿活动中的主动学习	●教育情境创设引发主动学习 ●引导与回应适宜，有促进性 ●因人施教过程中关注到幼儿的个别差异 ●幼儿有较多操作探索、交流合作、表达表现的机会			

幼儿教师评价是指幼儿教师运用专业知识对幼儿发展状况和自身教育实践进行分析、研究，做出判断，并以此调整、优化后续的教育活动，是幼儿教师专业发展的重要内容。幼儿教师在工作中应注重及时进行正面评价，保护幼儿的自尊心、自信心，运用多种方法全面评价，有效运用评价结果指导教育活动。见表5-15。

表5-15　幼儿教师激励与评价能力评价标准②

能力	标准	1级（不合格）	2级（合格）	3级（良好）
1.运用积极评价	●关注幼儿日常表现，及时发现和赏识幼儿的点滴进步			
2.运用以观察为主的多种评价方法	●能运用观察、谈话、作品分析获取信息，客观了解幼儿和评价幼儿 ●能与其他保教人员及家长沟通获取评价信息 ●注重幼儿的学习过程和发展变化 ●能够全面评价			
3.有效运用评价	●了解和判断幼儿发展水平 ●指导和改进教育教学 ●向家长反馈，共同商讨教育对策			

①刘占兰，杨丽欣.聚焦幼儿教师专业发展——从骨干到名师[M].北京：北京师范大学出版社，2014：277.
②刘占兰，杨丽欣.聚焦幼儿教师专业发展——从骨干到名师[M].北京：北京师范大学出版社，2014：278.

沟通能力与合作能力是幼儿教师必须具备的基本能力，是其进行工作的途径与方式。一位合格的幼儿教师要善于与幼儿、与同事、与家长进行沟通合作，处理好与幼儿、同事、家长、社区的关系。见表5-16。

表5-16 幼儿教师沟通与合作能力评价标准①

能力	标准	1级（不合格）	2级（合格）	3级（良好）
1.善于与幼儿沟通	●使用符合幼儿年龄特点的语言和沟通方式 ●善于倾听，和蔼可亲，尊重幼儿			
2.与同事共同发展	●能与同事交流，分享经验和资源 ●能与同事合作 ●能与同事互助			
3.与家长沟通合作	●与家长建立平等关系 ●与家长有效沟通 ●与家长共同商讨促进幼儿发展的对策			

反思与发展能力是幼儿教师应具备的重要能力，对教师专业发展的速度与成效有着重要影响。幼儿教师应增强专业发展自觉性，制定自我专业发展规划，通过自主学习、参与研修、结对带教、反思总结等方式促进自身专业发展。②见表5-17。

表5-17 幼儿教师反思与发展能力评价标准③

能力	标准	1级（不合格）	2级（合格）	3级（良好）
1.不断反思	●主动从多方面收集相关信息 ●进行不同形式的反思 ●依据反思结果改进保教工作			
2.探索和研究	●有研究意识和能力 ●针对保教工作中的现实需要和问题，进行探索和研究			
3.实现专业发展	●制定切实可行的专业规划 ●通过多种途径和方式实践规划目标和内容			

①刘占兰，杨丽欣.聚焦幼儿教师专业发展——从骨干到名师[M].北京：北京师范大学出版社，2014：278.
②丁婧.《幼儿园教师专业标准（试行）》视野下的幼儿园教师专业发展研究[D].苏州：苏州大学，2017.
③刘占兰，杨丽欣.聚焦幼儿教师专业发展——从骨干到名师[M].北京：北京师范大学出版社，2014：278.

四、幼儿教师职后专业发展评价的形式

（一）专业技术职称评聘

高质量的幼儿园教师队伍是提供高质量学前教育的核心，也是满足家长对优质学前教育资源需求的重要举措。和中小学教师一样，幼儿园教师也是我国专业技术人才队伍的重要组成部分，是全面实施素质教育，推动教育事业又好又快发展的重要力量。我国从1986年开始建立中小学（幼儿园）教师职称评聘制度，调动了广大幼儿教师的积极性，对于提高幼儿园教师队伍的整体素质、促进学前教育事业发展发挥了积极作用，对于加强幼儿教师队伍建设，吸引和稳定优秀人才坚持投身幼儿教育事业，具有重大意义。

幼儿教师职称评聘是提升幼儿教师质量的关键，是促进教师专业发展、结构优化的制度保障，也是保障幼儿园保教质量的必要条件。当前，我国幼儿教师参照中小学教师，设初级、中级、高级职称。职称名称依次为三级教师、二级教师、一级教师、高级教师和正高级教师。

教师职称评聘的实质是对教师在专业领域的成就与贡献进行评价并给予级别认证。我国按照学前教育管理"地方负责、分级管理"的原则，由各级地方行政部门（人力资源和社会保障）负责组织实施。[①]

1.评聘的基本要求

幼儿教师职称评聘对申报对象提出了一系列的明确要求，符合要求的教师可以申报参与不同级别的教师职称评聘。

思想政治和职业道德要求：拥护党的领导，热爱祖国，热爱人民，遵守宪法和法律，贯彻落实党和国家的教育方针政策，忠诚于人民的教育事业，自觉遵守《新时代幼儿园教师职业行为十项准则》等教师职业道德规章制度，有理想信念、有道德情操、有扎实学识、有仁爱之心，牢固树立爱与责任的意识，爱岗敬业，关爱学生，为人师表，教书育人。同时，教师还需要提供个人年度考核情况，一般要求考核结果在合格及以上。

教师资格及相关要求：具备《教师资格条例》规定的教师资格和岗位所需的身心条件、专业知识和教育教学能力，在教育教学一线任教，达到本地区教育行政部门及幼儿园关于教育教学工作量、教育培训、教师考核等有关要求，切实履行岗位职责和义务；单位民主推荐测评满意率达75%以上。

继续教育要求：按照文件要求，结合专业技术工作的实际需要，教师参加继续教育

---

①高丙成.我国幼儿园教师职称评聘的现状与对策[J].幼儿教育，2015(9)：26-30.

达到相应的学时要求。

信息技术应用能力要求：具备相应的教师信息技术应用能力，取得中小学教师信息技术应用能力提升培训结业证或全国计算机等级考试证书。

支教工作要求：有在薄弱学校、农村学校支教（从教）经历。

2.评聘的分层要求

教师评聘对不同职称级别的教师，在学历学位及资历、育人工作、教学工作、教研工作、指导培养年轻教师工作、相关工作业绩方面提出了不同要求。除了常见的专业资历、工作量、教育教学及育人工作之外，还涉及指导青年教师、对其他教师的引领、对园所工作的贡献、教育教学研究成果的获得等。例如，四川省中小学（幼儿园）教师职称评审基本要求中，申报一级教师的幼儿教师，教学方面需承担园级以上网课、示范课、公开课、研究课或专题讲座1次以上；获得与教育教学相关的1次以上县级荣誉，或2次以上校级表彰奖励，或担任县级以上名师工作室成员或学员，或担任校级以上教师培训主讲教师；教研工作方面需具有一定的教育教学研究能力，并承担一定的教学研究任务，在素质教育创新实践中积累了一定经验，至少有1项校级以上教研成果；指导培养年轻教师工作方面，要在培养、指导三级教师提高业务水平和教育教学能力方面做出一定成绩。

3.评聘流程及方式

教师评聘流程及方式为个人申请—单位推荐—材料送审—职称评审委员会评审（含答辩）—网上公示。

（二）幼儿教师绩效评价

教师绩效评价是根据正确的教育价值观的指导，结合教师的职业特点，运用多种现代科学的评价方法，综合多个主体意见对教师的法定职责、实际工作表现和贡献进行系统描述，并进行公平的、客观的、全面的现实或潜在价值判断的过程。绩效评价一般包括对教师教学工作过程与工作结果的评价，是幼儿园年终奖惩、分配、岗位培训以及人事决策的主要依据，根据评价结果决定教师聘任、晋升、分配绩效工资、培训培养以及促进教师专业发展。绩效评价的目的是通过评判教师表现的优劣来充分调动教师工作的积极性、主动性和创造性，并最终促进幼儿园组织的发展。绩效评价有利于幼儿园实施高效的教师管理，有利于提高教师队伍素质。

1.幼儿教师绩效评价的维度

幼儿园教师的绩效可划分为6个维度，即：职业道德、职务奉献、助人合作、教学效能、教学价值与师幼互动。前3个维度属于关系绩效，后3个维度属于任务绩效。任务绩效的标准就是教师基本的专业职责，包括对自身职责的了解、一日活动安排、班级环境创设、教育活动的设计与实施、幼儿学习信息的收集和发展状况分析，以及对幼儿园、家庭及社区的了解等方面，主要受教师的工作经验、能力以及与工作有关的知识等因素的影响。关系绩效是构成幼儿园集体背景的行为，关系绩效可以促进任务绩效的提高，从而提高整个组织的有效性，由于幼儿园教育及幼儿教师工作具有独特性，因此，关系绩效的评价具有特殊价值。幼儿园一般会根据教师专业发展的不同水准、个性特点、兴趣爱好制定教师评价激励制度。绩效评价以教师的日常工作过程为对象，通过教学观察、检查与指导对教师的教学状态、专业能力做出评估和诊断，以帮助教师改进问题或推广成功经验，引导教师关注自我的专业成长需求，树立专业成长意识。在开展评价时，应注重教师在评价中的主体地位、民主参与和自我反思，主张评价主体的多元化，重视教师的个体差异，评价后的激励应以物质激励、环境激励和成就激励等多种方式进行。

2.幼儿教师绩效评价的项目指标与权重

幼儿教师的绩效评价可包括：德、能、勤、绩。德是指教师的思想品德和道德素质；能是教师在教学或者在其他方面表现出来的能力；勤主要是针对教师教学过程中表现出来的工作态度；绩一般是针对各项具体工作内容制定指标，对于指标的完成度进行考核。见表5-18。

表5-18　教师绩效评价项目指标[①]

评价方面	项目指标	权重
德	工作态度和职业道德、道德意识和敬业精神、责任感和事业心 A、教师师德　B、爱岗敬业　C、工作责任心　D、遵纪守法 E、协助合作与配班工作　F、社会公德与家庭美德	20%
能	从事本职工作的能力 A、体能（健康而充沛的体能）　B、专业学历与培训进修（积极参加进修、培训，自身专业发展有成效）　C、教育智能（指观察幼儿的能力、综合分析与判断能力、创造能力等；反思实践，提出合理化工作建议，解决实际问题的能力；能够提供适宜的解决工作问题的方案，具有创新性）　D、教学技能（指工作岗位需要的技能技巧、实施能力、组织能力和与人交往能力等）　E、师幼互动　F、家长沟通	40%
勤	高出勤率以及强烈的责任感和事业心、工作积极性 A、工作主动、积极　B、工作负荷（工作量）　C、出勤率（无病假、事假）	15%

①尹坚勤.论幼儿园教师绩效评价的标准与程序[J].幼儿教育（教育科学版），2007(6)：29-32.

续表

评价方面	项目指标	权重
绩	工作效率和效果 A、无安全责任事故 B、完成岗位工作的实绩（日常工作检查、评比结果） C、参与园内教研及其他活动 D、个人教科研成果（备课笔记、园内外评比、观摩课、论文、课题研究情况） E、获奖情况 F、岗位之外的绩效（党团工会及社区公益活动）	25%

3. 幼儿教师绩效评价的特点

（1）注重教师专业发展的引导。幼儿园教师绩效评价的其中一个作用就是引导教师不断完善自己的专业知识，并能够多方面地发展。

（2）尊重教师地位，树立以人为本的观念。幼儿园在发展办园特色的同时只考虑到如何提高办园质量，往往会忽略教师的精神层面的需求。

（3）幼儿的评价要与教师的外在表现相结合。幼儿是整个评价体系中的一个关键因素，因为幼儿可以从教学过程中直接接触到教师，能够最直观地反映教师的教学效果。但是由于幼儿还处于智力发育阶段，对于教师的表现只能从教师的外在行为、态度等做出判断，不能太过细化，评价内容要让幼儿能够最直观地评价。①

4. 幼儿教师绩效评价的方式

绩效评价是一个可循环的过程，每一次绩效评价的结束就意味着下次绩效评价的开始。②考核小组由园长、教师、家长共同组成，考核成员一般包括教师、年级组长、部门领导（含园长）、家长四个层级。评价主体多样化能有效地克服评价的片面性，使绩效评价更加全面、客观。

在开展绩效评价前需要确定具体的项目内容、项目指标及项目权重。在这个过程中考核小组应听取教师的意见，尊重大部分教职工的意愿。在项目内容的选择上，幼儿园应根据所处地区、自身类型，以及教师队伍的实际情况等因素进行选择。例如幼儿园可根据教师的教龄、工作经验、个人能力，在同一评价项目中设立不同的水平要求，对年轻教师增加工作态度、自主性等方面的内容，分值也可有所区别。结合每项指标的权重给出相应的分数，统计得出人均绩效评价分数，再根据各个层级的评价结果归总。

在开展绩效评价时，应注重教师自我评价与团队评价相结合，鼓励教师通过评价积极进行反思，找准自身专业发展中的问题与发展目标，明确努力方向。对于家长参

①何学婷.平衡计分卡在幼儿园教师绩效评价中的研究[D].昆明：云南大学，2013.

②樊改霞.新课程下的教师评价：理念、方法及其反思[J].教学与管理，2006(33)：38-39.

与评价的方式，幼儿园也应根据各个年龄段儿童的特点和家长的具体情况灵活制定，如选取较为简单而笼统的评价项目，鼓励家长和儿童共同讨论后做出判断、给出分值。同时，确定分层评价的基本比例，如教师自评占50%，配班教师（含保育员）评价占30%，年级组、教研组或评价小组评价占10%～15%，家长评价占5%～10%。表5-19是关于幼儿园教师评价指标的示例。

表5-19　幼儿园教师专业发展指标①

一级指标	二级指标	水平1	水平2	水平3	自评	他评	园评
师德素养	职业认同	清楚认识和理解学校的发展愿景和办园理念，理解幼儿园的优势和传统	树立主人翁意识，维护幼儿园的声誉，对于损坏幼儿园利益的行为、事情敢于制止和发声	视幼儿教育事业为自己终身从事的职业，每天以饱满的热情投入工作，努力避免将个人消极情绪带入与幼儿的互动中			
	关爱幼儿	关心爱护全体幼儿，尊重幼儿的人格，平等、公正的对待每一位幼儿，严禁体罚和变相体罚幼儿	愿意耐心倾听幼儿的想法，一日活动中做到观察记录幼儿行为，并学会分析	认同一日活动皆课程理念，并在过程中有意识地发挥不同活动的价值，关注不同活动中幼儿的多方面发展及各类体验感受。能专业分析幼儿行为，并利用不同策略支持幼儿发展			
	合作奉献	愿意投入较多的时间和精力参与幼儿园工作，能尊重同事、虚心请教，与其他教师合作完成各项指标	同事间互相尊重和学习，使集体具有更强的凝聚力和战斗力，各部门分工不分家，密切配合，群策群力地完成各项工作	通过各种有效方式带动团队互相学习、合作、分享经验，促进整体发展			
	为人师表	有良好的行为习惯，衣着整洁得体，语言规范健康，文明礼貌，处处为幼儿楷模，自觉遵守幼儿园各项规章制度，上下班不迟到、早退及无故缺席	遵守社会公德，积极树立幼儿园良好的社会形象，树立教师崇高的职业形象	成为遵守社会公德的典范，积极参与社区组织的各类活动，不断提升幼儿园的社会信誉度			

①顾春华.中国教育学会学前教育专业委员会2021年学术年会暨第三届学前教育质量评价与提升学术论坛，分论坛发言.

续表

一级指标	二级指标	水平1	水平2	水平3	自评	他评	园评
专业能力	专业基础知识	掌握五大主题领域（健康、科学、语言、社会、艺术）相关知识，以及四大活动（生活、运动、游戏、学习）的基本形式，认真做好活动前的准备工作	掌握相关理论，运用专业知识反思教育实践，以改进自己的保教工作	具有大课程意识以及整体规划，能将课程的各部分有机联系，有效运用专业知识解决问题			
	幼儿身心发展特点	熟悉不同年龄段幼儿身心发展特点	能根据幼儿身心发展特点给予幼儿适宜的指导与帮助，建立起积极的、相互信任的、尊重的关系，促进幼儿身心发展	基于观察幼儿，关注幼儿的学习过程，尊重幼儿独特的见解，倾听、理解幼儿的想法和感受			
	家长工作	通过家长会与家长紧密联系，定期参加与家长有关的活动，并认同家园协作的价值	针对个体幼儿，帮助家长理解幼儿的行为和想法，提供可操作性的方法，帮助家长与幼儿顺畅地沟通和互动	运用多种途径让家长充分了解幼儿在园表现，让家长有机会对教师进行幼儿评估、设计的教育目标、计划及个别化的教育措施提出建议，吸引家长参与幼儿园课程建设			
	教育教学	根据班级情况，制订各类计划，并有序落实；掌握基本教学策略和技巧的相关知识	根据计划实施课程时，尝试借助各种教学方法和技术，帮助幼儿掌握关键经验；灵活运用各种多媒体或独特的教学方式，激发幼儿的学习兴趣，根据幼儿的生成反馈调整活动节奏	极具灵活性和反应速度，为配合幼儿的学习程度和兴趣而不断采用各种教学方法			
	教育科研	有反思保教实践的习惯，并积极参与园内课题研究	有反思保教实践习惯和创新意识，有自己主持的园级及以上课题	能敏锐捕捉幼儿园课程实施中遇到的问题，并运用科研手段予以解决，有自己主持的区级及以上课题			

续表

一级指标	二级指标	水平1	水平2	水平3	自评	他评	园评
示范辐射	带教指导		带教指导集团及以上教师，认真制订计划并落实	有丰富的教育教学经验，积极参与教育教学改革，热情指导和培养区内外骨干教师，为区域学前教育改革、教育事业发展发挥示范引领的作用			
	公开展示		组织开展区级及以上公开展示活动	带领教研组在区级及以上平台评比、展示和交流			
	个性发展	1. 在进行课程管理和课程平衡性分析时，参考幼儿评估结果，动态使用评估结果建设有助于幼儿全面发展的课程。 2. 能主动与幼儿园管理层、研究人员和其他相关领域的工作者等进行沟通与合作，扩展视野，不断激发工作灵感					

专题探讨

背景资料：在促进教师专业发展方面，教师成长档案袋作为一种评价教师专业发展和克服传统评价弊端的方式走进了幼儿园，近年来部分幼儿园关注到教师成长档案袋对促进幼儿教师的专业发展具有重要的促进价值，日渐重视教师成长档案袋的建立和运用，积极开展园本化的实践与探索。

探讨：你如何看待教师成长档案袋，认为其有哪些价值？作为幼儿园教师，你认为教师成长档案袋中有哪些内容能够反映教师专业发展状况，又如何收集、整理资料呢？

专业建议：

美国著名学者坎贝尔认为，教师档案袋是一个有组织的、目标驱动的、个体在复杂的学习和教学活动中表现出来的作品编集。档案袋不仅是一个作品编集，更是一个正在成长着的专业人员所拥有的大量知识、技能和性向的有形证据。收集和记录幼儿教师专业成长的档案集能够较科学地反映教师专业成长过程，增强教师自我发展的意识和能力，完善教师发展性评价体系，成为促进幼儿教师专业发展的有效途径。

教师成长档案袋的内容设置应从多元化角度出发，反映出教师在师德修养、业务素养、教学活动及研究、班级管理、家园沟通、幼儿发展等多方面所发生的变化和取得的成绩。同时，成长档案记录项目的设计应将规范性和灵活性相结合，既有基于园所实际规定的共同性内容，又有展示教师个性的相关资料，激发教师自我记录、自我反思、自我评价的积极性，体现出处于不同专业发展阶段的教师成长的差异性和个性化。

在成长档案袋的设计中尤其应注重个人规划的制定。教师应根据自身学习经历、实践经验、兴趣爱好、发展意愿等情况提出对个人成长的要求和目标，例如，结合幼儿园教师总体培养规划对自己未来三年的工作和个人发展进行计划，并提出阶段性的目标和具体措施。有效的个人规划能帮助教师客观地进行自我评价，有效地提高自我认知、自我发展的能力。

随着信息技术的发展和在幼儿园的运用，教师成长档案也可以电子化，方便教师随时填写、上传、查阅，与其他教师进行交流。

本章小结

本章重点讨论了幼儿教师评价的内涵，职前、职后幼儿教师评价的内容与形式。其核心内容总结如下：

1. 幼儿教师评价是学前教育评价的一个重要组成部分，幼儿教师评价对提高学前教育质量具有重要作用。幼儿教师评价是根据学前教育方针、政策、法规以及学前教育培养目标与要求，运用教育评价理论、方法与技术，对幼儿教师的专业能力及教育中的行为表现与绩效进行全面、客观、公正的价值判断，以促进教师专业发展、提高保教质量为目的的一种活动。

2. 幼儿教师评价应在提升管理绩效和促进教师发展之间寻求合理的平衡，不仅保障和提升教师队伍管理绩效，而且促进教师专业发展。

3. 幼儿教师评价应坚持“以德为先，能力为重”“多元评价，关注个性”“解决问题，促进成长”的基本原则。

4. 幼儿教师职前职业能力评价包括师德践行能力、教学实践能力、综合育人能力、自主发展能力四个方面，主要形式有实习评价和资格认定。

5. 幼儿教师职后专业发展评价包括幼儿教师的专业理念与师德、幼儿教师的专业知识、幼儿教师的专业能力三个方面，主要形式有专业技术职称评聘和幼儿教师绩效评价。

思考与实训

1. 请简述幼儿教师评价的基本原则是什么？

2. 对幼儿教师进行评价有何价值和意义？

3. 结合个人经历和实际观察，总结幼儿喜欢与不喜欢的教师的特点，并分析原因。

4. 对照《学前教育专业师范生教师职业能力标准》，对自己进行评价并进行自我专业发展规划。

5. 参照《幼儿园教师专业标准（试行）》的相关指标，针对某一位幼儿教师专业发展的一个方面进行评价，例如，该教师创设教育环境的能力。

第六章

幼儿园课程评价

学习目标

- 理解幼儿园课程评价的基本内涵、目的及意义。
- 掌握幼儿园课程评价的主要内容及实施。
- 了解国内外幼儿园课程评价的实例。

学习重难点

- 重点：本章的重点在于理解幼儿园课程评价的内容和具体实施，了解当前国内外幼儿园课程评价的具体实例。
- 难点：本章的难点在于对幼儿园课程评价具体如何实施的学习与掌握。

案例破冰

当前，有的地方教育行政部门将课程特色作为评价幼儿园课程质量的重要指标，导致一些幼儿园的园长和老师绞尽脑汁地给自己的幼儿园课程贴上特色标签。如，音乐特色课程、双语特色课程、绘本阅读特色课程等。但也有园长反对把特色作为评价幼儿园课程质量的重要标准，宣称自己的幼儿园就是要成为一所没有课程特色的幼儿园，幼儿园不应该在各种流行的所谓课程特色中如墙头草般左右摇摆，丧失了自身的教育理念与追求。

那么，我们是否应该将课程特色作为幼儿园课程评价的重点？什么是幼儿园课程评价，它的目的和内容是什么？我们究竟可以参照哪些标准评价幼儿园的课程？本章将围绕幼儿园课程评价这一主题展开探讨。期望同学们学完这部分内容后能够对上述问题有属于自己的观点。

第一节 幼儿园课程评价概述

一、幼儿园课程评价的概念

在学习幼儿园课程评价之前，首先要理解幼儿园课程的概念才能帮助我们真正地搞清楚幼儿园课程评价究竟是什么这一问题。

幼儿园课程内涵的界定是制定课程评价指标体系的理论基础，它直接接受定义者教育观和课程观的影响，所以对于课程的定义通常是多样化的。广义上看，幼儿园课程不仅体现在儿童在一日生活与物理环境（如玩教具）及与他人（如教师）的互动上，还体现在从设施材料到师幼互动再到儿童发展的各种质量要素上。从狭义来看，幼儿园课程是指幼儿园一日生活中有目的性和计划性的教学活动（如集体教学、小组教学、自由游戏）。美国幼教专家伯纳德·斯波戴克认为幼儿园课程是“教师为幼儿提供的有组织的经验形式。包括提供非正规的教育经验——各种作业——和向幼儿提供的各种非正规的教育机会。这些非正规的机会包括儿童的游戏活动和照料自己的日常生活所必需的一切活动”。南京师范大学虞永平教授提出，“幼儿园课程是以幼儿直接经验为主的活动课程，它是指幼儿在教师创设的环境中，在教师支持、引导和鼓励下，获得各种经验的过程”。由此可见，幼儿园课程是一个含义广泛的概念，是一个包含多方面因素的复杂系统。

从幼儿园课程的定义来看，由于幼儿园课程涉及教师、管理者、设施材料、教材、环境创设、各类活动、师幼互动等要素，这些要素也成了幼儿园课程评价涉及的内容。幼儿园课程评价是个较为复杂的过程，课程管理者及评价者必须正确理解幼儿园课程评价的含义。

基于对幼儿园课程的理解，本章的幼儿园课程评价是指“针对幼儿园课程的特点和组成要素，通过收集和分析比较系统全面的有关资料，科学地判断幼儿园课程的价值和效益的过程”。[①]具体来讲，幼儿园课程评价就是评价者采用查阅资料、观摩实践、借助科学量表等多样化、科学化的手段与方法，对幼儿园课程编订与实施进行评价，从而判断幼儿园课程是否符合教育目的和儿童特点的要求；课程的设置是否收到了预期

---

①虞永平，彭俊英.对我国幼儿园课程评价现状的分析和建议[J].人民教育，2003(11)：23-24.

效果;课程在什么方面需要改进;等等。

案例

某幼儿园邀请了一位专家来园进行课程指导与评估。园长首先向专家详细系统地介绍了幼儿园的课程方案,包括课程建构的背景、目标、内容及当前课程实施的情况。随后专家在园方的陪同下观摩了各班级的环境创设、材料投放,并让教师向专家介绍了班本化课程的实施情况。并且,专家观摩了各年龄段游戏活动和集教活动的开展。专家通过两天的观摩了解,对当前幼儿园课程的建构及实施提出了具体指导建议。专家主要采用了现场情境观察、访谈查看资料、听取报告等形式进行幼儿园课程评价。评价者通过深入幼儿园的一日环境中、教师的真实活动中,通过与课程管理者、教师的交流实施评价。评价者获得的信息是较为鲜活、真实且多样的,属于过程性评价。

二、幼儿园课程评价的目的及意义

(一)幼儿园课程评价的目的

幼儿园课程评价的根本目的是通过课程诊断了解课程的适宜性、有效性,为修正、调整和完善课程乃至推广课程提供科学依据,从而提高幼儿教育的质量,促进幼儿的全面发展。具体来讲,不同阶段进行课程评价的目的又有所不同。例如,在课程方案形成之前评价的目的是了解幼儿的发展现状和需求以及社会需求,比较与选择课程;在课程实施阶段评价的目的是诊断与修订课程;在课程实施结束后评价的目的是了解课程目标的达成程度,判断课程的成效。因此,课程评价者应根据评价目的的不同,恰当地选择适宜的阶段与方法进行评价。

(二)幼儿园课程评价的意义

“课程和评价是一枚硬币的正反两面。”《纲要》指出,幼儿园课程评价是幼儿园教育工作的重要组成部分,是幼儿园教育活动的基本反馈机制,是深化课程改革、提高教育质量的必要手段。幼儿园课程评价有助于了解教育工作的适宜性、有效性,有助于调整和改进教育工作,从而提高教育质量,更有效地促进每个幼儿的发展。幼儿园课程评价的意义主要体现在以下三个方面:

幼儿方面。幼儿园课程评价的意义在于促进幼儿获得发展。幼儿是幼儿园课程实践的直接参与者和感受者，幼儿园课程评价通过对课程目标、内容、实施、效果等方面的评价与反馈，指引教师、幼儿园课程管理者和课程制定者进一步调整完善课程，最终促进幼儿获得身心的和谐全面发展。

教师方面。幼儿园课程评价的意义在于提升教师的专业水平。教师作为幼儿园课程的主要实施者，其实践行为直接决定了幼儿园课程的实施与幼儿发展水平。幼儿园课程评价信息的反馈，能够有效推动教师改进当前课程实施过程中存在的不足，从而提升教师的课程实施能力，最终推动教师专业水平的发展。

幼儿园方面。幼儿园课程评价的意义在于提升幼儿园教育质量。作为幼儿园教育的核心要素，幼儿园课程的好坏直接关系着幼儿园的教育质量。通过幼儿园课程评价，能够对当前的课程是否适宜、科学等做出判断，为课程的改进与完善提供反馈机制。如，某幼儿园通过课程评价诊断发现其语言课程内容的设置不符合儿童的年龄特点，于是及时对课程内容进行了调整与改进。这最终将有助于进一步完善课程建构与实施，实现幼儿园教育质量的整体提高。

学习研究

2001年9月教育部颁布的《纲要》将教育评价作为与总则、教育内容与要求、组织与实施相并列的四个基本领域之一进行了专门阐述。新《纲要》在第四部分围绕幼儿园教育评价，提出了评价的发展性、合作性、标准的多元性以及多角度、多主体、多方法、重视过程、重视差异等原则。请你在仔细研读《纲要》关于教育评价的主要内容后，通过查阅文献、小组研讨、访谈教师等方式，解读如果放在幼儿园课程评价中，应坚持的评价理念、基本原则是什么？

当前有的幼儿园在具体实施课程评价时就是在学期结束时通过对幼儿进行测查，借用量表进行打分或记录，并以此作为判断教师、课程学期工作成效及质量的标准。那么，这样的评价方式是不是就能完全反映幼儿园课程的质量？请你仔细研读《纲要》的主要内容，通过查阅文献、小组研讨、实地访谈幼儿教师等方式，从专家对《纲要》的相关解读、幼儿园课程评价的基本原则以及幼儿园课程评价中的具体实践经验与问题等角度阅读和收集相关的资料，在此基础上，对以上的问题提出自己的观点和依据。

第二节　幼儿园课程评价内容

幼儿园课程评价的内容根据课程要素划分角度的不同，有不同的维度。首先，课程要素可以分为历时态课程要素和共时态课程要素。历时态课程要素是构成作为一个时间动态系统的课程研制过程的基本单元或基本因素，主要包括：(1)关于个体和社会的理论；(2)在理论基础上确定的教育宗旨和目标；(3)选择、确定和组织教育内容或教学经验；(4)课程的活动样式；(5)课程效果及评价。共时态课程要素是构成作为一种空间立体结构的课程系统的基本单元或基本因素，主要包括学习者、教师、教材和环境。

幼儿园课程评价的内容从历时态课程要素来分，包括对课程理念、课程目标、内容、实施或组织形式、效果的评价；从共时态课程要素来分，包括对幼儿、教师、环境及材料的评价；从儿童学习的五大领域角度来分，包括健康、语言、社会、科学、艺术领域课程的评价。尽管从不同维度划分幼儿园课程评价的内容有所不同，但我们可以看出课程理念、目标、内容、实施、效果、师幼互动、课程方案、环境材料等均是幼儿园课程评价的内容。本章主要根据课程的基本要素，重点从课程理念、目标、活动实施几个方面探讨幼儿园课程的评价问题。由于课程效果评价主要是对幼儿、教师、家长的评价，其他章节均有涉及，因此，在这里不再赘述。

一、幼儿园课程理念评价

每一个课程的背后一定都在传递着课程理念，课程理念是课程的灵魂、课程发展的指南针，直接映射出该课程的儿童观、教师观和学习观。课程理念对课程建设和实施具有现实指导意义。课程理念的完整性、科学性、适切性对课程的建设和实施具有十分重要的意义。虞永平教授提出的幼儿园课程理念的四个评价标准[①]可以作为我们开展幼儿园课程理念评价的判断依据，在实施评价时可采用查阅课程资料、访谈园长、随访教职工等方法来进行评价，还可以采用以下表格(见表6-1)作为辅助工具开展评价记录，从而确保评价内容的全面性。

①参见：虞永平.学前教育课程评价[M].南京：江苏教育出版社，2009.

表6-1　幼儿园课程理念评价要点一览表[①]

评价内容	评价摘要	得分
课程理念的正确性		
课程理念的清晰度		
课程理念的一致性		
课程理念的综合贯通		
总评分		
评分得分标准：完全符合要求，3分；比较符合要求，2分；不符合要求，1分		

标准一：理念是否正确

课程理念是否正确是评价课程的首要标准，也是课程设计过程中必须思考的首要问题。正确的课程理念能够引领课程发展，最终促进儿童的发展。反之，错误的课程理念则会产生反作用。正确的课程理念应符合儿童身心发展的规律和特点，适合儿童的发展和需要，即以儿童为中心，把儿童看作一个积极主动的学习者。教师应该成为儿童的支持者、合作者和引导者。凡是违背儿童身心发展规律、不符合儿童发展需要的理念都是不对的。课程理念应该遵循《纲要》《指南》等科学文件的观念。比如，课程符合生活的观念、游戏为幼儿园基本活动的观念，而不是小学化的观念，不是片面追求特色特长的观念，不是追求利益的观念。

比如，著名的瑞吉欧教育理念主张：第一，走进儿童心灵的儿童观；第二，强调“互动关系”和“合作参与”。儿童的学习不是独立建构的，而是在诸多条件下，主要是在与家长和教师、同伴的相互作用过程中建构的；在互动过程中，儿童既是受益者，又是贡献者。互动存在于以下几个方面：①存在于发展和学习之间；②存在于环境和儿童之间；③发生在不同符号语言之间；④发生在思想和行为之间；⑤发生在人与人之间（最重要）。第三，在特定的文化背景中建构知识、情感和人格。瑞吉欧的教育理念体现了以儿童为中心，把儿童看作一个积极主动的学习者，强调儿童的学习是主动建构的过程。这一理念是符合儿童的需要且适宜的。

标准二：理念是否清晰

课程理念的阐述应当清晰、明确，这样才能使课程评价者准确地理解课程设计者

①虞永平，张辉娟，钱雨，等.幼儿园课程评价（第二版）[M].南京：江苏教育出版社，2006：48.

的意图，帮助课程的实施者领会其意图，更好地实施课程。有些园所的课程理念写得比较笼统、模糊，很难从文本中清晰地理解到该幼儿园的课程理念及教育思想。因此，课程理念的表述应当清晰且阐述适当，确保能够被理解。

标准三：理念是否与课程实践一致

在评价课程理念时，不仅要关注幼儿园课程文本所呈现出的课程理念，而且也要关注课程理念的实践表现。这是因为实践层面能更真实地反映课程理念是否做到了知行合一。只有做到了理论与实践的统一，保持理念的一致性，才能确保理念充分发挥其本身的价值和作用。因此，评价者在进行课程理念评价时，不只是对课程文本资料的评估，还要尽量在实践中去检验理念是否做到了“知行合一”，比如可以去询问教师、观察园所环境的创设、观察他们所开展的教育活动等，都可能有助于帮助评价者更深入、真实地了解课程理念是否做到了一致。

案例

2021年中国教育科学研究院课题组就幼儿园课程实践现状进行了调查，[①]研究表明，超过一半的幼儿园园长、教师、教研员都能对当前《指南》《纲要》等科学文件所提出的课程理念达成共识，但研究者通过实地调研发现存在落实不到位，行动有偏差的现象，具体表现为园长和教师不敢让幼儿游戏，不相信游戏对幼儿的发展价值，坚持认为幼儿园还是以上课为主才能让幼儿学到东西。幼儿园“小学化”倾向严重。这一调查研究从实践中反映出课程理念存在理论与实践不一致，在实践中表现出课程理念存在小学化、重集教轻游戏的观念，这一观念违背了幼儿身心发展的规律与特点，不符合当前幼儿的学习与需要。

案例

潘月娟等人的研究[②]发现，我国幼儿园课程改革所倡导的基本理念在教师层面已高度制度化。但教师对理念的理解存在明显内部不一致性。一方面可能是因为教师还未深刻理解理念的本质内涵，另一方面，可能是因为现行幼儿园分级分类验收标准中有关高质量幼儿教育实践特征的描述均过于笼统。例如，《北京市托幼园所分级分类验收标准及细则》(2000)在“一日生活”维度对

①刘占兰.幼儿园课程实践中的突出问题与思考[J].幼儿教育，2021(28)：4-7.
②潘月娟，宋贝朵，杨青青.幼儿园课程改革理念在教师层面的制度化及外部教育质量评价参与的作用[J].幼儿教育，2019(12)：11-14.

一类幼儿园的特征描述为“认真贯彻幼儿园保教工作各项原则，合理组织幼儿一日生活”，而针对二、三类幼儿园的特征描述则仅将其中的“认真贯彻”分别替换为“基本能贯彻”和“注意贯彻”。这显然无助于教师理解和掌握抽象理念背后所对应的具体教育实践行为。

因此，学者建议应着重增强幼儿园分级分类验收标准的可操作性，将抽象的理念具体化为可观察的教育实践行为，从而引导教师形成内部一致的理念体系。园长应当转变管理观念，加强园所管理人员的评价能力，将迎评准备重点转向日常教育实践改进，帮助教师明确“不应怎样”的同时厘清“应该怎样”，引导其在日常教育实践中开展自我诊断，进一步内化幼儿园课程改革理念，最终实现理念与实践的一致性。

标准四：理念是否综合贯通

课程理念应当能够协调体现课程的方方面面。理念是幼儿园课程的灵魂，引领着课程中的其他因素。有些幼儿园的课程理念阐述虽然正确，但是仅仅停留在文字上，没有充分反映到课程的其他地方，比如具体到课程内容、实施及评价之中。这样的情况就会破坏整个课程的科学性、有效性和实施效果。理念的作用是指导实践，而不是只做表面文章，评价者更应在真实的教育活动中、教育环境中对幼儿园课程理念是否做到了指导实践得出结论。例如，蒙台梭利教育理念强调为儿童创设“有准备的环境”来保障儿童的自发活动，这是课程理念的核心。在教育实践中，主要通过物质环境和人文环境两个方面得以体现。物质环境主要指为儿童提供蒙台梭利教具（多达349种）、各种符合儿童尺寸的室内设施以及教师自制的各种材料。人文环境主要是为儿童提供各种有价值的人类文化遗产。该理念认为幼儿的学习方式与成人不同，是一种在“吸收性心理”的作用下、不需要花费过多意志努力的学习方式。因此，这一理念也充分通过创设一个有准备的环境得以有效实施，做到了从理念到实施的融会贯通。

二、幼儿园课程目标评价

课程目标是课程评价的出发点和依据，是进行课程评价的决定因素。在对目标的评价过程中，评价者可以以目标设置是否科学适宜、是否具有层次性、目标是否与课程内容相匹配作为评价的标准或依据。

（一）目标设置是否科学适宜

课程目标设置是否科学适宜，我们可以参考以下两个标准进行判断：标准一，目标设置是否符合当前国家、地方相关学前教育文件的要求或思想(如《幼儿园工作规程》《纲要》《指南》等);标准二,目标设置是否符合该年龄段幼儿的发展水平、经验和需要,是不是大多数儿童能够达到的发展水平。

案例

四川某农村幼儿园大班数学领域课程目标提出:

目标一:初步感知数的计算与生活的联系。

目标二:在具体情境和活动中,能够体会加减法的含义,提出和解决有关的简单实际问题。

目标三:能正确计算10以内数的加减法。

…………

很显然,该目标的设置不符合幼儿园幼儿的发展水平,这是典型的"小学化"倾向与表现。这一目标的设置违背了幼儿身心发展的特点和幼儿教育的规律,既违背了相关教育文件的要求,也不适宜于幼儿。

(二)目标设置是否具有层次性

一个完整的课程目标应该是由总目标和各子目标(各年龄段目标、各主题活动目标等)共同构成的。它们之间的关系应该是包含与被包含的关系,子目标是对总目标的细化与分解。某些幼儿园的课程目标只有一个,缺乏对总目标的细化与分解,这种"单一"的目标看起来与理解起来都会比较抽象,不利于指导课程的具体实施和开展评价。

案例

《上海市学前教育课程指南》[①]是政府对上海市21世纪初的学前教育课程的整体规划,体现了政府的意志,体现了政府对学前教育课程的基本要求,是贯彻落实《纲要》的基本文件。

课程总目标:促进幼儿健康水平以及情感、态度、认知能力等各方面的发展,使幼儿成为健康活泼、好奇探究、文明乐群、亲近自然、爱护环境、勇敢自信、有初步责任感的儿童。

①上海市教育委员会.上海市学前教育课程指南[S].2004.

课程具体目标：

(1)初步了解并遵守共同生活所必需的规则，体验并认识人与人相互关爱与协作的重要和快乐。

(2)初步形成文明卫生的生活态度和习惯，独立自信地做力所能及的事，有初步的责任感。

(3)积极活动，增强体质，提高运动能力和行动的安全性。

(4)亲近自然，接触社会，初步了解人与环境的依存关系，有认识和探索的兴趣。

(5)初步接触多元文化，能发现和感受生活中的美，萌发审美情趣。

(6)积极地尝试运用语言及其它非语言方式表达和表现，具有一定的想象力和创造性。

(三)目标是否与课程内容相匹配

课程目标是课程内容选择的依据，课程内容是课程目标的具体化与延伸。在评价过程中不应割裂或分离二者的关系，应把两者进行“关联”，便于更准确、全面地评价课程目标。有些幼儿园的课程目标设置本身没有问题，但是在课程内容中却尚未体现课程目标，或者出现了与原有课程目标相背离的现象。见表6-2。

案例阅读

如某一幼儿园提出“以游戏促进幼儿学习与发展”的总目标，但在具体的课程内容设置中却安排了大量的五大领域集教活动，只有晨间活动和离园时设有自由区域游戏活动。这种目标与内容的不一致、停滞等现象都不利于目标的实现，也让“以游戏促进幼儿学习与发展”这一目标更多地停留于空喊口号的层面。

在开展具体的目标评价的过程中，我们建议评价者首先“界说目标”，即可采用文本查看，与课程开发者、管理者等进行访谈对话，了解目标的具体设置及内容，这是进行目标评价的第一步；第二步，结合以上的三个要素对目标的设置逐个进行分析与判断。我们主张目标的评价不能停留于文本层面，评价者更应置身于真实的教育情境中，通过观察幼儿园具体的活动内容、幼儿和教师的表现等对课程目标进行多维的评价，以确保目标评价的真实性和全面性。

表6-2　幼儿园课程目标评价要点一览表①

评价对象	评价内容	评价摘要	得分
幼儿园课程方案目标	目标的结构性		
	各级目标间的连续性		
	目标的适合性		
	目标与课程理念的相关性		
幼儿园课程方案内容	内容与课程方案目标的一致性		
	内容的适宜性		
	内容的平衡度		
	教辅材料的丰富性		
幼儿园课程方案评价	评价方案的有与无		
	评价主体的多元化		
	评价策略的科学性		

三、幼儿园课程活动与实施评价

在幼儿园，课程实施主要有三种形式：生活活动、游戏活动、教学活动。本部分将重点从幼儿园课程活动与实施如何评价进行进一步说明。

（一）生活活动实施评价

生活活动是指幼儿园一日活动中除教学、游戏活动以外的一切日常活动，是以满足幼儿身体需要为主要目的的活动。它是幼儿园课程的重要组成部分，是幼儿园课程区别于其他阶段课程的主要特征。没有日常生活活动就不是真正的幼儿园课程，忽视日常生活的课程实施就是片面的课程实施。因此，生活活动评价也是幼儿园课程评价的重要内容。对日常生活活动评价的关注，体现了幼儿园课程实施把幼儿的身体发展，良好的生活习惯、卫生习惯的培养放在首位。

1.生活活动评价的目的

第一，促进教师观念的转变、角色的定位，有利于将《纲要》《指南》的思想付诸实践。

第二，使教师明确生活活动的组织特点与评价要求和方法，知道生活活动是课程实施的一项重要内容，它能为全面评价儿童的发展提供依据。

第三，可从一日活动中生活活动组织的效能来综合地、整体地考察班级保教质量、课程实施的效果。

①虞永平，张辉娟，钱雨，等．幼儿园课程评价（第二版）[M]．南京：江苏教育出版社，2006：58.

第四，为评价教师对生活活动的组织能力等提供客观真实的依据。同时，通过评价不断改进教师生活活动的组织策略和方法，全面增强专业素质。

2.生活活动评价的内容

北京师范大学刘焱等人编制的《中国幼儿园教育质量评价量表（城乡版）》①提出，生活活动可以从入园、离园、进餐、午睡、如厕、饮水六个环节进行评价。见表6-3。

表6-3　中国幼儿园教育质量评价量表-生活活动评价②

入园\离园									
等级 指标	不适宜 1	2	及格 3	4	一般 5	6	良好 7	8	优秀 9
入园	1.1 经常（因忙于自己手头的工作）忽略问候幼儿；不注意观察和询问幼儿的身体和情绪状况		3.1能回应幼儿的问候		5.1 能主动问候幼儿；有时注意观察和询问幼儿的身体和情绪状况		7.1 大多数幼儿受到亲切的问候；有专门安排的幼儿晨间活动		9.1 每个幼儿都受到独特的个别问候；认真观察和询问每个幼儿的身体和情绪状况；为幼儿准备的晨间活动恰当
离园	1.2 离园准备工作不充分；让幼儿过早穿好衣服消极等待		3.2离园准备时间把握恰当；提醒幼儿准备好要带回家的物品		5.2 热情主动地和幼儿道别，让每个幼儿愉快地离园		7.2 有专门安排的幼儿离园活动		9.2 离园准备工作较充分；为幼儿准备的离园活动适宜
接待家长	1.3 不允许父母带幼儿进入教室，或忽略家长		3.3 在入园和离园的时间允许有特殊需要的家长进入活动室；态度友好地回应家长的需求		5.3 主动热情地问候家长		7.3 与家长进行简单的交谈，交流看法与分享信息		9.3（在无特殊限制的情况下）欢迎家长带幼儿进入教室观察幼儿活动

①刘焱，潘月娟. 中国幼儿园教育质量评价量表（城乡版）[M]. 北京：北京师范大学出版社，2019.

②刘焱，潘月娟. 中国幼儿园教育质量评价量表（城乡版）[M]. 北京：北京师范大学出版社，2019：15-24. 表格格式有调整，表中注释做了删除处理。——编者注

续表

等级 / 指标	不适宜 1	2	及格 3	4	一般 5	6	良好 7	8	优秀 9
②进餐									
食物	1.1 食物营养不均衡		3.1 每周有食谱，且食物营养基本均衡		5.1 提供营养平衡、温度适宜的餐点		7.1 注意食物的色、香、味和幼儿的饮食心理		9.1 根据幼儿身体状况的特殊需要调整膳食(例如，为感冒发烧的幼儿提供清淡食物，不强迫因身体不舒服不想吃饭的幼儿吃完一定量的饭)
环境	1.2 餐点时间安排不恰当(例如，幼儿挨饿等待，剧烈运动后马上进餐，用餐时间过短)；进餐环境不卫生(例如，进餐前大多数幼儿和保教人员不洗手，餐桌不干净，餐具不足、不干净)；保教人员在幼儿面前吃不同于其饭菜的工作午餐(例如，幼儿吃青菜豆腐，老师吃红烧排骨)		3.2 进餐时间基本合理；餐具数量符合进餐的基本要求(例如，有一勺一碗一盘)，餐具清洁卫生		5.2 进餐环境清洁卫生；幼儿在进餐时保教人员来回走动，注意提醒幼儿不讲话、专心吃饭；成人不用任何方式方法催促幼儿吃饭		7.2 注意做好进餐前的环节过渡工作(例如，不在进餐前批评幼儿)；进餐氛围宽松(例如，播放柔和的音乐，照顾幼儿而不是监督幼儿吃饭，允许幼儿在进餐时轻声交谈)		9.2 注意照顾幼儿的个体差异和需要(例如，让吃饭较慢的幼儿先吃饭，不催促幼儿吃饭)；在幼儿进餐时保教人员与大部分幼儿进行轻松的交谈

续表

等级 指标	不适宜 1	2	及格 3	4	一般 5	6	良好 7	8	优秀 9
习惯培养	1.3 不注意培养幼儿良好的进餐行为与习惯（例如，因急于结束进餐而给吃饭慢的幼儿喂饭）		3.3 鼓励幼儿独立进餐		5.3 注意培养幼儿良好的饮食习惯（例如，不挑食、偏食、不剩饭）		7.3 提醒幼儿细嚼慢咽，注意培养幼儿文明进餐的行为方式		9.3 根据幼儿的年龄和个体特点鼓励幼儿自我服务
③午睡									
时间	1.1 午睡时间安排不适合幼儿的年龄特点		3.1 午睡安排配合家庭要求（例如，幼儿回家吃饭，不在幼儿园午睡）		5.1 午睡时间安排合理，幼儿午睡期间有成人在场照看护理，观察幼儿睡眠情况		7.1 能够照顾幼儿个体的睡眠需要（例如，用早上床、晚起床等方法照顾睡眠量较大的幼儿）；对回家吃饭提前回来的幼儿有安全照看		9.1 为不睡觉的或提前起床的幼儿提供适当的活动
环境	1.2 午睡环境不符合卫生健康的要求（例如，睡眠室拥挤，睡具较脏，幼儿没有自己单独的卧具）		3.2 幼儿有自己单独的卧具		5.2 幼儿有自己单独的睡具和卧具，干净整洁		7.2 有单独的寝室（在非午睡时间可以合理利用安排幼儿的活动）；午睡环境卫生整洁		9.2 午睡环境有利于幼儿休息（例如，卧室安静、空气清新；幼儿的睡具之间至少间隔成人一个手臂的距离，或者床与床之间有坚固的栏杆隔开）

续表

等级 指标	不适宜 1	2	及格 3	4	一般 5	6	良好 7	8	优秀 9
成人照看	1.3 幼儿午睡时基本没有成人照看；对幼儿的要求不恰当（例如，不耐烦地催促小班幼儿快点系纽扣）		3.3 幼儿午睡时成人大多数时间在场，但不注意观察幼儿的睡眠情况；对幼儿的管理态度比较生硬		5.3 幼儿午睡期间成人一直在场，且有时会注意观察幼儿的睡眠情况；对幼儿的管理温和而非惩罚性		7.3 注意观察幼儿的睡眠情况；对幼儿的要求适当；比较注意培养幼儿良好的睡眠习惯（例如，要求小班幼儿学习穿脱裤子，中大班幼儿自己系扣子，提醒幼儿睡觉时不用被子蒙头）		9.3 帮助幼儿平静情绪尽快入睡（例如，在幼儿脱衣服时播放轻柔的音乐等）；注意观察幼儿的身体和情绪变化；注意个别化的指导和帮助
④如厕/饮水									
如厕（设备/盥洗/护理）	1.1 全园没有专门供幼儿使用的厕所		3.1 全园在院内有专门为幼儿设计使用的厕所，但远离教学楼。若是旱厕，能经常清扫，比较清洁		5.1 有专门为幼儿设计使用的厕所，但与幼儿的活动室不在同一楼层；厕所内有流动水冲洗，清洁无异味		7.1 在每一楼层有专门为幼儿设计使用的厕所；厕所有隔板，方便幼儿使用（例如，厕所临近卧室）		9.1 在本班有专门为幼儿设计使用的厕所；厕所有隔板和门
	1.2 没有流动水供幼儿洗手；如厕后幼儿经常不洗手		3.2 有流动水供幼儿洗手		5.2 有必要的盥洗设备（例如，有自来水和洗手池）。提供手纸、肥皂等		7.2 洗手池符合幼儿的身材高度，方便幼儿使用；幼儿有自己的专用毛巾；环境清洁卫生；有专用的刷洗厕所的拖布；经常提醒幼儿如厕后洗手		9.2 注意培养幼儿独立盥洗的能力

续表

等级 指标	不适宜 1	2	及格 3	4	一般 5	6	良好 7	8	优秀 9
如厕（设备/盥洗/护理）	1.3 幼儿有憋尿、憋便或随地大小便的情况发生。对因大小便弄脏衣服的幼儿表示厌恶、斥责等；对幼儿的要求不适合幼儿的年龄特点和能力		3.3 在固定时段组织幼儿上厕所		5.3 在固定的如厕/盥洗时间，组织和提醒幼儿上厕所		7.3 除固定的如厕/盥洗时间外，允许幼儿根据需要随时上厕所；能以温和友好的态度帮助幼儿处理大小便问题		9.3 培养幼儿的独立性和良好的卫生习惯（例如，鼓励中大班幼儿便后自己擦屁股、穿裤子）
饮水（设备/护理）	1.4 未提供安全的饮水设备（例如，幼儿没有自己的专用水杯）		3.4 幼儿自带水杯，或幼儿园提供统一消毒的水杯，并采用在格子架上贴标签等方式来标识各幼儿当天专用的水杯		5.4 幼儿有自己的专用水杯，标记明显，且清洁卫生				
					5.5 有固定的饮水时间		7.5 在固定时间内，注意提醒幼儿喝水		9.5 除固定的喝水时间外，幼儿可以随渴随喝

在进行生活活动评价时，我们主张在自然状态下，对教师在一日生活活动中的组织行为，依据一定的指导思想和评价标准展开评价。在评价时，可以采取自评与他评相结合的方式，可采用评价表及文字、音像实录等方法。见表6-4。

表6-4　教师一日生活活动组织评价表①

________幼儿园________班　在场教师数________

班级人数________　主班教师________　观察者________

室内________平方米　室外________平方米　时间________

评价内容与项目		评价效果		
		好	较好	一般
空间与时间	有保证一日生活活动实施的空间和室内外设施，场地安排基本合理，满足本班儿童的需要			
	有适合季节、本班级的，与使用课程相配套的生活作息制度			
	生活活动的安排与其他活动衔接自然，交替合理，保证幼儿有一定的自由活动时间			
	各项活动材料的提供与配置符合年龄特点，数量满足全体幼儿活动的需要，便于取放			
	幼儿生活活动的管理，生活用具的提供、摆放等符合国家卫生保健的要求			
	有保证幼儿开展户外活动的场地和器械，且安全，无事故隐患			
教师的指导	有计划有组织地执行生活作息制度			
	教师间职责明确，主动协调，配合默契			
	注意引导幼儿在生活活动中建立各项必要的常规，并帮助幼儿努力遵守			
	活动的安排、材料的提供能激发幼儿的兴趣，利于幼儿自主选择，避免消极等待			
	营造宽松的氛围，采取形式多样、丰富有趣的手段，帮助幼儿掌握力所能及的生活技能，并注意因材施教			
	善于抓住偶发事件，渗透生活教育的要求，在关注全体的同时，特别重视个别幼儿的需要与帮助			
幼儿的活动	活动中幼儿情绪饱满，注意力集中，对教师发出的信息能作出呼应			
	80%的幼儿能遵守生活常规，生活、卫生习惯良好			
	80%的幼儿能按照教师的指令，参加户外活动，有一定的安全意识			
	80%的幼儿能学会自我管理，自主支配自己的自由活动时间			
	幼儿有较多的机会与同伴交流，自选材料，自选内容活动			
说明：此表采用等级评价的方法对各项目作出符合实际的评价，其中每项指标中有两条内容不符即得一般，一条目标不符即得较好，三个等级可赋值算出总分，进行总体评价				

（二）教学活动实施评价

幼儿园教学活动是幼儿园教育活动的一种重要形式，是教师计划、设计和组织的专门活动。教学评价的核心目标是了解教学活动的成效，了解教学过程中教师和幼儿的行为。

① 虞永平，张辉娟，钱雨，等.学前教育课程评价（第二版）[M].南京：江苏教育出版社，2006：80-81.表题有改动。更正原文中的“平米”为“平方米”。——编者注

1. 教学活动评价的目的

第一，了解幼儿认知水平、经验等情况，为教师制订相关活动计划提供依据。

第二，了解幼儿与幼儿园课程目标相关的发展情况，判断达成目标的程度，以便今后调整目标。

第三，了解教师对教学活动的组织实施情况。

第四，为评价教师对教学活动的组织能力等提供客观真实的依据，包括环境创设及材料提供、活动过程中的师幼互动、教师对幼儿在活动过程中的指导、教师在活动中所采取的教学方法及策略是否适宜等。通过教学活动评价不断改进教师教学活动的组织策略和方法，全面增强专业素质。

2. 教学活动评价的内容

根据我国教育部颁布的《指南》，幼儿园教育应涵盖健康、语言、社会、科学、艺术五大领域，共同促进幼儿的全面和谐发展。因此，当前幼儿园的教学活动多围绕五大领域而展开，我们可以以此作为教学活动的评价内容。不同领域的活动在进行评价时都会有所差异，具体可以参照《指南》中对于目标和内容的指导与建议。但不论进行何种教学活动评价，都可以从目标、内容、教师、幼儿四个方面进行分析，从而做出全面的评价。见表6–5。

表6–5　幼儿园教学活动评价表①

评价要点		评价要点指标解读	评价等级		
			A	B	C
目标	目标的年龄适宜性	活动确定的目标和年龄班幼儿发展的特点和规律是否一致			
	目标的可落实性	活动的目标是否具体、明确，是否易于衡量			
	目标的和谐性	重点或核心目标是否突出，认识的目标与相关学习策略、相应的情感目标是否有机地得到反映			
	目标的实际达成度	达成的目标与原定的目标是否存在不一致			
内容	内容的年龄适宜性	所选定的内容与特定年龄段幼儿的发展特点是否一致，是否利于幼儿的接受和发展			
	内容与目标的一致性	内容是否最大限度地包含了活动目标；内容的多少是否最有利于目标的实现			
	内容的科学性	所呈现和解释的活动内容是否科学、准确，给幼儿的知识和概念是否会影响幼儿进一步的学习			
	内容的生活性	所选择的内容是否适合特定的地域和文化，活动内容是否适合幼儿的现实生活，是否能引发幼儿的有效学习			

① 虞永平，张辉娟，钱雨，等．幼儿园课程评价（第二版）[M]．南京：江苏教育出版社，2006：104．表格有改动，“评价要点指标解读”一列为编者参照刘焱等人著作整理而成。——编者注

续表

评价要点		评价要点指标解读	评价等级		
			A	B	C
内容	相关环境材料的适宜性	与特定活动相对应的环境、材料是否能在质和量两方面最大限度地支持幼儿的学习,是否满足幼儿探索、操作和交往等活动的需要			
	内容的实际完成情况	预定的内容是否全面完成,有没有完成一些计划外的活动内容,它是在什么特定的情境下发生的,这样合理与否			
教师	教师讲解的适宜性	教师对特定活动内容的讲述、解释是否适宜,是否利于幼儿进一步的学习和促进幼儿思考			
	教师教学策略的适宜性	教师面对特定的教学问题情景,尤其是面对幼儿的学习状况所采用的旨在激励、指导、传授、帮助、启发的具体策略是否合适			
	教师对幼儿的关注	对幼儿的现实需要、兴趣、活动投入度、遇到的具体问题等方面的关注			
	教师评价的适宜性	教师在活动过程中或结束后,是否根据需要开展适当评价			
幼儿	幼儿的投入程度	幼儿在活动中注意力是否集中,是否有活动的积极性和主动性,思维是否活跃,是否表现出创造性			
	幼儿的互动机会	活动中是否有幼儿与同伴、与成人互动的适宜的机会			
	幼儿面临的挑战	活动过程中幼儿是否获得新的经验,是否面临问题并努力解决问题,幼儿是否有效地运用了已有的经验			
	幼儿的学习习惯	幼儿活动的坚持性,轮流、合作及分享等基本行为技能的掌握情况			

(三)游戏活动实施评价

游戏是幼儿自由、自主、自发的活动。幼儿是游戏的主体,活动具有自主性、愉悦性、创造性等特点。幼儿园游戏活动是幼儿园教育活动的重要组成部分,高质量的幼儿园游戏活动不仅能体现幼儿的自主性,也能体现出教师的有效引导、自主与发展的统一。

1.游戏活动评价的目的

第一,了解幼儿游戏背景及初始水平,为教师制订相关计划及与家长沟通提供依据。

第二,了解幼儿游戏中的经验及存在的问题,为教师进行个别教育提供依据。

第三,了解幼儿与幼儿园课程目标相关的发展状况,判断达成目标的程度,以便今后调整目标。

第四,了解教师对幼儿游戏活动的指导情况,包括:游戏环境的创设与材料提供、游戏中教师与幼儿的互动、教师对幼儿游戏的指导技能等。

第五，促使教师反思自己的教育观，提高游戏指导的能力，加强对幼儿游戏活动的研究，从而促进教师的自我成长。

2.游戏活动评价的内容

在进行游戏活动评价时，可以从游戏环境、游戏时间、不同类型的游戏活动三个维度进行综合评价。

(1)游戏环境评价

游戏环境包括户外游戏环境和室内游戏环境。在对游戏环境进行评价时，我们可以从游戏场地、场地质量、游戏材料、空间/区域结构安排、安全五个维度进行综合考察，从而做出评价。见表6-6。

表6-6　幼儿园户外游戏场地评价表[①]

评价项目	评价标准	评价方法	得分
场地面积	1.无游戏场地 2.未达标，尚无有效变通措施 3.未达标，但已采取有效变通措施 4.达标	对照国家相关规定实地检测	0 1 2 3
场地质量	1.全部为水泥地或其他不合格地面 2.沙土、土地占60%以上，其他为水泥地 3.沙土、土地并有一定的草坪	实地观察、测量	0 1 2
设备器械	1.无或数量极少，不能满足游戏活动需要 2.数量适宜，质量一般 3.数量达标，并且器械具有多功能和经济实用的特点	实地观察	0 1 2
结构安排	1.有不同区域的划分 2.各区域安排合理 3.各区域之间有过渡 4.能满足幼儿不同需要	实地观察	1 1 1 1
安全	1.地面上无危险物 2.器械安装牢固 3.设备功能完善 4.设备适合幼儿身体和运动特点	实地观察、检查	1 1 1 1

其中，游戏材料作为幼儿游戏的物质基础，备受关注。当前，刘焱、潘月娟等人编制的《中国幼儿园教育质量评价量表》中专门对游戏材料如何评价进行了说明。见表6-7。

①虞永平，张辉娟，钱雨，等.幼儿园课程评价(第二版)[M].南京：江苏教育出版社，2006:120.

表6-7　游戏环境-游戏材料评价表①

指标＼等级	不适宜 1	2	及格 3	4	一般 5
安全	1.1 玩具和游戏材料不清洁卫生，或带有锐角、含有毒物质等		3.1 大部分玩具和游戏材料清洁卫生（例如，玩具上没有污垢），且无毒无害		5.1 所有玩具和游戏材料清洁卫生，且无毒无害；能定期对材料进行消毒
数量/种类/适宜	1.2 除教师用书和幼儿用书（包括练习册）外，没有任何供幼儿操作的材料；或仅有少量可供幼儿操作的材料（如简单的塑料插片）		3.2 除必要的成品玩具以外，还提供了半成品材料、生活物品和自然材料等供幼儿使用；大部分活动区的材料数量和种类较充足；材料有一定的难易区分		5.2 玩具游戏材料数量丰富，种类多样；有趣味性和挑战性，有助于幼儿的想象与创造；符合本班幼儿当前的经验和发展水平
存放	1.3 材料未能分类存放，或存放方式不易于幼儿独立取放（例如，玩具柜/架过高，幼儿够不到，且只有一个格，不能分类存放）		3.3 材料能分类存放，且存放方式便于幼儿独立取放和选择（例如，用透视性较好的容器存放玩具和游戏材料）		5.3 材料能分类存放，存放方式便于幼儿独立取放和选择（例如，图书的摆放能让幼儿清楚地看到图书封面），并有适宜的标签标记（例如，实物、照片、符号、文字等）

（2）游戏时间评价

充足的游戏时间是幼儿愉快地进行游戏的保证。游戏时间是否充足可以作为评价游戏活动质量高低的一个重要指标。我们可以从游戏时间是否充足、每次游戏时间是否适当、户内外游戏时间分配是否合理、游戏中的时间利用是否充分四个方面进行评价。在评价时，可以采用查阅一日作息时间安排表等资料、实地观察记录、访谈管理者和教师等多种方法进行综合评价。评价时，可以参照以下评价表进行评价。见表6-8。

表6-8　游戏环境-游戏时间评价表②

要点	具体内容	评价
游戏时间总和是否充足	是否达到要求；每日游戏活动时间应在3小时以上	
每次游戏时间是否适当	每次游戏时间不应太短或太长，应根据幼儿年龄特点及游戏类型合理安排游戏时间	
室内与户外游戏时间是否分配合理	室内与户外游戏时间应分配合理，避免只有单一的户外或者室内游戏	
游戏中的时间利用是否充分	组织幼儿游戏时，教师应尽量减少不必要的环节，避免隐性的时间浪费。尽量把游戏时间交给幼儿自由支配	

①刘焱，潘月娟．中国幼儿园班级保教工作质量评价量表[M]．北京：北京师范大学出版社，2019：13-14．
②该表格参考以下资料提炼而成：虞永平，张辉娟，钱雨，等．幼儿园课程评价（第二版）[M]．南京：江苏教育出版社，2006：122．

(3)不同类型游戏活动的评价

幼儿园有不同类型的游戏活动,角色游戏、表演游戏、建构游戏和规则游戏是幼儿园游戏的典型样式。不同游戏活动中,幼儿的表现和水平是有差异的,教师对不同类型的游戏指导也是不一样的。本节重点以幼儿园最常见的角色游戏活动、建构游戏活动为例进行评价说明。

①角色游戏活动评价

角色游戏是幼儿模仿和想象,通过扮演角色,创造性地反映现实生活的一种游戏。从具体的操作层面来说,可以分别从幼儿角色游戏水平、教师在角色游戏中的指导两个方面进行角色游戏活动的评价。见表6-9,6-10。

表6-9 幼儿角色游戏水平评价表[1]

评价项目	评价标准	评价方法	备注说明
游戏主题的选定	1.教师指定或听从教师建议; 2.模仿别人; 3.独立与同伴商定,能较快进入游戏情境中	观察幼儿游戏	记录幼儿的表现,通过典型事例进行描述性说明
情节内容的反映与发展	1.反映的情节简单、零星、片段; 2.情节内容一般,基本能反映家庭或日常的生活现象; 3.内容丰富,能较广泛地反映社会生活现象或重大事件,并能使情节不断发展与延伸	观察幼儿游戏	同上
材料的运用	1.运用实物或模拟玩具游戏; 2.运用替代物游戏; 3.运用材料组合或自制替代物,并能用语言、动作替代游戏	观察幼儿游戏	同上
角色意识	1.无角色意识,只能重复角色的个别简单动作和语言; 2.有角色意识和角色系列动作模仿,但不稳定; 3.角色意识稳定,行为、态度、语言符合角色的要求	观察幼儿游戏	同上
社会性水平	1.独自游戏; 2.平等游戏; 3.联合游戏; 4.合作游戏	观察幼儿游戏	同上
兴趣与参与程度	1.缺乏兴趣,游戏呈间断性,经常离开主题或情境; 2.兴趣一般,游戏呈分节型(有时离开,但每次持续时间较长); 3.兴趣浓厚,游戏呈连续性	观察幼儿游戏	同上
常规	1.不能遵守规则,行为无序或有破坏性行为; 2.有时能遵守规则,在教师提醒下能收拾整理; 3.认真遵守游戏规则,爱护玩具并能按类收拾整理	观察幼儿游戏	同上

①虞永平,张辉娟,钱雨,等.幼儿园课程评价(第二版)[M].南京:江苏教育出版社,2006:125.有改动。——编者注

表6-10　角色游戏中教师指导水平评价表①

评价项目	评价标准	评价方法	备注说明
组织游戏活动的目的与计划	1.事先没有计划，指导目的不明确； 2.有计划但不详细，有目的但指导重点不突出； 3.游戏计划详细完整，目的明确，并有具体的指导重点	查看班级游戏计划、教师工作记录本	
游戏材料的准备	1.材料准备不足，不符合幼儿的兴趣、经验水平； 2.材料准备充分，但有些与本班幼儿的经验或发展水平不相符； 3.材料准备充分，但适合不同主题的各类材料，材料符合本班幼儿的实际	观察班级幼儿游戏的主题与材料	可举例描述
游戏时间的安排	1.游戏时间安排不合理（每天游戏次数太少或时间太短）； 2.游戏时间安排充裕，但利用率不高； 3.一日活动中，科学合理地利用和安排游戏时间，每次游戏活动时间长短适宜	查看一日活动时间的安排、观察游戏	
指导方式	1.指导方式不恰当或放任自流，只看管不指导； 2.基本尊重幼儿游戏的意愿，能进行一般性指导，但针对性不够，指导方式不够适当； 3.尊重幼儿游戏的意愿，能根据游戏的不同主题和幼儿游戏的水平，采取不同的指导方式	观察游戏中教师的指导、教师自我反思	指导方式：直接指导与间接指导；个别指导与小组指导；重点指导与一般指导
指导方法	1.方法单一、少变化； 2.能运用几种指导方法，但指导干预的时机不够适当； 3.能综合运用多样化的方法，正确把握指导时机	观察游戏中教师的指导行为；教师自我反思	多样化方法如：及时提供材料、建议提问、行为示范、共同参与等
指导效果	1.指导后游戏没有变化，或虽有变化但没有向有利于幼儿发展的方向改变，效果差； 2.幼儿游戏经验有一定的扩展，但效果不明显； 3.体现幼儿游戏的自主性，指导后效果显著，幼儿游戏水平提高和预期的目标达成	观察游戏中教师指导后的变化情况；教师自我反思	可举例描述

②建构游戏活动评价

建构游戏是幼儿通过操作各种结构材料来构造物体的一种游戏活动。在进行建构游戏活动评价时，我们同样从幼儿和教师两个维度展开评价。见表6-11，6-12。

①虞永平，张辉娟，钱雨，等.幼儿园课程评价[M].南京：江苏教育出版社，2006：126.标点有改动。——编者注

表6-11 幼儿建构游戏水平评价表①

评价项目	评价标准	评价方法	备注说明
1.游戏主题的目的性	1.无目的、无主题； 2.目的主题不明确，模仿或易受他人影响； 3.能根据目标确定主题，但过程中会出现变化； 4.目的主题明确，坚持并能深化发掘	观察幼儿游戏	可通过文字记录幼儿的行为表现
2.结构材料的运用	1.对各类材料的性质、质地、特点没有什么意识； 2.对材料的形状、颜色有选择，但意识不强； 3.能有意识选择各类材料并反复尝试建构； 4.能综合运用各类材料构建物件，选定速度快，运用有特色	观察幼儿游戏、分析作品	同上
3.建构的技能	1.会简单排列、接插、堆高、铺平； 2.能运用结构材料构建出简单的造型，基本掌握相关技能(如架空、围合、分隔等)； 3.能根据材料的特点构建物体且造型较复杂，技能较熟练； 4.建构技能熟练，速度快，建构物体对称、平衡、协调，并能装饰	观察幼儿游戏、分析作品	同上
4.兴趣与神情专注力	1.缺乏兴趣，情绪呆滞，东张西望； 2.一般情绪状态，注意力易分散； 3.情绪状态较好，注意力较集中，能坚持一定时间，但遇到困难会放弃； 4.情绪积极，神情专注，克服困难，坚持到底	观察幼儿游戏	同上
5.社会性水平	1.独自搭建； 2.平等搭建； 3.联合搭建； 4.合作搭建	观察幼儿游戏	同上
6.创造表现	1.只会模仿单个物体； 2.能独立建构简单物体； 3.能独立或合作建构较复杂的物体，主题较有个性； 4.建构的主题新颖，造型方式富有创造性	观察幼儿游戏、分析作品	同上
7.常规	1.不能遵守规则，有破坏性行为； 2.基本能守规则，但需要教师提醒，收拾玩具不主动； 3.熟悉并遵守规则，收拾整理玩具； 4.认真遵守游戏规则，爱护玩具，能主动收拾，按类整理	观察幼儿游戏	同上

①虞永平，张辉娟，钱雨，等.幼儿园课程评价[M].南京：江苏教育出版社，2006：127-128.标点有改动。——编者注

表6-12 建构游戏中教师指导水平评价表①

评价项目	评价标准	评价方法	备注说明
1.对结构材料的了解	1.不大了解班级结构材料的特点和拥有的数量； 2.基本了解班级各结构材料的特征和拥有的数量； 3.熟悉各种结构材料的性质、特点，认识正确。熟悉班级材料状况	调查； 教师自测	
2.对结构技能的掌握	1.不了解各结构材料的操作方式，操作不熟； 2.了解各种结构材料的操作方式，操作技能不熟练； 3.掌握各种结构材料的操作方式和特点，操作熟练并有创造性	观察教师操作	
3.对结构游戏阶段的把握	1.不清楚幼儿结构游戏发展阶段； 2.知道幼儿结构游戏发展阶段，但对阶段特征了解不够； 3.熟悉幼儿结构游戏发展阶段，并具体了解各阶段特征	调查； 教师自测	
4.指导方式方法	1.不指导，或指导方式方法不适当； 2.指导方式方法比较适当，但针对性不够； 3.能针对不同幼儿的水平和不同材料特点，采取不同的指导方式，指导方法灵活多样	观察游戏中教师的指导行为；教师自我反思	指导方式：直接与间接指导；个别与小组指导；重点与一般指导。 指导方法：行为示范、建议提问、鼓励启发、共同参与等
5.对幼儿结构水平的了解	1.了解少数幼儿的结构游戏水平； 2.了解多数幼儿的结构游戏水平； 3.了解每个幼儿的结构游戏水平	调查； 教师自测	
6.指导效果	1.指导后幼儿游戏没有变化； 2.指导后幼儿游戏有一定的变化，但效果不明显，未达到预期目标； 3.指导后效果显著，幼儿游戏水平提高达到或超过预期的目标	观察游戏中教师指导后的变化情况	可举例描述

①虞永平，张辉娟，钱雨，等.幼儿园课程评价[M].南京：江苏教育出版社，2006：129-130.标点有改动。——编者注

第三节 幼儿园课程评价实例

一、全美幼教协会早期教育质量认证中的课程评价实例

美国幼儿教育协会(National Assoication for the Education of Young Children,简称NAEYC)下设的早期儿童机构评价委员会,是美国全国性的最具权威的早期教育评价专业性组织。该组织在大量科学研究结果的基础上设计制定高质量早期教育机构的专业标准,并于1985年开始实施,2006年更新标准与系统,NAEYC早期教育质量认证体系在提高和保证美国早期教育质量方面发挥了很大的作用,相关内容我们将在第八章详细介绍,本章我们主要介绍其课程评价部分。

NAEYC早期教育质量认证体系中关于学前教育机构课程的认证标准,主要是从课程标准、课程基本特征、课程基本内容、课程评价方法四个维度进行评价,如表6-13所示:

表6-13 NAEYC课程评价主要维度与评价内容[①]

主要维度	评价内容
课程标准	实施与儿童发展目标相一致的课程,促进幼儿社会性、情绪、身体、语言和认知诸方面的学习和发展
课程基本特征	·机构有书面的课程观描述,并采用一种或多种与之相应的针对儿童发展主要方面的书面课程框架 ·在持续、连贯而清晰的课程框架指导下,设计儿童活动经验,并允许变动和调整,使之适用于所有的儿童 ·在课程指导下发展师资,提供与机构的目标相一致的、有目的的学习机会 ·课程的实施反映了相应的儿童家庭的价值观、信念、经验与语言 ·在课程目标指导下,教师对儿童的发展进步作持续性检测 ·在课程目标指导下,教师将检测获得的信息纳入课程目标,以帮助儿童的个性化学习 ·在课程目标指导下制订活动日程表,既有常规性又具有灵活性,对个体儿童的特别需要做出反应,日程表含过渡性活动的时间和措施,包括室内和户外活动,并考虑不同幼儿的动静需求 ·课程实施中使用的材料和设备反映儿童的现实生活和家庭背景,以及社会多样性,包括性别、年龄、语言和能力 ·供婴儿和学步儿使用的材料和设备,也鼓励探索、试验和发现;鼓励感官和动作学习,鼓励儿童通过自主发起的活动练习和发展动作技能 ·课程指导教师结合内容、概念与活动,促进儿童在社会性、情绪、身体、语言和认知等方面的发展,并综合各领域的关键内容,包括文学、数学、科学、技术、创造性表现与艺术、健康与安全、社会性学习等 ·日常活动安排向儿童提供可持续数日的学习机会、经验和主题活动,并与日常游戏、创造性表达,大组集体活动、小组活动和儿童发起的活动相结合 ·课程指导教师计划让儿童参加与课程学习有关的课题游戏

①本表格内容从以下文献的文字中整理而成,见王坚红,尹坚勤.国际视野下的学前教育机构评估标准[M].南京:南京师范大学出版社,2012:50-52.

续表

主要维度	评价内容
课程基本内容	·身体领域 ·语言发展 ·早期阅读 ·早期数学 ·科学 ·现代技术 ·创造性表达和艺术欣赏 ·健康与安全社会性学习
课程评价方法	对班级进行实地观察、查验课程相关资料、与园所负责人面谈

参考和借鉴NAEYC早期教育质量认证体系中课程评价的有益经验，能够为我们了解如何进行课程评价提供启示。该评价体系倡导“以儿童为中心”的评价理念，重视过程性标准，立足发展性评价，构建了系统化指标和严格认证程序，主张评价过程中要有充分例证。其中，该评估标准体系中每一视角的标准均指向儿童的发展，可以说是以儿童视角质量标准为核心的评价典范。我们在制定课程评价标准及实施评价时，可以借鉴NAEYC评价体系是如何做到以儿童为中心开展评价的。

二、澳大利亚全国性幼教机构质量标准中的课程评价实例

为提升幼儿教育机构的质量，澳大利亚政府于1994年1月开始颁布并执行“质量改进与认证系统”（Quality Improvement and Accreditation System，简称QIAS），此后经过两次修订后，于2010年7月开始逐步实施新的全国性质量标准（The National Quality Framework，简称NQF）。全国性质量评级标准体系包括指导原则、质量领域、标准和要素。该体系设立了7个质量领域：教育方案及实践、儿童健康与安全、物理环境、人员安排、与儿童的关系、与家庭和社区的合作关系、领导及机构的管理。

其中，“教育方案及实践标准”涉及课程方案和课程评价两个方面的质量标准。6项质量标准指标中前4项属于课程方案质量评价标准。在对课程方案进行评估时，会重点关注课程方案的设计是否做到了以《早期学习框架》为依据；课程方案的目标性是否能够实现5大学习目标；课程决策是否做到了以儿童的经验、兴趣、背景、生活的环境和家庭、社区的文化为依据，即注重课程的适宜性。6项质量标准指标中的最后2项属于课程评价质量标准。这两项指标的内容属于课程评价中的儿童学习和发展评价，分别从评价的实施情况和评价结果的运用两个方面进行阐明。如，评价的实施

情况方面的指标作为正在对儿童学习进行“计划、记录、评估”循环的组成部分，对每个孩子的学习和发展情况进行评估，强调“计划—记录—评估”循环递进，且要求对每个孩子的学习和发展进行评价。可见，NQF也是注重对儿童学习和发展进行评价的，且关注评价的系统性。从这一过程循环进行，可知评价的持续性。NQF在课程评价质量标准上强调评价的实施要有系统性、持续性，评价的结果要有效利用。见表6-14。

表6-14　澳大利亚NQF教育方案及实践评价标准[①]

标准	要素
标准1 幼托机构应在早期学习框架（或其他得到批准的学习框架）指导下开发促进每个儿童学习和发展的课程	1.早期学习框架（或其他得到批准的学习框架）引导幼托机构的课程决策，使每个儿童进行5个方面的学习： ·儿童具有强烈的身份感 ·儿童与其所处的世界建立联系并对此产生影响 ·儿童具有强烈的健康意识 ·儿童是自信而投入的学习者 ·儿童是有效的交流者 2.在了解了背景、环境、家庭和社区的文化多元性的基础上进行课程决策
标准2 设计教育方案时充分考虑每个儿童的优点、能力、文化、兴趣和经验	3.每个儿童当下的知识、观念、文化和兴趣是教育方案的基础 4.支持每个儿童参与教育方案 5.作为正在对儿童学习进行“计划、记录、评估”循环的组成部分，对每个孩子的学习和发展情况进行评估 6.对儿童个体和小组的学习和发展情况进行批判性反思和评估，其结果被用于计划的主要信息来源，以提高方案及教学的有效性
评价方法	·观察 如，教育工作者要倾听和回应，对他们日常观察到的有关儿童的事情进行讨论 ·讨论 如，课程方案如何让每一个儿童参与其中 ·书面材料 提供教育方案的相关材料

NQF的制订除了受国际上主流的学前教育理论与实践影响之外，还特别强调和体现全纳教育理论。从课程质量标准的评价指标来看，每项指标的价值取向都指向儿童权利，这些指标中出现较多的词语是“每个儿童(each child)”，也就是说优质的课程应当是能促进每个儿童的学习与发展的。澳大利亚NQF在其等级评估体系中设置了五个质量等级，评估者在评估实践中可参照标准的要求，根据学前教育机构的现实水平对其各领域的质量进行相应的评级。

①王坚红，尹坚勤.国际视野下的学前教育机构评估标准[M].南京：南京师范大学出版社，2012：174-175.表格内容有适当改动。——编者注

三、“新加坡学前教育评估框架”中的课程评价实例

新加坡教育部2010年启动“新加坡学前教育评估框架”(SPARK,Singapore Ministry of Education,2010),这是一个由教育部引进的学前教育质量保障体系,鼓励学前教育者提升质量,努力致力于促进幼儿的全面教育。新加坡SPARK框架指出:幼儿园必须为儿童提供优质的学习经验。课程设置必须能够实现学前教育纲领中的“理想的教育成果”。高质量的教学须具备整合的学习体系,并以游戏作为学习媒介。成人作为儿童发展中不可或缺的支持者,应为儿童创设一个有刺激性的外部环境,使儿童能够在其间积极地投入学习。同时,在由教师通过制订计划和课堂反馈收集到的信息的基础上,还要有步骤地对儿童的发展和学习进行评价。该标准包含五个维度:课程、教与学、评估、教与学的资源、学习环境。该框架为学前教育机构提供了一个可用于规划、操作以及指导长期改进的蓝本。学前教育机构可以运用这个框架进行自我评估,也可以请教育部评审机构来评审学前教育机构的等级,满足这个评审框架标准的学前教育机构可以申请获得质量认证。见表6-15。

表6-15 新加坡学前教育评估框架课程标准[①]

水平要素	不足(1)	(2)	发展中(3)	(4)	优秀(5)
提供全面的课程	幼儿园没有提供全面的课程		大部分的课程活动反映出幼儿园提供了全面的课程		幼儿园提供全面课程并且定期复审课程
提供综合的课程	幼儿园没有提供综合的课程		大部分的课程活动反映出该幼儿园提供综合的课程		幼儿园提供综合的课程并且定期复审课程的均衡性和充实度
计划活动时,考虑到儿童的兴趣、能力和需求	幼儿园并不根据儿童的兴趣、能力和需求来组织学习活动		幼儿园组织学习活动以促进儿童的兴趣、能力和需求		幼儿园组织学习活动以促进和扩展所有儿童的兴趣、能力和技巧; 幼儿园定期复审这些活动的有效性
在课程的每一学习领域设置学习目标	幼儿园没有在课程的每一学习领域设置学习目标		幼儿园在课程某些学习领域设置学习目标		幼儿园在课程的每一学习领域设置学习目标并且定期复审这些目标

为确保学前教育评审框架得到切实有效的实施,政府研制了质量等级量表(Quality Rating Scale,简称QRS),该量表将学前教育评审框架模型提炼成七个标准,即领导力,规划与行政,教职员管理,资源,课程,教学法,健康、卫生与安全。该量表既是一个工具又是一个系统方法。作为工具,外部人员可以用来对幼儿园以及儿童养护中心进

①王坚红,尹坚勤.国际视野下的学前教育机构评估标准[M].南京:南京师范大学出版社,2012:219.内容有适当改动。——编者注

行评估；作为系统方法，学前教育机构可以用来综合评定机构的结构、过程和结果。在实行课程评估时，可以提供以下课程清单：

- 课程计划（例如单元计划、教学计划）；
- 时间表；
- 师幼互动的记录；
- 儿童作品的展示；
- 观察记录/轶事趣闻记录；
- 员工会议/研讨记录；
- 其他（详细列出）。

四、《上海市幼儿园办园质量评价指南（试行稿）》中的课程评价实例

2020年，受上海市教育委员会委托，由上海市教育委员会教学研究室牵头，制定了《上海市幼儿园办园质量评价指南（试行稿）》（以下简称《评价指南》）。《评价指南》体现了全方位、立体式的质量评价，包括幼儿园结构性质量（如幼儿园管理中的队伍结构、办园条件等要素）、过程性质量（如保教实施过程中的师幼互动、家园互动等）以及结果性质量（如幼儿发展状况）。《评价指南》的颁布旨在对幼儿园的办园质量给予更加合理的诠释与价值指引，进一步增强学前教育工作者的质量意识，树立全面、科学的质量观。

《评价指南》中“管理与课程评价指南”为园所提供了自我检测、自我反思的依据。幼儿园可在常态化、过程性的自评中，既看到成绩，又发现问题，并开展针对性的改进与完善。“管理与课程评价”部分包括园所管理、保教管理、保教实施、卫生保健、队伍建设、办园条件共6个领域和26个子领域。它既适合示范园、一级园，也适用于二级园、三级园的评价。见表6-16。

表6-16　上海市幼儿园办园质量评价指南内容①

领域	一级内容	二级内容
领域一	园所管理	理念与规划、制度与机制、财务与资产管理、安全管理、家园社区
领域二	保教管理	课程与方案、质量监控、保教研究
领域三	保教实施	计划安排、设计与组织、环境与资源、师幼互动、观察与评估、与家长合作
领域四	卫生保健	健康检查、消毒与防病、膳食营养、特殊幼儿照料
领域五	队伍建设	资格与能力、专业发展、人际环境
领域六	办园条件	人员配备、场地设施、幼儿用房与设施设备、幼儿辅助用房与设施设备、玩教具

①上海市教育委员会.上海市幼儿园办园质量评价指南[S].2020.

“管理与课程评价指南”通过“水平 1 ”(代表“合格”,是幼儿园办园质量的底线)、“水平 3 ”(代表“良好”)、“水平 5 ”(代表“优秀”)来反映幼儿园的办园水平,在评价者对幼儿园的教育质量进行评价和督导时,可以依据“管理与课程评价指南”的相关内容,根据工作重点进行全面或专项评价。上海这一评价指南的制定与实施,对于幼儿园在实施课程评价时具有非常强的借鉴作用。我们可以参照与学习其评价指南的内容,并结合实际情况实施评价。

《评价指南》中涉及了对“课程”的评价,在这里我们重点学习与了解以下内容,见表6-17。

表6-17 上海市幼儿园办园质量评价指南①

领域二:保教管理				
水平 子领域	水平描述			信息来源
	水平1	水平3	水平5	
子领域 1:课程与方案	1.1 有保教内容安排。 1.2 课程内容与设置符合国家和上海市学前教育的基本精神与要求,杜绝“小学化”。 1.3 作息制度能保证各类活动的开展,尤其是运动和游戏活动	1.1 初步形成课程实施方案,课程理念正确,方案要素基本齐全,具有操作性。 1.2 课程设置与安排合理,根据幼儿年龄特点和发展需求,结合季节、地域等因素,设计和安排适宜的一日活动。 1.3 一日活动安排能满足幼儿各类活动的需要,保证每个幼儿有自由、自主的活动机会	1.1 课程理念明晰,方案各要素之间有内在关联,操作性强,对引领和指导课程实践有明显作用。 1.2 课程设置与活动内容能保证幼儿多样化的实践活动经历,丰富幼儿的体验与经验。 1.3 课程具有园本特色,在实施过程中有改进与完善机制	·幼儿园课程实施方案。 ·幼儿园一日活动安排表、各类活动的时间表等。 ·教师保教工作计划(包括学期、周、日、主题活动等计划),并进行现场考察,验证与方案内容的关系。 ·现场观察班级保教活动。 ·园长、教职工访谈

五、香港特别行政区学前教育课程评价实例

香港特别行政区1999年和2006年相继颁布两版《学前教育课程指引》。因课程转变和幼儿的需要,香港统筹局于2017年2月颁布《幼稚园教育课程指引》②。以上文件均由香港课程发展议会编订,课程发展议会是香港特别行政区行政长官委任的独立咨

①上海市教育委员会.上海市幼儿园办园质量评价指南[S].2020.

②香港统筹局.幼稚园教育课程指引[S].2017.

询组织，负责就有关幼稚园至中六课程发展事宜向政府提供意见。现时课程发展议会下辖有七个协调委员会及六十九个科目委员会，委员人数共一千多人，全部由课程发展议会委任。议会及委员会成员有广泛代表性，包括校长、教师、专上学院讲师、香港考试局和职业训练局的代表、家长、雇主以及教育署人员。香港教育统筹局建议学前教育机构以课程指引为建议实施课程及评估。该文件中的课程评估对于当前我们幼儿园课程评价的学习具有重要启示，尤其是其评价注重过程性，以促进发展为最终目标，重视在真实的教育情境中去进行评价。

《幼稚园教育课程指引》理念提出“优质的幼稚园教育，应与小学及中学互相呼应，为幼儿未来的学习与成长奠下良好基础，促进他们在德、智、体、群、美各方面的均衡发展，并达到全人教育的目的”。以儿童为本被作为课程的核心价值，坚持认识和尊重每个幼儿的独特发展规律是重要原则。课程设计的五个主要原则分别是配合幼儿成长和发展需要，提供生活化、重视感官探索和富有趣味的学习经历，照顾幼儿的多样性及不同需要，延续现有校本课程的优势，协同学校、家庭与社区参与。

幼稚园教育课程以促进幼儿的全面和均衡发展为原则，涵盖品德发展、认知和语言发展、身体发展、情意和群体发展和美感发展五项发展目标，分别体现德、智、体、群、美五育发展方向。上述五项发展目标，通过体能与健康、语文、幼儿数学、大自然与生活、个人与群体、艺术与创意六个学习范畴来落实。而生活化的学习主题，贴近幼儿的日常经验、认知和兴趣，能贯通六个学习范畴的内容，提供综合而整全的学习经历，有利于幼儿学习。幼稚园教育课程框架涵盖价值观和态度、技能和知识三个互有关联的组成部分，与小学及中学无异，共同建构一个连贯的课程体系。课程指引中专门涉及了课程评估，具体包括了对评估目的、方向建议、原则、实践建议的阐述。

（一）课程评估的目的

有效的评估能反映幼儿的学习和发展表现，给幼儿提供正面回馈，帮助他们掌握进步的方向。评估更是课程的重要部分，能帮助学校检查课程内容和实施的成效，作为课程发展的蓝图。

教师能

- 了解幼儿的学习进度和身心发展的情况；
- 及早识别幼儿的多样性，能给予适当的关照；
- 帮助家长了解子女在学校的生活和学习进度，促进家校合作；
- 审视学习活动的效能，及时调整教学内容和策略，配合幼儿的需要。

幼儿能

●了解自己在学习上的表现，乐于接受意见；

●认识自己的强项，明白改善的方向；

●在教师和家长的协助和鼓励下，反思和检视自己的表现。

家长能

●了解子女在学校的表现；

●加深对子女成长的认识；

●建立对子女合理的期望；

●了解和配合学校的教学安排，让子女得到最合适的教育。

（二）课程评估的方向建议

●课程目标是否配合教育的趋势，能回应社会的诉求？

●课程内容是否全面，能否有效促进幼儿的均衡发展？

●学校有什么条件或因素促进或阻碍幼儿的学习，如何改善？

●学校有没有规划具有可行性的措施，以照顾幼儿的多样性？

●学与教策略是否配合幼儿能力和所需？如何能进一步提升幼儿的学习成效？

●学校有没有拟订和落实有效策略，以支援初入学和高年级的幼儿，处理相应的问题？

●有没有善用家长和社区资源，以携手促进幼儿的学习成效？

●评估策略能否全面准确地反映幼儿的发展和学习表现？

学校宜设有完善的机制，监察和检讨课程的推行现况，及时向教师做出回馈，使其能调适课程发展路径，持续提升教学素质。

（三）课程评估的原则

●为促进学习而评估，而并非要比较幼儿的表现和能力。

●于真实环境中进行，了解和跟进幼儿的学习和成长过程与转变之余，亦可为课程规划提供回馈。

（四）课程评估的实践建议

●有效的评估有赖于教师对幼儿进行仔细的观察、做准确的记录，以及客观、全面的分析，以回馈教学，促进幼儿的学习与健康成长。

●教师须认识幼儿的成长和发展规律，以对幼儿设定合理的期望，准确评估他们的能力和表现。

●教师宜了解评估的目的，选择适当的评估方式和工具。口试、笔试或依靠幼儿记忆的评估方法，只能片面和零碎地考查幼儿的所识所知。

●教师在真实的学习环境中透过观察和记录，能准确和全面地反映幼儿的表现，并避免对幼儿造成压力。

●教师既要找出幼儿的长处，予以肯定和赞赏，也要找出他们尚待发展的项目，给予辅助和支援。

●教师宜多与家长沟通，彼此分享幼儿在学校和家庭的表现。教师更可为家长提供跟进幼儿学习的建议，以家校同步的方式培育幼儿成长。

●让家长及时获取及了解评估所得的资料，掌握子女的表现，有助于配合幼儿的学习。

专题探讨

背景资料：幼儿园课程评价是课程建构、生成与发展的重要环节。随着我国幼儿园课程的不断深入，人们日益认识到课程评价在整个课程系统中占有举足轻重的地位，"它既是课程运作的'终点'，又是它继续发展的起点，而且伴随着课程运作的全过程。"许多幼儿园开始重视课程评价，但在教育实际过程中，园长和教师均提出对如何开展本园的课程评价存在较大困惑及困难，她们反映"太难了，更多只是停留于文本，具体不知道该怎么做"。那么，幼儿园课程评价在哪里，又该如何实施？

探讨：幼儿园课程评价具体应该如何实施？你认为在幼儿园开展具体的课程评价过程中应该要注意哪些问题？

专业建议：课程评价其实是每一所幼儿园必须且必然在做的一件事情。比如，专家来园对课程的指导与反馈，再到园长或教师依据理性认识和感性经验来选择或自主建构课程文本，以及教师在学期末的工作总结中对本班本学期教育工作进行总结与思考，以及老师们在相互观摩游戏或活动过程中所提出评课意见，这些活动其实都是在对课程的某一内容的价值、特点等做出判断，它们在一定程度上具有课程评价的实质。只是这些评价更多地只依据于评价者的感觉或个体经验，没有经过严谨的论证和理论性的思考。

幼儿园究竟该如何实施评价，具体建议如下：

第一，端正评价观念，坚持以《纲要》《指南》为指导思想。评价的价值定位在发展功能上，以诊断和改进学前教育、促进教育活动的参与者（尤其是幼儿与教师）能在原有基础上得到发展为目的。遵循评价的发展性、合作性、标准的多元性以及多角度、多主体、多方法、重视过程、重视差异等原则。

第二，加强对成熟完善的课程评价方案的不断学习。学习、吸收国外基础教育领域中先进的评价理论无疑是帮助幼儿园课程评价走向成熟的重要途径。当前，国内外已经有部分国家和地区形成了较为完善的课程评价方案及好的经验与做法。因此，我们就应该一边学习，一边实践。与此同时，我们也要注意不能照搬，每一个国家、地区都有自己的国情和实情，因此，我们在学习、引进国外基础教育领域课程评价理论的同时，也要努力促进国外的课程评价理论本土化和园本化。

第三，重视并开展幼儿园课程评价的实践研究。幼儿园应尽可能在吸收学习的基础上，结合园本实际，邀请专家、成立专门的教研组或研究团队等方法，共同探索并及时总结、开发出科学、规范、可操作的课程评价方案，这是对幼儿园走出课程评价困境最直接、最有效的帮助。

本章小结

本章重点讨论了幼儿园课程评价的内涵、课程评价的内容及评价的具体实施、当前国内外关于幼儿园课程评价的实例。其核心内容总结如下：

1. 幼儿园课程评价是针对幼儿园课程的特点和组成要素，通过收集和分析比较系统全面的有关资料，科学地判断幼儿园课程的价值和效益的过程。具体来讲，幼儿园课程评价就是评价者采用查阅资料、观摩实践、借助科学量表等多样化、科学化的手段与方法，对幼儿园课程编订与实施进行评价，从而判断课程是否符合教育目的和儿童特点的要求；课程的设置是否收到了预期效果；课程在什么方面需要改进；等等。

2. 幼儿园课程评价的根本目的是通过课程诊断，了解课程的适宜性、有效性，为修正、调整和完善课程乃至推广课程提供科学依据，从而提高幼儿教育的质量，促进幼儿的全面发展。

3. 幼儿园课程评价的意义。幼儿方面，促进幼儿获得身心的和谐全面发展；教师方面，推动教师改进当前课程实施过程中存在的不足，提升教师的课程实施能力，最终推动教师专业水平的发展；幼儿园方面，通过评价对当前的课程是否适宜、科学等做出判断，为课程的改进与完善提供反馈机制，进一步完善课程建构与实施，实现幼儿园教育质量的整体提高。

4. 幼儿园课程评价的内容通常包括课程理念、目标、活动、实施、效果、师幼互动、课程方案、环境材料等。本章重点对幼儿园课程理念、目标、活动及实施进行阐述与说明。

5. 当前国内外部分国家或地区已经形成了较为完善与成熟的幼儿园课程评价体系，如全美幼教协会早期教育质量认证中的课程评价实例、澳大利亚全国性幼教机构质量标准中的课程评价实例、“新加坡学前教育评估框架”中的课程评价实例、中国香港特别行政区学前教育课程评价实例、我国《上海市幼儿园办园质量评价指南（试行稿）》中的课程评价实例。

思考与实训

1. 全面理解并阐述幼儿园课程评价的基本概念、目的及价值。
2. 简述幼儿园课程评价的主要内容以及在评价的具体实施过程中所采用的方法。
3. 结合教育实际,谈谈在幼儿园的具体活动及实施过程中,评价时可以采用哪些方法?
4. 仔细学习国内外幼儿园课程评价实例,思考并讨论其各自的优点及局限。

第七章

幼儿园保育工作评价

学习目标

● 了解幼儿园保育工作的含义、内容和特点，及对幼儿园保育工作进行评价的目的。

● 熟悉幼儿园保育工作评价的原则和保育工作的相关评价标准。

● 能够结合幼儿园保育工作板块和保育工作评价要点，对幼儿园保育工作开展相关评价实践。

学习重难点

● 重点：本章学习的重点是熟悉幼儿园保育工作评价内容与评价流程，并掌握幼儿园保育工作相关评价方法与评价要点。

● 难点：本章学习的难点是能够围绕保教结合要点，针对幼儿园保育工作开展相关评价实践，从保育员自身、教师、家长及管理者等多元角度对保育工作中的典型问题进行评价分析并提出恰当的改进建议。

案例破冰

小班的吴老师在组织小朋友进餐时，为了营造良好的进餐氛围，专门播放了背景音乐。可是，小朋友们听着熟悉的儿歌歌曲，纷纷跟着哼唱起来，有的小朋友甚至嘴里含着饭也在跟着唱，反而影响了进餐环节的常规。见此情况，保育员赶紧关上了音乐播放器。在幼儿园组织的一周班级保育工作评价活动中，吴老师针对本次活动进行了反思："此活动环节的优点是自己有为幼儿提供轻松、愉快的进餐氛围的意识；不足之处是忽略了这个环节最基本的要求是需要幼儿在相对安静的状态下进餐，要减少不必要的干扰因素，而由于选择的音乐是幼儿熟悉的、有歌词的儿童歌曲，这些儿童歌曲具有朗朗上口的特点，听到熟悉的歌曲马上跟唱，就成为干扰幼儿进餐的因素了。未来自己对此环节调整的思路，就是选择背景音乐时可选择舒缓的轻音乐，既能营造愉快、安定的进餐环境，又不会干扰幼儿的进餐。”

进餐环节是幼儿在园生活中的一部分，对幼儿园的进餐环节氛围营造和组织情况进行评价，涉及幼儿园的保育工作评价。在上述案例中，吴老师在进餐环节为了营造氛围给小朋友们播放音乐的行为是否适宜？事后她的反思你是否认同？开展幼儿园的保育工作需要注意哪些要点？我们如何评价幼儿园的保育工作？上述问题是本章要着重讲述的重点，相信通过学习这部分内容，你将有信心做好幼儿园的保育评价工作。

第一节 幼儿园保育工作评价概述

一、幼儿园的保育工作及其特点

(一)幼儿园保育工作的含义及内容

幼儿园保育,是指在幼儿园为了保护幼儿的身心健康,为增强其体质,促进其生长发育而进行的各种活动。[①]幼儿园保育工作的内容包括:清洁卫生消毒、身体锻炼、安全监护、膳食营养、生活作息习惯的养成、疾病预防以及心理健康等。随着全社会对健康的关注和对学前教育的不断重视,幼儿园保育工作的任务从传统的“重视幼儿身体发育”发展到现在“重视幼儿身心和谐发展,促进幼儿体格健康、个性化发展和社会适应能力的提高”,幼儿园保育的概念也在不断地完善,简单而言就是幼儿园的教职员工在“保”与“育”方面为幼儿提供的照顾与引导、培养过程的总和。

(二)幼儿园保育工作的特点

1.关注个体差异、注重年龄特点

在《幼儿园教育指导纲要(试行)》总则的第五条规定了我国幼儿园教育的内部原则,即“幼儿园教育应尊重幼儿的人格和权利,尊重幼儿身心发展的规律和学习特点,以游戏为基本活动,保教并重,关注个别差异,促进每个幼儿富有个性地发展”。幼儿的身心发育在不同的年龄阶段体现出不同的特点。因此,教师应遵循幼儿的年龄特点,同时应该关注同年龄段不同能力水平幼儿之间的差异,为幼儿提供适宜的护理及帮助。

2.保育工作渗透一日生活各个环节

幼儿园的保育工作渗透在一日生活中的各个环节,具有全面性。教师应从进餐、盥洗、午睡、户外活动、教学活动、疾病预防、心理健康、环境安全等方面关注幼儿的需求,科学地实施保育工作。

3.保育与教育相结合

幼儿园的“保育”和“教育”虽然有自己的主要职责,但并不是截然分离的。幼儿园

①线亚威.幼儿园保育工作手册[M].北京:高等教育出版社,2013:1.

阶段的教育不同于其他阶段的教育,较小学、中学而言具有其独特性,教育者面对的幼儿年龄段处于3—6岁之间,此阶段的幼儿在身体发育和心理发育方面具有典型的“不成熟性”和“快速生长性”,基于幼儿在此阶段身心特点的特殊性,就要求幼儿园教育必须遵循“保教并重”的原则。在《幼儿园工作规程》中明确提出:“幼儿园是对3周岁以上学龄前幼儿实施保育和教育的机构……幼儿园的任务是:贯彻国家的教育方针,按照保育与教育相结合的原则,遵循幼儿身心发展特点和规律,实施德、智、体、美等方面全面发展的教育,促进幼儿身心和谐发展。”规定幼儿园保育和教育目标主要有:促进幼儿身体正常发育和机能的协调发展,增强体质,培养良好的生活习惯、卫生习惯和参加体育活动的兴趣。《幼儿园管理条例》第十三条提出“幼儿园应当贯彻保育与教育相结合的原则,创设与幼儿的教育和发展相适应的和谐环境,引导幼儿个性的健康发展。幼儿园应当保障幼儿的身体健康,培养幼儿的良好生活、卫生习惯;促进幼儿的智力发展;培养幼儿热爱祖国的情感以及良好的品德行为。”从这些学前教育的重要指导性文件中可以看出,“保育与教育相结合”“保教并重”既是幼儿园教育工作的原则,也是幼儿园保育工作的原则,这也是幼儿园工作与义务阶段学校教育工作相区别的一大特点。

4.注重家园合作工作的开展

幼儿园的保教工作非常注重幼儿园与家庭之间的充分合作。良好生活习惯的养成是幼儿园保育工作中非常重要的内容,而幼儿良好生活习惯的养成是一个长期的、连续发展的过程,仅仅依靠幼儿园单方面的保教工作是不够的。因此,在幼儿的保育工作中应该做到家园统一规范。只有做到家庭成员与幼儿园教师对孩子的教育、要求相互统一协调,配合一致,才能积极有效地促进幼儿良好生活习惯的养成。

二、幼儿园的保育工作评价

幼儿园保育工作评价,是指依据一定的标准和程序,有目的、有计划、有组织地对幼儿园保育工作现状进行调研,在占有事实材料基础上做出价值判断,并有助于保育工作不断改进的活动。[①]简言之,幼儿园保育工作评价,就是针对幼儿园保育工作的质量进行评价,是确保幼儿园在落实“保育与教育相结合”“促进幼儿身心和谐发展”方面工作目标的必要环节,也是帮助幼儿园提升保育工作质量、提高保教人员保育工作意识和专业能力的必要手段。具体而言,对幼儿园保育工作进行评价的目的主要有以下几点。

---

①胡惠闵,郭良菁.幼儿园教育评价[M].上海:华东师范大学出版社,2009:161.

（一）指导园所保育工作的开展

一方面，幼儿园保育工作评价对幼儿园的保育工作开展具有导向作用，通过建构幼儿园保育工作评价的指标体系和评价标准，可对幼儿园保育工作评价的开展进行方向性的引导，保证幼儿园保育工作评价科学合理。特别是能帮助园所围绕保育工作开展自我评估，根据评价标准进行集体诊断，反思保育工作的实效，提出相应的改进措施。

另一方面，幼儿园保育工作评价能促进园所保育工作的科学开展。保育工作不是独立存在于幼儿园工作之中的，而是幼儿园工作的有机组成部分，融入幼儿园一日生活的各个环节中，只有保教并重才能促进幼儿身心健康和谐的发展。保育评价结果将呈现目前保育工作的现状，反映出园所保育工作的薄弱环节，从而有针对性地调整工作，促进幼儿园保教工作人员更加科学地实施保育工作。

（二）保障和督导园所保育工作质量

一方面，幼儿园保育工作评价能提升和保障园所教职员工的保育工作专业度，通过评价，对提升园所管理人员和教师、保育员对保育工作的重视度、专业度具有促进作用。另一方面，幼儿园保育工作评价对提升幼儿园的保育工作质量具有改进和督导作用。幼儿园保育工作评价标准的制定，有助于教育主管部门对幼儿园保育工作质量进行评价时有相对统一的标准，有助于园所管理人员和教职员工对保育工作的开展情况进行参照和自查，主管部门按标准对园所保育工作开展的质量优劣进行督导，促进幼儿园基于评价改善质量。因此，保育工作评价作为一种保教质量管理手段是促进保教质量提升的关键性因素，科学完善的保育评价工作影响着园所高质量的发展。

（三）诊断园所保育工作存在的问题

幼儿园保育工作评价对幼儿园保育工作中存在的问题具有诊断作用，通过评价，有助于幼儿园对园所目前的保育工作现状是否科学、规范、合理，是否落实《幼儿园工作规程》《幼儿园教育指导纲要（试行）》《3—6岁儿童学习与发展指南》等相关文件中对幼儿园保育工作的要求等进行诊断，发现存在的问题，研究问题的症结及原因，并及时进行解决。

（四）优化园所保育工作制度与标准

优化保育工作制度与标准体现了幼儿园保育工作评价的“元评价”，即“对评价的评价”，从评价中反映园所保育工作评价体系作为一个评估工具本身的信度和效度，在何种程度上能稳定、有效地对园所的保育工作进行评价。进行保育工作评价的“元评价”有利于调整保育工作制度，完善和优化保育工作细则，促进园所保育工作向更高质量发展。在幼儿园保育工作评价过程中，评价标准不应一成不变，而应随着对保育工作精进、优化的过程进行调整，如以前的幼儿园管理中没有对新型冠状病毒感染（简称“新冠”）疫情防控常态化的保育要求，现在各地区都根据特殊阶段的要求，将新冠疫情防控作为园所安全管理的一部分，同时也对园所保育工作的内容有一定增加，这就是动态化的管理，所以，幼儿园保育工作评价的过程性动态管理和优化能保证评价的合理及规范。

三、幼儿园保育工作评价的原则

（一）保育与教育并重的评价原则

《幼儿园工作规程》中明确指出：幼儿园的任务是贯彻国家的教育方针，按照保育与教育相结合的原则，遵循幼儿身心发展特点和规律，实施德、智、体、美等方面全面发展的教育，促进幼儿身心和谐发展。同样地，《幼儿园教育指导纲要（试行）》和《国务院关于当前发展学前教育的若干意见》都明文规定，幼儿园必须坚持“保教并重”的原则。在幼儿园工作中保育和教育是相互统一、相互促进的，幼儿园工作的特殊性要求我们遵循“保教结合”的原则，这是由儿童身心发展的特点所决定的。因而，在进行保育工作评价时，首先要评估保育工作是否与教育相结合，在日常工作中评价教师保育工作质量的时候应该评价其是否遵循保育和教育并重的原则，促进幼儿全面、和谐地发展。

（二）与一日活动相融合的原则

通过在日常生活中观察和评价幼儿的身心发展情况，这种评价更加真实自然。在观察的过程中，幼儿园中一日流程、环境创设、岗位制度等都渗透了保教结合的理念，因此，在评价保育工作时，应是在整体的一日活动中去观察，从一日生活的角度去解读保育工作的开展，而非“断章取义”。

（三）全面整体评价与个别化评价相结合的原则

幼儿的发展是有个体化差异的，每个幼儿的发育存在快慢、早晚的不同，发展水平不仅在个体之间有差异，在每个幼儿身上不同的智能表现出的高低也不一样。在保育工作评价中，我们不仅要对班级整体的保育工作质量进行评价，还应该关注对每一个幼儿个体的身心发展进行个别化的评价，既不能将单次、单人的发展情况作为评价班级保教工作质量的结果，也不能只是宏观地评价班级整体的保育工作而忽视了对幼儿的个别化关注。

（四）身体健康与心理健康并重的原则

健康是指人在身体、心理和社会适应方面的良好状态，全面的保育观应该包括身体保育和心理保育，不能忽视任何一方，以促进幼儿身心和谐均衡地发展。因此，在评估保育工作时，不仅要关注幼儿身体方面的发育，还要关注幼儿心理健康的状况。幼儿动作的发展、体格发育与心理的发展具有一定的内在关联，因此，幼儿园保教工作应该注重儿童身心全面的发展，评价幼儿园的保育工作应该从多方面观察，如从儿童是否具有健康的体态、安定愉快的情绪以及是否具有一定的社会适应能力等方面开展评价工作。

四、幼儿园保育工作的相关评价标准

关于幼儿园保育工作评价标准，教育部在2022年2月颁布的《幼儿园保育教育质量评估指南》，在“重点内容”的A2保育与安全部分，分为三项“关键指标”，分别是卫生保健、生活照料和安全防护，并且制定了与三项“关键指标”对应的十条“考察要点”，旨在“促进园所加强膳食营养、疾病预防、健康检查等工作，建立合理的生活常规，强化医护保健人员配备、安全保障和制度落实，确保幼儿生命安全和身心健康”。具体如表7-1。

表7-1　《幼儿园保育教育质量评估指南》保育与安全部分

重点内容	关键指标	考查要点
A2. 保育与安全	B4. 卫生保健	8. 膳食营养、卫生消毒、疾病预防、健康检查等工作制度和岗位职责健全，并认真抓好落实。 9. 科学制定带量食谱，确保幼儿膳食营养均衡，引导幼儿养成良好饮食习惯。 10. 教职工具有传染病防控常识，认真落实传染病报告制度，具备快速应对和防控处置能力。 11. 按资质要求配备专（兼）职卫生保健人员，认真做好幼儿膳食指导、晨午检和健康观察、疾病预防、幼儿生长发育监测等工作
	B5. 生活照料	12. 帮助幼儿建立合理生活常规，引导幼儿根据需要自主饮水、盥洗、如厕、增减衣物等，养成良好的生活卫生习惯。 13. 指导幼儿进行餐前准备、餐后清洁、图画书与玩具整理等自我服务，引导幼儿养成劳动习惯，增强环保意识、集体责任感。 14. 制定并实施与幼儿身体发展相适应的体格锻炼计划，保证每天的户外活动时间不少于2小时，体育活动时间不少于1小时。 15. 重视有特殊需要的幼儿，尽可能创造条件让幼儿参与班级的各项活动，同时给予必要的照料。根据需要及时与家长沟通，帮助幼儿获得专业的康复指导与治疗

续表

重点内容	关键指标	考查要点
A2.保育与安全	B6.安全防护	16.认真落实幼儿园各项安全管理制度和措施,每学期开学前分析研判潜在的安全风险,有针对性地完善安全管理措施。 17.保教人员具有安全保护意识,做好环境、设施设备、玩具材料等方面的日常检查维护,及时消除安全隐患。发生意外时,优先保护幼儿的安全。 18.幼儿园切实把安全教育融入幼儿一日生活,帮助幼儿学习判断环境、设施设备和玩具材料可能出现的安全风险,增强安全防范意识,提高自我保护能力

专题探讨

怎样体现幼儿园保育工作的发展性评价?

当前很多幼儿园对保育工作方面的评价往往习惯于传统评价方式,即习惯于他评。比如上级主管部门组织的等级评估、检查,通过对保育工作评价标准逐条进行对照,根据幼儿园完成或达成的情况进行打分,最后根据分值做出相应评价,采用的是一种鉴定性和甄别性的评价,存在着不注重园所自我评价,通过评价帮助园所不断进步的发展性评价的价值等问题。

探讨:随着当前人们对高质量幼儿园建设的需要,幼儿园的保育评价工作越来越注重通过评价促进幼儿园保教质量的提升,注重以评价促发展,那么,在幼儿园保育评价工作中怎样才能体现发展性评价呢?

专业建议:在《幼儿园保育教育质量评估指南》中指出要注重过程性评估、强化自我评估、聚焦班级观察,可根据《指南》中的具体要求,开展相关的评价工作。

具体要求如下:

1.注重过程性评估。重点关注保育教育过程质量,关注幼儿园提升保教水平的努力程度和改进过程,严禁用直接测查幼儿能力和发展水平的方式评估幼儿园保育教育质量。

2.强化自我评估。幼儿园应建立常态化的自我评估机制,促进教职工主动参与,通过集体诊断反思自身教育行为,提出改进措施。同时,有效发挥外部评估的导向、激励作用,有针对性地引导幼儿园不断完善自我评估,改进保育教育工作。

3.聚焦班级观察。通过不少于半日的连续自然观察,了解教师与幼儿的互动情况,准确判断教师对促进幼儿学习与发展所做的努力与支持,全面、客观、真实地了解幼儿保育教育过程和质量。外部评估的班级观察采取随机抽取的方式,覆盖面不小于各年龄班级总数的三分之一。

根据以上要求，针对幼儿园保育工作评价也应该建立在幼儿园对保育工作各板块进行的常态化自我评价的基础上，结合外部评价的导向、激励作用，发挥教职员工的诊断、反思、改进的主观能动性，为幼儿园保育工作质量提升创造发展性的条件。

除了《幼儿园保育教育质量评估指南》外，对于幼儿园保育工作评价的标准，各省市区教育主管部门，也曾根据国家颁布的和幼儿园相关的政策法规，如《幼儿园工作规程》《纲要》《指南》《中小学幼儿园安全管理办法》《幼儿园管理条例》等中对幼儿园保教工作要求，结合地区特点进行幼儿园保育工作评价而制定的标准，不同地区制定的标准存在着一定的差异。下面列出上海市关于幼儿园保育工作的评价标准供参照。

在2021年《上海市幼儿园办园质量评价指南（试行稿）》中制定了幼儿园卫生保健工作质量工作的相关评价标准，将幼儿园的卫生保健工作划分为“健康检查”“消毒与防病”“膳食营养”“特殊幼儿照料”等四个子领域，每个子领域详细划分了具体的评价水平和指标，如表7–2所示。

表7–2 《上海市幼儿园办园质量评价指南（试行稿）》卫生保健部分

<table>
<tr><th colspan="5">领域四：卫生保健</th></tr>
<tr><th rowspan="2">子领域</th><th colspan="3">水平描述</th><th rowspan="2">信息来源</th></tr>
<tr><th>水平1</th><th>水平3</th><th>水平3</th></tr>
<tr><td>子领域1：健康检查</td><td>1.1 幼儿入园（所）体检率达100%，定期体检率达95%。
1.2 每学期对幼儿进行一次身高、体重的测量和视力检查，并建立档案，将相关信息及时告知家长。
1.3 新进工作人员入职体检率和定期体检率达100%，对法定不宜任职者及时妥善调整。
1.4 落实晨检与全日观察，发现异常情况及时妥善处理。
1.5 按要求做好来园幼儿委托服药工作</td><td>1.1 晨检模作规范，无遗漏。
1.2 观察室记录与班级全日观察内容一致，并有针对性。
1.3 幼儿体重、身高达标率均达50%。
1.4 为每个幼儿建立健康档案。
1.5 利用信息化管理平台做好日常卫生保健工作，建立幼儿健康电子档案</td><td>1.1 每个幼儿的健康档案齐全、正确，便于查阅、使用。
1.2 基于幼儿健康数据分析，卫生保健人员、班级保教人员和家长共同合作，提高幼儿健康水平</td><td>观察相关操作过程
保健资料
保教人员访谈
家委会成员、个别家长的访谈及问卷调查</td></tr>
</table>

续表

领域四:卫生保健				
子领域	水平描述			信息来源
	水平1	水平3	水平3	
子领域2:消毒与防病	2.1环境清洁、整齐,预防性消毒工作符合常规要求,药液由专人配置,方法正确,放置安全。 2.2做好幼儿缺勤追查和因病缺勤登记。 2.3传染病报告及时、准确,一经发现,立即严格执行消毒隔离。肠道传染病年发病率低于2%,无续发病例。 2.4食具、环境、物品表面细菌检测符合消毒卫生标准。 2.5向家长宣传季节性疾病的预防知识和方法,家园合作做好防病工作。 2.6面对重大公共事件或突发疫情等,根据需要及时准确做好幼儿、教职工健康数据采集与上报工作。 2.7储备防护物资,且定期更新	2.1把消毒隔离、安全防病等卫生保健知识列入全员培训内容,人人掌握,日常操作正确、规范。 2.2有传染病预防预案,发生传染病后,能从控制传染源、切断传播途径、保护易感人群 三个环节做好预防控制工作。 2.3重视视力、口腔、听力等五官保健,进行登记管理,较好控制视力不良、龋齿的发生率,与家长合作及时矫治,矫治率高	2.1重视幼儿生活护理,在预防呼吸道等常见疾病方面有方法和措施,取得成效。感冒、气管炎等常见病发病率低,幼儿出勤率高。 2.2对口腔、视力、听力等五官保健有发生率、矫治率、治愈率、好转率等清晰的数据记录	保健资料 幼儿园、班级的家教指导活动资料 观察后勤"三大员"的操作实况 家长及保教人员访谈
子领域3:膳食营养	3.1严格执行食品验收制度。 3.2工作人员操作符合食品卫生管理要求,生熟食品、用具等严格分开,无食品中毒事故,按规定食品留样。 3.3定期编制带量食谱,平衡膳食,公布幼儿食谱。 3.4运用信息化手段定期进行营养分析。 3.5明厨亮灶100%全覆盖,实施陪餐制度	3.1每周根据幼儿伙食经费及营养要求编制带量食谱,合理搭配,品种丰富,烹饪方式健康,符合幼儿年龄。 3.2食物定量进班,结合每月营养分析的结果,及时采取有效调整措施。 3.3向家长宣传指导幼儿营养知识,使幼儿家庭饮食结构及饮食习惯与幼儿园有较好的衔接	3.1根据不同年龄及有特殊需求的幼儿配置食谱,做到色、香、味、形俱全,符合平衡膳食的标准,确保摄入量。 3.2对幼儿健康状况、营养摄入、饮食习惯等进行专题研究,不断积累经验,研究有质量	保健资料 家长及保教人员访谈 观察相关操作过程
子领域4:特殊幼儿照料	4.1能为患病幼儿提供服务(如按正规医院处方服药,注意饮食禁忌,做好生活照料工作等)。 4.2对体弱儿、肥胖儿的管理符合规范要求,做到全覆盖	4.1为身心发育有缺陷或有特殊需要的幼儿建立个人档案,与家长共同商议拟定特殊照料的策略。 4.2对体弱儿、肥胖儿的管理有成效	4.1重视特殊幼儿的照料工作,根据实际需要配备资源教师,形成个案计划及跟踪随访矫治记录。 4.2医教结合,对需要医治或矫正的幼儿有个人档案记录,在医生指导下,采取有针对性的措施	保健资料 观察活动中对特殊幼儿的照料情况 家长及保教人员访谈

第二节 幼儿园卫生保健工作评价

一、幼儿园卫生保健工作的评价

(一)幼儿园卫生保健工作概述

幼儿园卫生保健工作是幼儿园整体工作的重要组成部分,它关系到幼儿的健康成长,也牵动着每个幼儿家长的心。幼儿园的卫生保健工作覆盖面广、内容多而细,包括清洁卫生与消毒、每日晨间检查、定期体格发育监控、定期健康检查、疾病防控、营养膳食、健康教育等,贯穿于幼儿园一日工作的全过程。幼儿园卫生保健工作的质量如何,很大程度上决定了园所保育工作的质量管理和评价情况。

(二)幼儿园卫生保健工作要求及评价要点

1.清洁卫生与消毒

幼儿园是幼儿生活学习的重要场所,要保证基本的清洁卫生,桌面、地面、墙面要保持无灰尘、无污渍,玩具、物品放置有序,并且幼儿班级教室、寝室、游戏室等均要进行定时消毒,对空气、物品、玩具等采用紫外线消毒、浸泡消毒、擦拭消毒、蒸汽消毒等方式进行消毒,班级还必须配备呕吐包,清洁及消毒用品须妥善保管,提供操作方便的消毒液配置器皿;要规划好班级一日作息时间和活动内容,确保桌面、地面、教室和寝室消毒时间达到要求。各类消毒表格的设计及填写要统一规范;消毒后应及时填写记录。保健医生要认真落实消毒工作的培训,并有过程性资料。

儿童三巾(擦手巾、洗脸巾、擦嘴巾)及清洁用具须标识清楚、间距合理(保持挂放相邻间隔距离5厘米以上),分区挂放,标识清晰。见表7-3。

表7-3　清洁卫生、消毒工作要求与评价要点

项目	工作要求	评价要点
清洁卫生	1.教室、寝室内空气常通风，保持空气清新； 2.地面、桌面、物品表面清洁，无灰尘和污痕； 3.环境清爽、无异味；玩具、图书、物品摆放整齐、规范； 4.清洁用具(拖把、扫帚、抹布)、消毒用品放置规范，标识对应、专用，符合安全要求； 5.关注儿童个人卫生习惯的养成	1.是否建立环境卫生清洁和检查制度； 2.是否定期做清洁卫生全面检查
消毒	1.清洁及消毒用品必须放置在儿童不易取拿的位置，严禁清洁及消毒药品随意乱放，严禁使用非原包装的器皿盛清洁剂； 2.消毒液配备按标准进行，杜绝出现消毒液配备浓度过高或过低的现象，含氯消毒液配制完成后需给容器加盖储存，当天配置的消毒液当天使用完，不能隔夜使用； 3.根据物品本身的材质特点选择适宜的消毒方法，采用蒸汽消毒的物品(毛巾、餐具等)在柜内摆放时不能放置过密，要预留相隔的空间；用臭氧消毒的物品(餐具、口杯等)不能重叠放置。采用消毒液擦拭、浸泡消毒的物品(门把手、玩具架、玩具、餐具等)要注意消毒液浓度的配置规范，消毒时间充足，消毒后用清水进行再次冲洗或擦拭，避免儿童与消毒液的直接接触； 4.儿童床上用品应定期进行清洗及紫外线消毒(可暴晒)； 5.配置消毒液、进行消毒时，保育员均需佩戴口罩、手套，做好个人防护，减少含氯消毒液对皮肤、呼吸道的刺激	1.是否使用符合国家标准或规定的消毒器械和消毒剂，预防性消毒方法是否符合要求； 2.是否建立消毒管理制度，每日消毒后是否及时做好消毒纪录； 3.保健医生是否备含氯测试纸，对消毒液的浓度进行抽查测试

2.健康检查

(1)入托体检

根据《托儿所幼儿园卫生保健工作规范》要求，所有儿童在入读幼儿园前必须到指定的医疗机构进行入托体检，获得《托幼园所儿童保健证》办理入园手续，未按规定体检的儿童不得入园。

有条件的园所在儿童入托前可做入园评估，如发现儿童有发育期相关神经障碍(如脑瘫、发育迟滞、癫痫、孤独症或多动症等)倾向的，要及时告知家长，提示家长带孩子到专业医疗机构进行排查。儿童入园后，如发现儿童有发育期相关神经障碍(如脑瘫、发育迟滞、癫痫、孤独症或多动症等)倾向的，必须做好个案观察、记录以及录像资料的整理，及时约谈家长，并根据家长提供的就诊结果做好家园配合，尽可能给儿童提供个性化的帮助和引导，如儿童需要接受特殊教育的，应与家长进行沟通和提供相关的信息。

(2)定期健康体检

儿童入园后，每年均应参加园所的健康体检，对身体发育情况进行监控，检查项目

包括身高、体重、血色素、口腔、视力、听力等。园所保健医生要对健康检查结果进行统计分析，并告知家长，对有龋齿、视力听力疑似异常、发育指标异常等情况的儿童，应指导家长到医院复查，根据复查结果进行个体护理、矫正情况的追踪和过程性指导，确保儿童个体的健康成长。见表7–4。

表7–4　定期健康体检工作要求与评价要点

项目	工作要求	评价要点
定期健康体检	1.园所应组织儿童参加每年定期的健康体检（或要求家长带孩子到相关医疗机构进行健康体检），做好儿童生长发育情况的监控； 2.根据儿童的年龄，以世界卫生组织《2006版儿童体格发育评价标准》，对儿童身高、体重、体格发育情况进行评价； 3.园所针对健康体检异常的儿童进行登记，并督促家长尽快带孩子到医疗机构进行治疗	1.是否组织儿童参加每年定期的健康体检； 2.对体检中发现异常的儿童是否有专门的干预措施，并有矫治情况的追踪及记录

（3）晨间检查

每日儿童于晨间来园，在进班级前应由保健医生进行晨间检查，包括一测（体温有无发热情况）、二看（脸色及精神状态是否正常，咽部是否有充血或者疱疹，皮肤是否有皮疹）、三问（询问在家是否有身体方面的异常）。经过保健医生晨间检查合格的儿童方可进入班级参加活动。见表7–5。

表7–5　晨间检查工作要求与评价要点

项目	工作要求	评价要点
晨间检查	1.严把晨检关，坚持做好"一测、二看、三问"，杜绝未经晨间检查或晨间检查异常的儿童进入班级； 2.保健医生每日应认真落实晨间检查并做好记录； 3.在特殊阶段实行动态管理，如在新冠疫情防控常态化的阶段，晨间的体温测量、手部消毒均应按要求进行	1.是否有漏查，造成交叉感染，或引发传染病在园内蔓延、流行的情况； 2.特殊阶段是否按要求执行

3.营养膳食

幼儿园应按《食品安全法》《食品安全法实施条例》《餐饮服务许可管理办法》《学校食堂与学生集体用餐卫生管理规定》等法律法规要求，办理园所食堂的《餐饮服务许可证》，由专人负责管理食堂，建立健全各项食品卫生安全管理的制度，成立由家长代表、园所教职工代表组成的膳食管理委员会，对膳食管理实行民主管理、共同监管。

食材采购应定点采购（有条件的地区，尽量选择政府推荐的集中配送公司），必须索要票证，建立食品采购和验收记录，做到食材能溯源。禁止加工腐烂变质、存在有毒风险、超过保质期的食品。制作过程严格执行《饮食业卫生"五四"制度》《食堂人员五病调离制度》等，保证生熟分开，严禁生熟器皿混用，保证食品安全，煮熟煮透。每餐食品加工完毕均分别留样，每种食品留样不少于125克，存放在留样专用冰箱中不少于48小时，温度范围应在0℃～8℃，并有专人管理留样冰箱钥匙和留样撤样记录。

送餐时要检查菜品的温度，严禁高温出堂（出堂温度控制在55℃左右）。送餐人员必须佩戴口罩和一次性手套。

保健医生要坚持执行尝餐制度，尝餐时要关注食物的色、香、味、软硬度以及出堂的温度，并做好记录。严禁出堂温度过高。出堂温度过高容易导致烫伤责任事故。

园所应根据儿童的年龄特点和一日所需营养素，制定每周儿童营养带量食谱，面向家长公开。有条件的园所可为贫血、食物过敏的儿童提供特殊膳食。每季度进行膳食营养分析，保证儿童热量、蛋白质和脂肪三大营养素的摄入量符合平衡膳食要求。见表7-6。

表7-6　营养膳食工作要求与评价要点

项目	工作要求	评价要点
营养膳食	1.园所食堂取得《餐饮服务许可证》； 2.有明确的食品安全管理制度，并认真执行； 3.建立膳食委员会，并有相关工作记录； 4.每周公布儿童带量食谱，餐点搭配丰富； 5.每季度进行膳食营养分析，结果符合《中国学龄前儿童膳食指南（2016）》； 6.食堂安全管理符合《食品安全法》，采购、验收、加工、出堂符合安全要求； 7.无食物中毒事故发生； 8.儿童营养餐与员工餐分别制定台账，禁止侵占儿童伙食费，每月儿童伙食费开支情况要面对家长公布	1.是否采购、验收发霉、变质和过期的食材与食品； 2.食堂是否加工制作四季豆、野生蘑菇、鲜黄花菜、发芽土豆等高风险食品； 3.是否制作凉拌菜等冷食类食品（水果除外）、生食类食品

4.疾病防控

（1）传染病防控及评价

传染病预防与控制是关系到全民健康和社会稳定的大事。我国将传染病分为甲类、乙类和丙类，针对不同类别的传染病采取的防控方法也有一定的区别（详见《中华人民共和国传染病防治法》）。幼儿园段儿童的身体抵抗力较弱，容易受到病毒侵袭，尤其以手足口病、诺如病毒感染性胃肠炎、水痘、流行性感冒、流行性腮腺炎、风疹等传染病为常见。传染病防控的三个重要环节是：控制传染源、切断传播途径、保护易感人群。园所要建立健全传染病防控机制，有应对处置各类传染病的预案，应急处置演练等过程性资料，一旦出现疑似病例（或已确诊传染病）后要马上启动相关预案。见表7-7。

表7-7　传染病防控工作要求与评价要点

项目	工作要求	评价要点
传染病防控	1.园所有制定切实可行的传染病管理制度和各项预案；建立了传染病防控领导小组，职责清晰、分工明确； 2.发现疑似传染病病例后应马上通知家长带孩子去正规医院就诊，并及时跟踪就诊情况，如接到确诊传染病病例信息后应立即启动相关防控预案，并上报相关健康主管部门； 3.确诊传染病儿童所在班级应立即进入检疫期，游戏场地与其他班级要进行划分，防止班级之间的传染； 4.根据相关传染病的特点，进行班级儿童生活、游戏等物品的彻底消毒（消毒浓度按传染病防控要求执行，浓度会比日常消毒浓度高）； 5.检疫期班级健康儿童观察应加强，并有针对家长的防控宣传提示； 6.患传染病的儿童居家隔离时间达到要求，禁止出现隔离时间未满就入园的情况； 7.园所的传染病防控预案能定期进行更新	1.是否有传染病管理制度和各项预案； 2.疑似传染病儿童在离园前是否在园所的隔离观察室采取有效的隔离措施； 3.患儿离开后是否对隔离观察室内的物品进行彻底消毒

案例

苗苗吐了

小赵是今年毕业的新老师，被园长安排到小班担任幼儿教师。到班级工作的第一天就遇到这样的事情：小朋友们吃完午饭准备午休，小赵老师和班主任朱老师共同帮助小朋友一个一个地脱鞋子，突然，苗苗开始呕吐，把中午的午饭全都吐到寝室的地板上了。小赵老师连忙把苗苗抱到一旁，拿起扫帚就准备清理呕吐物。可是朱老师马上制止了她，要求她马上组织孩子们离开寝室，自己转身取来了呕吐包，戴上口罩和手套，用呕吐包里的覆盖巾盖住呕吐物进行处理，并用消毒拖布进行螺旋状的地面消毒。等处理完并开窗通风30分钟后，才招呼小赵老师把孩子重新带回寝室。

小赵老师非常不理解，只是一个孩子呕吐了，为什么要让全班小朋友离开？而且这样一出一进，孩子们午休时间减少了四十多分钟。朱老师看出来小赵老师的不解，等小朋友都上床躺好后，慢慢地给小赵老师进行解答：“现在是诺如病毒高发期，虽然这个病是自限性疾病，但是非常容易在幼儿之间通过空气传播，苗苗的呕吐我们老师没有办法判断是否是因为诺如病毒感染引发的，因此要高度警惕，要按照呕吐物处置流程规范处理，这样才能最大限度地避免诺如病毒的影响。以后，不管是什么情况引发的呕吐，我们都参照诺如病毒处置，就可以尽可能保证班级小朋友的健康。关于午休时间推迟了四十分钟左右，这是需要老师灵活看待的，毕竟疾病预防和安全防护，减少可能的传染是应该放在保育工作首位的。可以请示园长，告知具体情况，请小朋友推迟十五分钟左右起床，然后请家长晚上稍微早点请小朋友休息。”

小赵老师听了，连连点头，因为从朱老师这一系列的操作和说明中，她感受到了保育工作的重要性，尤其是自己作为新老师要掌握的保育知识和技能还很多。事后，在每周幼儿园保育工作小结时，园长问老师：“如何评价朱老师的处置安排？”老师们和保健医生都表扬朱老师有高度的疾病防控意识，能切实按规定在幼儿呕吐情况发生后进行标准操作，把班级幼儿的健康放在工作的首位。《纲要》在教育评价部分指出：“评价的过程，是教师运用专业知识审视教育实践，发现、分析、研究、解决问题的过程，也是其自我成长的重要途径。”小赵老师也告诉自己：一定要向朱老师学习，成为一个熟悉保育工作标准的优秀幼儿教师。

（2）常见病防控及评价

园所应通过健康教育普及卫生知识，培养儿童良好的卫生习惯；提供合理平衡膳食；加强体格锻炼，增强儿童体质，提高对疾病的抵抗能力。加强日常健康观察和保育护理工作。在园儿童发生常见性疾病如肺炎、支气管炎、上呼吸道感染、急性胃肠炎等疾病时须进行登记管理，应控制在10%以内。见表7-8。

表7-8　常见病防控工作要求与评价要点

项目	工作要求	评价要点
常见病防控	1.定期开展儿童眼、耳、口腔保健，发现视力低常、听力异常、龋齿等问题进行登记管理，督促家长及时带患病儿童到医疗卫生机构进行诊断及矫治； 2.对贫血、营养不良、肥胖等营养性疾病儿童进行登记管理，对中重度贫血和营养不良儿童进行专案管理，督促家长及时带患病儿童进行治疗和复诊； 3.对先心病、哮喘、癫痫等疾病儿童及对有药物过敏史的儿童进行登记，加强日常健康观察和保育护理工作； 4.重视儿童心理行为保健，开展儿童心理卫生知识的宣传教育，发现心理行为问题的儿童及时告知家长到医疗保健机构进行诊疗； 5.儿童营养性疾病及特殊疾病管理应建立个案管理档案做好分类登记管理。建立儿童定期视力、听力、口腔检查制度及检查分析。缺勤登记：班级每日检查本班儿童出勤情况并有儿童出勤登记表，有缺勤者及时联系家长明确原因，如儿童为患病缺勤要尽快告知保健室； 6.及时追踪：卫生保健人员对因病缺勤儿童进行追踪，及时了解病情变化； 7.记录规范：如，儿童有无发热、皮疹、口腔疱疹、腹泻或其他症状，是否已到医院就诊、诊断为何疾病，并有因病缺勤追踪记录； 8.做好儿童晨、午、晚检及全日观察并有记录； 9.指导检查助理老师及生活护理阿姨日常清洁消毒工作及记录； 10.对体弱易患病儿童的日常护理及个案管理档案	是否建立常见病防控的措施及过程性资料

学习研究

幼儿园如何开展疫情防控和相关保育评价工作

在教育部颁布的《幼儿园保育教育质量评估指南》"A2.保育与安全"部分的关键指标"B4.卫生保健"中的考查要点第10条为"教职工具有传染病防控常识,认真落实传染病报告制度,具备快速应对和防控处置能力"。疫情的防控工作不仅仅是幼儿园传染病防控的重点,也是全国各地市高度关注的工作,所以各省、市、区行政部门和卫健委都出台了很多具有指导性和实际操作性的防控指南、防控技术方案。在整个防控过程中,幼儿园从防控预案、相关制度的制定到常态化的落实、应急处置,都离不开所有教职员工共同的努力,在其间每个人如果对疫情防控的常识掌握得非常扎实,出现问题能根据岗位职责进行快速反应并正确处置,就能确保防控效果达到预期。

怎样将疫情防控要求与幼儿园的卫生保健工作相结合,是幼儿园保育工作的重要环节。幼儿园如何做好新冠疫情的防控?如果幼儿园出现了疑似疫情感染者或者密切接触者应该怎样处置?请你通过网络收集相关的方案和经验,并尝试进行相关的保育工作评价,这样,就能对幼儿园传染病防控工作形成较为全面的认识。

5.意外伤害处置

由于在园儿童年纪较小,天性活泼好奇,但运动的协调性和自我保护意识相对较弱,容易造成意外损伤。当儿童或员工在园发生意外伤害时,必须在第一时间给予正确的急救处置,园领导要熟练掌握急救流程组织,保健医生要掌握急救方法,并能做好伤害事故处置后的治疗与跟进工作,班级教师和保育员要知道常见意外伤害的处置方法。相关工作的处置流程和上报、善后等均是对园所保育工作情况的一种体现,所以,也包含在幼儿园保育工作评价中。见表7–9。

表7-9　意外伤害处置工作要求与评价要点

项目	工作要求	评价要点
意外伤害处置	1.幼儿园房屋、场地、家具、教玩具、生活设施应当符合国家相关安全标准和规定，定期对园所房屋及场地不安全因素清除。大型玩具定期检修，发现隐患时及时停止使用，儿童活动时老师在旁监控。经常检修电器、电线是否漏电。室内电器插座安装在1.7米以上。不允许儿童进入成人工作区域，如食堂、洗衣房、配电房等； 2.班级饮水机调至规定温度，不给儿童提供体积小、锐利的玩具及物品，避免误吞。妥善保管尖锐的物品与消毒药品，放置于儿童无法触碰的区域； 3.定期对全园教职员工进行儿童意外损伤相关知识及急救技能培训及考核，做到人人掌握处置知识流程，如有意外伤害发生能第一时间妥善处置儿童，减少伤害； 4.幼儿园需建立健全各类伤害事故应急预案。幼儿园各项活动应当以儿童安全为前提，建立定期安全排查制度，落实预防儿童伤害事故的各项措施。定期进行意外损伤演练； 5.报告属地管辖妇幼保健院，并根据事故情况填写《托幼园所儿童伤害登记表》	1.幼儿园、班级设施设备是否符合安全标准； 2.是否建立各类伤害事故应急预案； 3.意外伤害处置是否规范

6.健康教育

健康教育是园所有计划、有系统地定期向幼儿、家长、教职员工开展健康知识和安全教育，传播健康理念，提高成人及儿童的健康意识和健康水平的各种活动的总称。卫生保健人员应定期进行业务学习，提高自身的专业能力和指导教师开展健康教育的水平。班级教师应注意培养幼儿良好的生活卫生习惯、运动习惯，及时制止幼儿异常、危险和不安全的行为。园所制订有年度健康教育工作计划，定期组织对教职员工和儿童的健康教育活动，有计划、记录及总结，做好档案留存。见表7-10。

表7-10　健康教育工作要求与评价要点

项目	工作要求	评价要点
健康教育	1.园所应制订年度健康教育工作计划，实施过程和总结均有记录； 2.能根据季节特点、疾病流行特点进行面对儿童、家长和员工的健康教育活动，并有相应的记录； 3.园所有专门的宣传栏、家长微信群或QQ群，定期进行健康知识的宣传； 4.每学期均有通过家长学校、家长会等形式对家长进行专门的健康知识讲座或培训； 5.健康教育内容涵盖儿童保健知识、儿童膳食营养、疾病预防、心理健康知识、儿童安全及良好行为习惯养成等，内容全面； 6.园所有相关健康教育的图书、杂志，班级有适合儿童阅读的健康教育类图书	1.是否制定年度健康教育工作计划，实施过程和总结均有记录； 2.健康教育形式是否多样

7. 计划免疫管理

园所应建立儿童预防接种证查验制度，保健医生应有专人对全园儿童的计划免疫预防接种情况进行管理，定期清理儿童适龄的国家免疫规划受种疫苗接种情况，提醒家长定期带孩子进行疫苗接种。见表7-11。

表7-11　计划免疫管理工作要求与评价要点

项目	工作要求	评价要点
计划免疫管理	1. 入园前对儿童预防接种情况进行查验，如有未按国家免疫规划进行接种的儿童，要督促家长到规定接种单位进行补种； 2. 有专人负责儿童预防接种证查验工作的管理； 3. 定期查验儿童预防接种证的接种登记情况； 4. 及时配合疫苗接种单位向在园儿童家长发放"疫苗接种告知书"，提醒家长在应接种的时段带孩子进行疫苗接种	是否进行预防接种证的查验

第三节 幼儿园一日生活活动中的保育工作评价

幼儿园一日生活活动包括入园、晨间活动、进餐、如厕、盥洗、喝水、午休、离园等环节的组织与安全管理。在“幼儿园一日活动皆教育”的理念下，生活活动作为一日活动的重要组成部分，凸显了保育工作的重要性。对生活环节中的教师、保育员和幼儿行为进行观察，是幼儿园一日生活活动中保育工作评价的重要方式。教师和保育员生活活动组织是否有序、幼儿在每个环节中的习惯养成均是评价的重点。

（一）入园及晨间活动

入园及晨间活动是幼儿园一日活动的第一个环节。在入园环节，园所保健医生要负责对儿童进行晨间健康情况检查，班级老师要接待每一位来园的儿童，并与家长进行简单的交流。儿童进入班级后就可以参加晨间活动了。不同的地域和园所在晨间活动组织上有不同的安排，但大多数要提供早餐的园所，是在早餐后请儿童自选活动区角或游戏作为晨间活动内容。下面的案例说明了老师在入园时对孩子认真观察的重要性，这也是及时确保幼儿身体健康的必要环节。保健医生和班级教师对晨检的重视程度是评价幼儿园、班级保育质量的重要内容。

案例

脆弱的颈椎

某日入园时，张老师发现小宝的头稍微往右边偏，于是问小宝：“脖子疼吗？”小宝说：“有一点点疼。”张老师进一步了解到：早上起床时小宝在床上蹦跳，被放在床头高处隔板架上的玩具掉下来砸到了脖子。张老师马上带小宝到保健室做进一步检查，这时小宝的脖子往右侧偏得更明显了。保健医生怀疑小宝的颈椎受外力影响后有异常，马上通知家长接小宝到骨科医院检查，拍片显示小宝颈椎寰枢关节半脱位！医生告诉家长：“如果发现不及时，延误了治疗，严重的可能引起高位截瘫！由于送诊及时，只要注意配合治疗和护理，小宝将恢复得比较好，不会对以后造成影响”。家长由衷地感谢幼儿园及时发现孩子的异常，避免了出现更严重的后果。园长也特别表扬了张老师的细致和细心。

1.保育工作要求

教师和保育员在到岗后要准备好晨间活动环节幼儿有可能选择的区角游戏场地，以及需要的操作材料、玩具。与此同时，保育员进行进餐准备（桌面消毒、餐具、毛巾、漱口水）。入园环节，教师应注意观察儿童的情绪、脸部有无伤痕，检查着装是否适宜、书包和衣服包内是否装有存在安全隐患的物品（尖锐、细小的玩具或材料、食品或者药品），有类似物品要马上交给家长或放置到专门的地方妥善保管；观察幼儿的行为和动作有无异常，如有须立即知会保健医生，并及时联系家长。对于需要特别关注的幼儿，应进行记录，以免遗漏。

2.安全关注要点

晨间活动中环境的创设、区域的划分要考虑场地安全和材料的安全，既便于进餐环节的组织，又不妨碍游戏的开展。全体幼儿应在教师的视线范围之内，教师需关注全体幼儿活动情况，并及时发现制止不安全的行为。

3.评价要点（见表7-12）

表7-12 入园环节保育工作要求与评价要点

项目	工作要求	评价要点
入园	1.教师和保育员分工协作，站位合理，能观察到全体来园幼儿； 2.鼓励幼儿保持良好的情绪进入一日活动中，对幼儿情绪有观察，教师接待幼儿入园时打招呼热情有礼貌； 3.对幼儿面部、动作姿态有观察； 4.能检查幼儿书包和衣服口袋中是否有存在安全隐患的物品，如有能妥善处理； 5.教师与家长的交流热情而简短，对个别幼儿的进餐或晨间活动情况有观察及指导	1.对个别情绪低落的幼儿是否进行及时安抚和疏导； 2.是否对儿童进行安全检查
晨间活动	1.提供的晨间活动场地和材料符合幼儿年龄发展水平，幼儿乐意参与晨间活动； 2.能提前检查晨间活动场地和材料安全； 3.要同时兼顾正在进餐的幼儿和进餐完毕参与晨间活动的幼儿； 4.对幼儿有习惯和规则方面的提示和要求	是否按要求组织晨间活动

（二）如厕

幼儿园一日生活活动中的每个环节都有其自身的价值，如厕环节也有其目的和要求。教师、保育员和幼儿在此环节的互动情况及习惯，是如厕环节保育工作评价的重点。

案例

地板上的小便

岳老师发现男幼儿(小班)每次如厕都会把小便洒在地板上。经过保育员的观察,发现有五六个小朋友容易出现这种情况。岳老师仔细观察后发现原因是解便时这些男孩子总会边解便边聊天。于是,岳老师给每个小便器中间贴了一张昆虫小贴纸,告诉大家:“解小便时要对准这只小虫子,看看它会不会被你的小便冲走了哦!”从此,小便再也没有洒在外面的了。保育员老师由衷地感慨:“岳老师真有办法,既没有为难孩子,还让孩子能专心地解小便,真厉害!”岳老师在指导男幼儿解决如厕中出现的问题时,巧妙地采用了“辅助物——昆虫小贴纸做游戏”的思路,请小朋友用“游戏”的方式将小便对准小昆虫贴纸,引导孩子们集中注意力解小便,帮助幼儿建立了良好的如厕习惯。以游戏的形式帮助幼儿建立良好的如厕习惯,可以看出班级教师对于幼儿保育护理的重视,也可以评价班级护理工作的有效性。

1.保育工作要求

教师应有序组织男生、女生分性别、分组依次如厕。保育员要观察幼儿大小便情况并做好大便记录,发现异常及时与保健室人员和家长联系。幼儿解便后,教师和保育员要提醒幼儿将坐便器盖上再冲水。

幼儿使用坐便器大便后应立即对坐便器进行消毒,消毒液浸泡时间达到30分钟,用清水冲洗擦拭后再让孩子使用。

2.安全关注要点

必须保证盥洗室内有一名教师或保育员关注幼儿如厕的安全,提醒幼儿不推挤、不打闹,有序等候。保育员随时关注盥洗室的地面和台面是否湿滑,如有水渍应及时处理,防止幼儿滑倒。见表7-13。

表7-13　如厕环节保育工作要求与评价要点

项目	工作要求	评价要点
如厕	1.教师和保育员分工协作,站位合理,能观察到全体幼儿; 2.观察幼儿大小便情况,有异常及时告知保健医生和家长; 3.检查盥洗室的地面是否湿滑或有其他安全隐患; 4.幼儿解便后,教师和保育员应引导幼儿养成随手关闭马桶盖,再冲马桶和便后洗手的好习惯	1.是否地面湿滑; 2.组织是否有序; 3.对儿童是否有安全和习惯的提示

（三）盥洗

幼儿园教育不仅仅体现在教育活动中，在一日生活活动中的盥洗环节是幼儿园一个过渡性的生活环节，在这个环节主要包括洗手、漱口、洗脸、梳头四个板块。盥洗环节的组织是否有序、幼儿盥洗习惯及自主服务的意识培养情况，都是幼儿园保育工作评价需要涉及的方面。

案例

洗手风波

近期，郭老师发现有的小朋友洗手的速度很慢。这天豆豆边洗手边玩水，玩得很开心，旁边的小朋友也过去效仿，最后一群孩子都玩了起来。这时郭老师走过去说："别的小朋友都去吃水果了。"小朋友这才依依不舍地去擦手了。喜欢玩水是孩子的天性，尤其是小班的幼儿。此外，小班幼儿缺乏对卫生、细菌、疾病等相关概念的认识，不知道洗手对于疾病预防的重要性，导致他们洗手时不认真或者出现玩水的情况。郭老师为了让幼儿学习并掌握洗手的正确方法，创编了儿歌"洗手不玩水，排队我不挤，一个跟着一个洗"。通过儿歌搭配相应的动作，把枯燥的洗手变成了有趣的游戏，让洗手环节趣味化、游戏化，在反复巩固中，班级幼儿洗手玩水的问题改善了不少。保持地面的干爽，幼儿不玩水，用正确的方法洗手等，是评价班级盥洗环节常规的评价内容。

1.保育工作要求

督促幼儿坚持用七步洗手法（内、外、夹、弓、大、立、腕）洗手。洗手后引导幼儿找到自己有标志的毛巾擦手，用正确的方法擦手。指导幼儿擦手结束后整理衣袖。

保教人员应提醒、帮助幼儿挽袖子，督促幼儿不玩水、节约用水，保持地面干燥。教师提醒幼儿餐后主动清洁口腔——漱口（必要时用淡盐水）。

2.安全关注要点

教师提醒幼儿有序进入盥洗室内洗手或漱口，保育员督促幼儿不在室内奔跑、打闹，避免磕碰伤。保教人员随时检查盥洗室内是否有积水，及时处理，避免幼儿滑倒。给幼儿挽袖子时教师和保育员避免拉扯孩子的肘部，需要站在孩子身后向后帮助挽衣袖，防止脱臼（桡骨小头半脱位）。幼儿盥洗完毕后保育员要指导幼儿整理衣袖，防止内衣袖上卷，同时检查幼儿的衣袖口是否打湿。冬季使用热水洗手时，注意调节好水温，避免幼儿烫伤。见表7-14。

表7-14　盥洗环节保育工作要求与评价要点

项目	工作要求	评价要点
盥洗	1.秋冬季提醒幼儿挽袖子(婴小班幼儿教师可以帮助),引导幼儿坚持使用七步洗手法洗手; 2.随时保持盥洗室内地面及洗手台面的干燥; 3.教师和保育员的站位合理,分工明确,保证所有幼儿均在老师的视线范围内; 4.帮助幼儿挽袖子方法正确; 5.冬季盥洗结束后提醒幼儿将袖子放下,避免着凉,必要时提醒幼儿擦"宝宝霜"; 6.可以指导中大班的女孩子学习自己梳头发,每个人一把梳子,要做好标记,不混用	1.是否提示儿童用七步洗手法洗手; 2.盥洗环节组织是否有序

(四)饮水

幼儿在园饮水是以集体饮水和"随渴随喝"的个别饮水相结合,保证幼儿在园期间的饮水量充足是此生活活动环节的目标,同时也应帮助幼儿养成良好的主动喝水、正确端杯的习惯。是否有主动喝水的意识,是否能够喝足量的水,意味着幼儿的基本生理需求是否得到满足。因此,幼儿在喝水环节中呈现出的状态成为衡量班级保育工作质量的显性指标之一。结合幼儿园喝水活动的具体实践情况和幼儿的年龄特点,保育工作与安全关注要点如下。

1.保育工作要求

班级教师和保育员都要了解班级每个幼儿的生活习惯与特点,对培养幼儿养成良好的饮水习惯有充足的耐心。为了保证幼儿每天的饮水量,幼儿园上午、下午各有两次或三次集体喝水的时间,其余时间随渴随喝。保育员应提前为幼儿准备充足的温热水和已消毒过的水杯。

教师引导幼儿喝水时根据标识有序拿自己的杯子(或水壶),养成正确使用杯子喝水的习惯。保育员应密切观察幼儿的饮水量,保证幼儿每日有足够的饮水量,可提醒幼儿知道口渴自己主动喝水,并且提醒有特殊需要的幼儿多饮水。

2.安全关注要点

激烈运动后不宜马上饮水,应提醒幼儿休息片刻再喝水。保育员喝水前应检查水温应适度,以免烫伤。教师提醒幼儿在喝水时不打闹、不乱跑,坐在自己的座位上喝水,以防呛水。

保育员随时关注地面是否洒有水,有水时及时处理,以免幼儿滑倒。见表7-15。

表7-15　饮水环节保育工作要求与评价要点

项目	工作要求	评价要点
饮水	1.教师和保育员的分工及站位明确，能关注到所有幼儿； 2.在饮水前教师应提示喝水的要求； 3.应对个别不爱喝水的幼儿进行鼓励，尤其是晨间检查咽部有充血情况的幼儿，应提醒增加饮水量	1.对幼儿饮水习惯是否有提示； 2.幼儿是否有主动喝水的意识

案例

尿尿的颜色

刘老师观察到每次的喝水环节，小朋友自己倒水喝时，几乎都只倒一点点，要老师提醒之后才会多倒一些水。一次在小朋友如厕时，刘老师听到有小朋友在讨论"你的尿怎么是黄色的？我的尿怎么是白色的呢？"于是刘老师从小朋友的疑惑开始，请小朋友进行讨论，并进行耐心的讲解："尿液是人们身体的信号灯，如果尿液是清亮的透明色的，就说明小朋友喝的水不多也不少；如果是黄色的，就证明小朋友的水喝得太少了，身体已经缺水了。"刘老师还利用集体活动"小水滴旅行记"，让幼儿知道喝水对于人的身体的一系列好处。现在刘老师班的小朋友已经从被动饮水变主动饮水的"喝水小能手"了。教师应该根据幼儿的个体差异，通过多种方法鼓励幼儿主动喝水，这是在饮水环节中很重要的工作内容和评价指标。

(五)进餐

幼儿园进餐环节包括早餐、午餐和晚餐(部分幼儿园只提供午餐、晚餐两餐)，其组织和保育要求是一致的。幼儿园在上午、下午进餐环节之间一般会安排点心，因为幼儿胃容量有限，在两餐间隔的3.5～4小时之间给幼儿提供一次点心，有利于幼儿保持身体能量供给，同时也是保证营养摄入的手段之一。进餐环节中幼儿的习惯养成、教师和保育员指导进餐的方法及效果也是幼儿园保育工作评价的内容之一。

案例

好好吃饭

在进餐时，豆豆总有很多问题：坐姿不正确影响旁边的小朋友，甚至让自己摔倒；不注意卫生，用手抓饭吃，桌上、手上、衣服上全是饭菜。班级老师一起分析，豆豆之所以有这样的行为，一方面是因为家长在家要求不严，不重视孩子坐姿的培养，另一方面是因为孩子进餐习惯的不规范，喜欢在进餐中讲话，开小差。加之孩子入园不久，有些习惯还未养成。于是老师引导豆豆每次站、坐、走的正确姿势，以鼓励的方法提醒她，并在进餐前单独与她交流，让豆豆明白进餐时要保持良好的坐姿、手握勺子一口一口进餐。经常与家长沟通、交流，请家长在家对孩子的坐姿进行严格的要求，对于孩子的进步要给予及时的肯定。班级还进行了相关的教育活动，如“好吃的饭菜”“我最乖”等，让豆豆从故事中懂得吃饭的礼仪，逐渐养成良好的进餐习惯。幼儿是否建立良好的进餐习惯是评价班级教师组织进餐是否有序的重要内容。

1.保育工作要求

餐前半小时不做剧烈活动，开展安静的餐前活动，介绍食谱，调动幼儿食欲。保育员负责做好餐前准备及餐前消毒工作（消毒桌面、准备餐具）。教师负责组织幼儿餐前安静活动，中大班可以引导值日生摆放餐具，协助开餐准备。

进餐时，让孩子保持愉悦心情进餐，养成良好的用餐习惯是此环节的工作重点。教师指导幼儿进餐，不做与进餐无关的事情，保育员根据幼儿的饭量，少盛多添。观察幼儿进餐中的行为习惯（坐姿及正确端碗握勺握筷的姿势、专注度等），进行正确指导。

进餐后，帮助幼儿消化，尤其是午餐后应组织幼儿散步，防止午休时食物反流，导致窒息。

2.安全关注要点

进餐前注意检查餐点的温度是否正常，并将餐盒放在安全的地方，以免烫伤幼儿。注意食谱中是否有个别孩子过敏的食物，如有应进行提示避免食用，并给孩子准备特殊营养餐。

指导幼儿进餐时保持桌面干净、地面干爽，提示幼儿安静进餐、细嚼慢咽，不大声说笑。指导幼儿坐姿，不翘椅子，正确使用餐具。不催促幼儿进食，给婴小班幼儿喂饭时方法正确，切忌大口喂饭，如有幼儿咳嗽须请幼儿暂停进餐。

进餐后观察盥洗室的地面是否湿滑，教师观察幼儿活动，提醒幼儿安静活动。见表7-16。

表7-16　进餐环节组织工作要求与评价要点

项目	工作要求	评价要点
进餐前	1. 餐前活动组织活动量较小的游戏和对食谱的介绍，保证幼儿有愉悦的心情进餐； 2. 为幼儿营造适宜的进餐环境（夏季和冬季酌情使用空调）； 3. 做好组织幼儿分组盥洗、餐桌消毒和分餐等工作	1. 餐食的温度是否合适； 2. 餐前活动组织是否有序； 3. 对有过敏史的幼儿能提供特殊营养餐
进餐时	1. 教师和保育员分工协作，站位合理，保证所有幼儿在老师的视线范围内； 2. 冬季分餐时注意保温（及时盖好盖子和用加热板保温）； 3. 提示进餐习惯，防止发生气管异物等意外发生，有异常现象及时处理； 4. 照顾幼儿进餐，观察进食量，掌握少盛多添的原则。对不能独立进餐的幼儿给予适当的帮助和鼓励	1. 进餐组织是否有序； 2. 是否关注幼儿进餐习惯，做好个别提示
进餐后	1. 餐后提醒幼儿将碗里的残羹集中倒入"厨余垃圾桶"内； 2. 有序组织进餐结束的幼儿漱口、擦嘴； 3. 组织幼儿进行安静活动，帮助消化； 4. 冬季幼儿擦嘴后，可擦涂"宝宝霜"	是否有序组织餐后安静活动

（六）午休

幼儿中午在幼儿园午睡的环节简称"午休"。此环节的保育工作包括睡眠室环境的营造、幼儿穿脱衣物及整理、盖被子与安全巡视、体温和出汗情况监控、个体幼儿护理照顾等，也是幼儿园保育工作评价的内容。

案例

嘴巴里的小钢珠

某天午睡时间中班发生了一件让人心惊胆战的事。乐乐突然对詹老师说："老师，米米嘴巴里有东西。"只见米米快速地把嘴里的东西吐在手里，露出惊慌的神情。詹老师一看，米米手里居然是一颗圆圆的钢珠。原来他睡不着，就将家里带来的钢珠放进嘴巴里玩。虽然这次"吃钢珠"事件是虚惊一场，但是也给老师敲响了警钟。詹老师认为在日常生活中要加强幼儿的安全意识培养，例如，对于中班年龄段的孩子，可以用一些事例、故事让幼儿讨论"如何避免危险？"午睡前检查幼儿的携带物、女孩子取发绳发夹等。此外，还应该向家长宣讲：避免孩子带细小颗粒状的玩具等危险物品入园，协助幼儿园做好幼儿的安全工作。午睡前的准备工作，如检查携带物是保证幼儿在园安全的重要方法，也可以评价出教师对午睡环节护理是否用心。

1.保育工作要求

午休前保育员提前营造光线和温度适宜的午休环境(夏季和冬季必要时提前开空调,冬季提前开被)。睡前教师需要稳定幼儿情绪,特别是个别情绪不好的幼儿。教师指导或帮助幼儿有序脱衣裤(特别是秋冬季先脱裤子,将腿盖好再脱衣服进行“整理打包”)避免幼儿感冒。

午休时教师提醒全体幼儿保持安静,睡姿正确(身体向右侧身睡,或者平躺,不趴着睡觉,不蒙头睡觉);幼儿午休时教师需随时巡视,仔细观察幼儿动态、关注幼儿情绪、睡姿、盖被、解便频次、不良习惯等,做好个别照顾,对入睡困难的幼儿应进行抚摸劝慰,让幼儿体会教师的爱和要求。教师做好幼儿体温的监测和记录(对身体出现异常,如发烧的幼儿要及时汇报)。冬季有幼儿需要中途解便时,教师需帮助幼儿披上披风并穿上拖鞋。

午休后幼儿起床前教师应提前开灯、拉开窗帘,关注个别幼儿,按“先醒先穿,体弱优先”的原则,给予适宜的帮助和指导。幼儿全部从寝室出去后保育员对寝室进行整理及开窗通风。

2.安全关注要点

午休前,保育员提前检查寝室地面或床上是否有异物(特别是一些有可能伤害儿童的物品,如别针、发夹等)。教师检查所有幼儿嘴里是否有食物残渣、身上或手上是否带有玩具或小零件进入寝室,防止安全事故的发生。

午休时,教师应帮助幼儿纠正不良的睡姿,特别注意幼儿不能蒙头睡。遇到发烧(惊厥)或呕吐的情况发生时,教师须保持冷静,安抚幼儿情绪(情况紧急时需要采用正确的急救方法)并及时打电话给领导和保健医生汇报。

午休后,教师和保育员应观察每个幼儿的精神状态及身体情况是否有异常。见表7-17。

表7-17　午休环节组织工作要求与评价要点

项目	工作要求	评价要点
午休前	1.教师和保育员的站位合理,分工明确,保证寝室和盥洗室内的幼儿都在视线范围内; 2.检查、帮助女孩子取发圈和发夹,防止幼儿带异物到床上造成安全隐患; 3.脱衣服时,提醒幼儿不站在床上(秋冬季引导幼儿脱衣服的顺序); 4.将入睡困难的幼儿和特殊幼儿安排在离教师近的床位,方便照顾	1.是否营造了温馨的午休环境; 2.是否关注幼儿安全

续表

项目	工作要求	评价要点
午休时	1.观察幼儿午睡情况,做到“望、闻、问”,保证安全; 2.教师不得随意离开寝室,不能占用幼儿床位睡觉和坐在幼儿床上; 3.中途唤醒爱遗尿的幼儿起来排尿,然后安抚其继续入睡; 4.秋冬季对待中途起来如厕的幼儿一定要披上披风或外套,避免着凉; 5.及时检查幼儿是否有异常情况发生,天冷时特别注意为其盖好被子,夏天为多汗的幼儿擦掉头上、颈部的汗	是否关注所有幼儿的午睡情况
午休后	1.穿衣服时幼儿应先坐在被窝里穿上衣,再起身穿裤子,防止感冒; 2.有秩序地组织幼儿起床,教师应检查幼儿的衣服、鞋袜,避免穿反鞋、穿错衣裤、不穿袜子的情况; 3.起床后要做好午检,摸幼儿额头试温,观察精神状态和检查身体情况,根据当日气温增减衣服,及时组织幼儿分批如厕、盥洗	组织起床是否安全有序

(七)离园

离园环节是幼儿在园一日生活活动的最后一个环节,是幼儿在幼儿园度过一天后,家长即将到园接其回家前的整理环节,包括仪容仪表整理、个人物品整理、接送手续办理和安全提示等。由于不同年龄段的幼儿身心发展的特点不同,入园时间长短不同,在离园这个环节的表现和需求就不尽相同。教师和保育员要根据实际情况,适时地组织有目的、有计划的活动,抓住离园环节活动中有价值的教育契机,实施有效的指导和帮助,以满足幼儿各方面的需要,使幼儿的离园状态既兴奋愉悦又稳定放松,离园活动组织既充实有趣又轻松自然。

1.保育工作要求

离园前,稳定幼儿情绪,安排适宜的离园前活动。教师组织幼儿检查、收拾好自己的书包及物品有无遗漏,检查幼儿的服装穿戴(婴小班幼儿需要保育员帮忙整理衣裤)。

离园时,教师应确认接送家长的身份,凭本人接送卡接孩子。离园时教师做好个别特殊幼儿的交接。如:生病幼儿和当天表现异样的幼儿,应向家长详述幼儿在园的生活及活动情况,提出希望得到家长配合与支持的要求和具体方法。

待所有幼儿离园后,保育员整理教室和寝室内务。教师和保育员下班前,要检查水电情况、关好门窗后方可离园。

2.安全关注要点

教师应提醒幼儿上下楼梯靠右行、注意安全,不在楼内乱跑、逗留。保育员要密切配合,避免幼儿活动无序、走失。教师应严格确认接幼儿的家长,是否使用了本人的接送卡,将幼儿亲手交予家长,防止幼儿错接、走失。非日常接送人来接孩子,必须经幼儿父母确认并且履行证件查验、登记签字后方可放行。见表7-18。

表7-18 离园环节保育工作要求与评价要点

项目	工作要求	评价要点
离园	1.有序地组织幼儿整理仪容仪表,婴小班幼儿需要老师帮助,秋冬季节要注意随时帮助幼儿扎裤子,避免腹部着凉; 2.接待家长时要兼顾未离园幼儿的活动,及时帮助幼儿解决小冲突和小问题; 3.向部分家长交流幼儿在园的一日活动情况,并提出指导性建议,家园配合一致对幼儿进行教育; 4.确保安全离园,无错接、漏接幼儿的情况发生	离园环节组织是否安全

案例

离园风波

刚参加工作不久的刘老师第一次带小班。一天离园环节,大部分幼儿已被家长接走了,剩下的孩子刘老师安排他们玩桌面游戏。这时妈妈来接贝贝了,妈妈边询问贝贝今天的情况边帮她扎衣服,其他家长来接孩子也看到了这一幕。原来刘老师在整理衣服后,有的小朋友又去解便了,之后刘老师就忘了帮他们扎衣服。通过这件事,刘老师便加强了在离园环节中对幼儿的护理工作:只要孩子活动或上厕所后,刘老师都记着要检查他们衣裤,并帮他们整理好,边帮边说“裤腰提高高,小肚子藏起来”;离园前五分钟,坚持检查一次,避免疏漏。自此,班级里就再也没有出现过上述尴尬的现象了。看着家长接走衣着整齐的孩子,眼里露出的放心和信任,刘老师也感到高兴,因为自己在工作中做到了“有心”。离园活动是一日活动的结束,如果做好了这项工作,会为幼儿一天的生活画上圆满的句号,也从侧面反映了一个幼儿教师的责任心,对班级的保育工作起到了画龙点睛的作用。离园前的整理能够向家长直观地展示该班级护理工作的成果,也是家长评判班级幼儿护理工作的重要内容。

第四节　幼儿园运动活动中的保育工作评价

一、幼儿园运动活动保育工作重点、安全关注要点及评价标准

《纲要》健康领域的目标提出“喜欢参加体育活动，动作协调、灵活”。在内容与要求中提出“开展丰富多彩的户外游戏和体育活动，培养幼儿参加体育活动的兴趣和习惯，增强体质，提高对环境的适应能力。用幼儿感兴趣的方式发展基本动作，提高动作的协调性、灵活性。在体育活动中，培养幼儿坚强、勇敢、不怕困难的意志品质和主动、乐观、合作的态度”。在指导要点中提出：“健康领域的活动要充分尊重幼儿生长发育的规律，严禁以任何名义进行有损幼儿健康的比赛、表演或训练等。培养幼儿对体育活动的兴趣是幼儿园体育的重要目标，要根据幼儿的特点组织生动有趣、形式多样的体育活动，吸引幼儿主动参与。”幼儿园要因地制宜地创设各种有趣的运动环境，开展形式多样、富有野趣的活动，鼓励并指导儿童积极参与各种运动，促进幼儿肢体的均衡发展和基本运动能力的全面发展，这是充分保证儿童全面健康发展和对生命尊重的体现之一。朱灿文在《浅谈幼儿户外体育活动中的保健卫生》一文中提出：“在体育活动中，要关注幼儿的生理负荷和心理负荷，既要从活动量、幼儿的自我保护能力和活动的营养等方面对幼儿的生理进行保育，又要从幼儿的兴趣、已有水平和成功体验等方面注意对幼儿的心理卫生保健。”①

幼儿园的运动活动包括早操和户外体育活动，每日运动时间要不少于1小时。活动时要注意高密度、低强度，每次时间不宜过长，并根据幼儿的个体差异调节活动内容与活动量。教师和保育员对儿童活动时的场地、设施、器械、服饰，以及擦汗、喝水、心理表现等都要予以关注，提高儿童的自我保护能力，保证运动活动能安全有效地开展。

（一）早操活动

早操是指在幼儿园早晨开展的、以幼儿基本体操的练习为主要特征的一种幼儿园体育活动的组织形式。早晨的空气较清新、凉爽，幼儿在户外做体操，进行一定的身体锻炼，能有效地提高幼儿机体的适应能力和抵抗疾病的能力，增强幼儿的体质，振奋幼儿的精神，并能逐步培养幼儿积极锻炼身体的良好习惯。

---

①朱灿文.浅谈幼儿户外体育活动中的保健卫生[J].教育导刊（幼儿教育），2000（S4）：23-24.

案例

咦，怎么少了一个孩子？

新学期开始了，李老师接了一个新的小班，因为孩子的分离焦虑，班上不时会有孩子“跑了”的情况出现。做早操前，李老师按照常规要求对班上的幼儿进行人数的清点，告知班上的保育员老师，然后安全地带到户外参加早操活动。在早操活动中也有好几个孩子因为“想妈妈”闹情绪不想动，老师这只手抱一个，那只手牵一个，正忙着安抚情绪不好的幼儿，鼓励他们跟着老师做动作。这时，朗朗远远地望着幼儿园大门，边哭边往大门跑，老师虽然忙得不可开交，也及时把朗朗劝了回来……早操结束的时候，李老师准备带着小朋友回教室，再清点人数，“咦，怎么少了个孩子？”老师扫视了一下周围，发现朗朗又跑到一旁躲起来了。这件事告诉我们，除了要观察每个孩子的情绪、按要求随时清点人数，还要保证所有孩子处于老师的视线范围内，特别是在户外等开阔场地开展的早操活动，是否确保幼儿在教师的视线内，是我们从安全的角度评价教师活动组织是否适宜的非常重要的一点。

1.保育关注重点

早操前，教师提前检查幼儿的服装、鞋子是否穿好(冬季需要取下围巾、帽子、手套，必要时把外套换成背心)。保育员提前到户外场地摆好早操器械及分散器械(中大班可以请值日生协助)，并检查场地、器械是否有安全隐患。班级带班教师要清楚当天是否因为特殊情况(雾霾或下雨天)早操活动改在室内进行。教师根据不同年龄段幼儿的特点编排不同的内容活动，结构合理。教师和保育员检查自己的服饰是否适合早操运动。班级教师和保育员都必须清楚当天来园幼儿的健康状况，是否有不适合运动的小朋友。

早操时，教师应精神饱满地组织早操活动，口令规范，示范正确，面向全体幼儿。视情况改变带操的站位，可指导中大班幼儿轮流带操。教师随时观察幼儿早操的情况(情绪、动作精准度及力度)，引导幼儿正确使用早操器械。保育员在做操过程中观察幼儿的活动量，根据情况提醒或帮助幼儿增减衣物，及时擦汗，特别关注体弱的幼儿，并且要让幼儿知道身体不适时应主动告知老师。保育员配合教师指导幼儿早操动作。教师应指导幼儿根据需要选择分散材料进行活动。

早操后，保育员在操后收拾活动器械(可请值日生或小组长辅助)。教师对幼儿做操时的表现做及时评价，鼓励幼儿。

2.安全关注要点

早操前保育员应对活动场地、早操器械及分散器械进行检查，活动场地要适宜，做好场地、器械及幼儿着装的检查，及时排除安全隐患，避免幼儿受伤。早操前要组织幼儿进行热身，避免运动后产生不适与运动损伤。教师清点幼儿人数，有序带领幼儿下楼到操场，并提出早操活动的要求。

早操时教师应提醒幼儿正确使用早操器械。保育员随时观察幼儿活动情况，及时处理幼儿的安全或身体不适等突发事件。教师应保证所有的幼儿都要在视线范围内，在走跑的过程中提醒幼儿一个跟着一个跑，不推不挤，以免造成意外受伤。

早操后应引导幼儿进行放松，教师清点幼儿人数，保育员按规定收拾器械、整理场地。见表7-19。

表7-19　早操活动保育工作要求与评价要点

项目	工作要求	评价要点
早操前	1.教师和幼儿是否按要求做好操前准备； 2.保育员提前摆器械排除场地安全隐患	1.早操活动组织是否注意安全； 2.是否关注全体幼儿运动的身体状态和心理状态，对个别幼儿能进行鼓励或耐心指导
早操时	1.教师和保育员分工明确，站位合理； 2.组织早操活动，教师精神饱满、口令规范、示范正确，面向全体幼儿； 3.发现幼儿动作不到位或不认真时，教师是否能走到幼儿面前进行个别引导； 4.幼儿出汗时保育员是否及时擦汗或提示幼儿擦汗（脱衣服）； 5.分散活动时教师及时引导或帮助不爱运动的幼儿选择器械活动	
早操后	1.教师能带领孩子进行科学的放松运动； 2.能及时对本次早操活动进行简单的评价	

（二）户外体育活动

户外体育活动是幼儿园运动活动的主要内容，积极有效地开展户外体育活动，不仅能给孩子带来快乐，帮助孩子提高运动能力，促进身体素质的提高，也能为儿童的心理发展创造良好的条件，促进儿童身心的健康、和谐发展。

1.保育关注重点

运动前教师应检查幼儿的着装是否方便活动（不穿太多衣服）；口袋里是否有尖利物品；鞋子是否穿反或系鞋带；气温比较低时检查幼儿是否有扎裤子。教师准备好热身、放松活动的音乐和播放器。教师为幼儿提供丰富多彩、可供选择的活动材料，保证一定数量的自制材料。教师应关注幼儿情绪，引导幼儿自主、愉悦、积极地参加户外运动。

运动时教师应根据幼儿的年龄特点，科学合理地安排运动密度和运动量，有计划地开展走、跑、钻、跳、爬、投掷、平衡等各种发展幼儿基本动作的活动。教师根据班内幼儿的身体状况，及时关注观察幼儿的脸色、出汗情况，及时并适当调整幼儿的运动量和活动强度。

分散活动时教师根据提供的材料划分相对固定的活动场地(如：投掷区、平衡区、跳跃区等)，引导幼儿根据自身的运动水平选择相适宜的运动，这样做能有效地降低孩子的碰撞事故。

过程中教师及时引导幼儿正确使用运动器械，尝试新的玩法，愿意和同伴合作玩。保育员在活动中观察幼儿的运动量，及时提醒或帮助幼儿增减衣物，为出汗的幼儿垫汗巾，特别关注体弱儿，提醒大班幼儿适当增减衣服，若身体不适主动告诉老师。

运动后，教师应指导幼儿辅助保育员收拾场地、检查器械。保育员做好幼儿活动后的护理工作，督促幼儿回到教室洗手、擦手，及时为运动中脱了衣服的幼儿增加衣服和补充水分。

2.安全关注要点

运动前应根据活动的内容，教师选择适宜的活动场地和器械，保育员检查场地摆放器械，检查器械是否清洁、卫生、安全(中大班可请值日生辅助)。检查幼儿的着装安全：服装是否存在安全隐患，鞋带是否松散，防止在活动中被鞋带绊倒引起损伤。活动前后做好热身和拉伸活动，避免肌肉损伤。雾霾天气、下雨或下雪时应适度减少或取消户外活动。

运动时教师要注意动静交替，逐渐增加活动量和活动强度，防止突然运动或剧烈运动造成的拉伤、扭伤或身体不适。建立适宜的运动活动常规，对幼儿进行自我保护的教育并督促幼儿遵守，教师和保育员观察是否有做危险动作的幼儿和用器械打同伴的幼儿，及时阻止。严格控制运动时长和运动强度，严禁开展本年龄段幼儿不能完成的技术动作，禁止进行成人化、专业化、小学化的专项训练。保育员应随时观察幼儿活动情况，及时处理幼儿的安全或身体不适等突发事件。

活动结束后保育员认真整理好活动场地和活动材料，尽量避免幼儿在活动场地和活动材料上受到伤害。活动结束后教师也要与幼儿一起总结活动中的安全经验，增强安全意识，有序组织幼儿回到教室。见表7-20。

表7-20　户外体育活动保育工作要求与评价要点

项目	工作要求	评价要点
户外体育活动	1.组织户外体育活动时，应密切观察幼儿的情绪变化及精神状态，并多关注特殊幼儿及正在服药的幼儿活动情况； 2.要注意幼儿服装、鞋子是否适宜运动，及时提供有效帮助； 3.鼓励幼儿保持愉快的情绪，调动幼儿参加运动的积极性，有一定的坚持性、抗挫心理	1.对个别身体或心理不适的幼儿是否及时给予帮助、安抚； 2.活动中是否提示或帮助幼儿及时擦汗或增减衣物

案例

户外活动中沮丧的女孩

中班有个刚转园来的女孩子，因为左手骨折动过手术，还没完全恢复，家长怕在运动时二次受伤，要求老师暂停孩子的运动游戏，所以每次开展体育活动时，老师就会请她在一旁休息，她总用羡慕的眼光看小朋友游戏。手恢复一段时间后，她终于可以参加适量的体育活动了，于是非常开心。这天进行攀爬运动，可是老师担心其手臂在攀爬活动中出现不适，提醒她休息，暂时不参加活动，她的情绪变得非常沮丧，于是保育员老师走过去轻声安慰着，还和她一起玩起了猜谜语，孩子的情绪得到了缓和。

对于在体育活动中的体弱或情况特殊的幼儿，老师要有意识地控制他们的运动量，并且在游戏中要时刻观察和关注，当他们出现脸色异常或体力下降时，应要求其立刻停止游戏，坐下休息，避免发生危险。同时，还应关注这些孩子的心理状态，做好个别抚慰，所以做好户外活动的保育工作，不仅需要老师和保育员保障活动中孩子的安全和护理，还要保护好幼儿的心理状态，避免沮丧、失落的情感产生。是否根据幼儿的个体情况调整幼儿的活动量和活动内容是评价班级教师在户外活动中进行保育和护理的重要内容。这要求保育工作人员对班级幼儿的身体情况、情绪状态有充分的了解。

本章小结

本章介绍了幼儿园保育工作的内容及其特点，重点是对幼儿园的保育工作评价的含义、评价标准的描述，其中幼儿园保育工作评价的目的与原则和幼儿园一日生活活动中保育工作的标准及评价是本章的主要内容。其核心内容总结如下：

1.幼儿园保育工作与教育工作融为一体，保教并重是幼儿园的基本特点。

2.对幼儿园保育工作进行评价的目的是指导园所保育工作的开展，保障和促进园所保育工作质量,诊断园所保育工作存在的问题,优化园所保育工作制度与标准。

3. 开展幼儿园保育工作评价时,应坚持保育与教育并重、与一日活动相融合、身体健康与心理健康并重的原则。

4. 幼儿园保育工作评价主要围绕幼儿园卫生保健工作和一日生活活动中的保育工作,贯穿于幼儿园一日工作的全过程。

5. 幼儿园卫生保健工作评价包括清洁卫生与消毒、每日晨间检查、定期体格发育监控、定期健康检查、疾病防控、营养膳食、健康教育、意外伤害处置等方面的评价。

6. 对保育工作及卫生保健人员、保育员进行评价,可采用日常工作评价和类似急救能力的专项考核相结合的形式进行。

思考与实训

1. 对幼儿园保育工作评价时应坚持什么原则?为什么要坚持这些原则?

2. 幼儿园入托体检的评价要点是什么?如果在儿童入园体检中发现疑似传染病者应如何处理?

3. 如果一个幼儿园食堂用发芽土豆做了菜,是否符合营养膳食工作的要求?应该如何对此进行评价?

4. 当有儿童在班级如厕时滑倒导致膝盖红肿,应如何处置?班级教师需要关注如厕环节的哪些安全事项?事后可以怎样进行反思性评价?

5. 早操活动时保育工作评价的要点有哪些?请尝试对一个班级组织的早操活动中的保育工作进行评价。

第八章

学前教育机构质量评价

学习目标

- 理解学前教育机构质量评价的基本内涵、主体、功能和发展趋势。
- 理解国内外学前教育机构质量评价的主要结构与要点。
- 能够初步应用学前教育机构质量评价中常用的评价方法和工具。

学习重难点

- 重点：本章的重点在于把握国内外学前教育机构质量评价的常用工具和方式方法。
- 难点：本章的难点在于对国内各地教育行政部门的园所评定标准、国内外学前教育机构质量评价标准的整体内容进行把握，理解并尝试运用相关学前教育机构质量评价标准及评价方法。

案例破冰

年末，刚刚通过市一级园评审的A幼儿园的园长和老师们终于松了一口气。在工作总结会上，A老师对幼儿园繁重的参评工作有一些抱怨，觉得评级的工作压力太大了，从安全卫生、人事财务管理、保教工作到幼儿园的环境创设、教师培养等等，要事无巨细地准备各种文字材料，形成书面的文档上交，评级的这段时间，为了准备各种资料，自己都没有时间好好地陪陪班上的孩子们，更不要提细心地观察和支持孩子的发展，自己的精力被分散了。最后，A老师总结道：评级就是对幼儿园、对老师的“折腾”，通过幼儿园准备的资料上呈现的内容，通过专家几天内短暂的现场评审，真的能有效地评价幼儿园的教育教学质量吗？B老师对此持反对意见，认为虽然评级的工作让大家加了一些班，熬了一些夜，但在整个过程中，幼儿园对照着一级园的评价标准，也在不断地梳理自身的优势与不足，规范相关的管理与制度，参与评级是帮助幼儿园完善教学和管理的过程，自己也在参与的过程中学到了很多经验，得到了成长。面对老师们的争议，园长也有些困惑，回想这次参与等级园的评审，确实有种“参评之前脱层皮，参评之后喘口气”的感觉，但站在上级教育管理部门的角度，总是需要一个对幼儿园的教学质量进行督促和评价的机制的。

那么，我们应该如何看待学前教育机构的质量评价？有必要对学前教育机构的教育质量进行评价吗？我们究竟应该如何有效地开展学前教育机构教育质量的评价工作？在对学前教育机构开展质量评价的过程中有没有可以参照的标准和经验？相信通过学习本章内容，大家对于上述问题会有进一步的思考与理解。

第一节　学前教育机构质量评价概述

一、学前教育机构质量评价的内涵

学前教育机构是为学前儿童提供某种教育或服务的具有鲜明目的性的单位或组织，如各类托儿所、幼儿园、早教机构等。学前教育机构质量评价是指在一定的教育价值观的指导下，依据一定的标准与程序，对托幼机构的教育质量进行科学调查，做出价值判断的过程。①

大量的研究表明，早期儿童教育和保育能带来很多益处，包括增加社会和经济效益，有利于儿童的身心健康并为儿童的终身学习奠基，促进社会公平、减少贫困，增加代际社会流动性等，这些积极效应都直接与早期儿童教育和保育的质量密切相关。因此，对高质量学前教育的追求，是当代学前教育发展的主要趋势。而学前教育机构质量评价是学前教育质量提升的重要手段，可以为学前教育事业的发展提供事实依据和理论基础，如何科学地进行学前教育质量评价就成为世界各国普遍关注的话题。

世界各国对学前教育机构教育质量评定的内容和具体规定，不可避免地受到本国文化和经济发展等因素的影响，但在其内涵和对学前教育机构质量的评定标准的主要价值观方面却有着相当程度的共性。具体而言，人们对学前教育机构的质量评价主要关注如下几个方面。

（一）关注对学前教育机构环境质量的评价

学前教育机构的质量评价，注重评价学前教育机构是否能够给儿童提供一个安全、卫生和具有丰富刺激的教育环境。教育环境的创设过程就是幼儿的学习过程，也是教师引导、促进儿童发展的过程。这里的“环境”主要是指在学前教育机构中对幼儿身心发展产生影响的物质与精神要素的总和，它分为物质环境和心理环境，其中，物质环境包括幼儿园的场地、园舍设备、材料、空间结构与环境布置等，是幼儿教师与幼儿在园活动的物质条件与基础，它影响和制约着学前教育机构的质量，也是对学前教育机构的环境进行评价时需要考虑到的重要因素；心理环境则是指幼儿教师与幼儿体验到的幼儿园或班级人际关系的性质。它构成了影响幼儿教师与幼儿在园活动的心理

①王坚红．学前教育评价[M]．北京：人民教育出版社，2018：410.

气氛，可以影响和制约教师与幼儿参与幼儿园和班级活动的主动性和积极性，影响教师与幼儿的身心健康，是制约学前教育机构质量的一个重要因素。

（二）关注学前教育机构的管理与课程质量的评价

哈佛大学的相关研究认为，早期教育机构的管理和运行质量也是保证儿童健康发展的重要因素。[①]适宜的人事管理与财务制度，学前教育机构管理者的管理能力、领导力水平与决策水平对学前教育机构高质量的运行、开展高质量的教育活动有着重要的支撑和保障作用，是评价关注的要点。此外，课程作为学前教育的核心内容，其质量是学前教育质量评价密切关注的要素。学前教育课程由课程方案、课程实践、课程评价三个要素组成，课程质量涉及教师、管理者、设施材料、环境创设、活动安排、师幼互动、家园合作等托幼机构质量要素，可以说学前教育质量是集中体现在托幼机构的课程质量上。在课程质量的评价中，课程实施的质量是尤为需要重点关注的。在当前的社会文化中，以科学研究和有效实施为基础的高质量课程，往往具有一些共同的特征，如：安全、健康、以儿童为中心、发展适宜性、文化适宜性和良好的师幼关系。[②]

（三）关注对学前教育机构师资队伍及教师专业发展质量的评价

高质量的学前教育离不开专业的教师，在学前教育机构质量评价中，也非常关注师资队伍的质量，关注教师的教育观念和教学方法是否恰当，是否能够充分认识幼儿阶段的特性和价值，理解“保教结合”的重要性，学会按幼儿的成长特点进行科学的保育和教育；理解幼儿的认知特点和学习方式，学会并善于把教育寓于幼儿的生活和游戏中，创设适宜的教育环境，保护与发展幼儿探究、创造的兴趣，让幼儿在愉快的幼儿园生活中健康地成长。此外，合理的工资待遇，教师队伍的稳定性，以及园所对教师专业发展是否能够提供良好支持，也是评价学前教育机构质量的重要因素。[③]

（四）关注对学前教育机构师幼互动质量的评价

师幼互动是指教师和幼儿在学前教育机构中发生的各种形式、各种性质和各种程度的相互作用和影响。在学前教育机构中，几乎时刻都发生着师幼互动，联合国儿童发展科学理事会曾在《渴望学习》一书中指出：“如果要指出学前教育中最核心的一个质量，那就是教师与儿童的互动和关系，以及成人回应儿童需求的能力。”学者们一致认为，教师与儿童在班级内的互动深刻地影响着儿童各方面的发展，该影响会从学前

①王坚红.国际视野下的学前教育机构评估标准[M].南京：南京师范大学出版社，2012：19.

②胡碧颖.学前教育质量评价：研究与实践[M].北京：北京师范大学出版社，2021：20.

③教育部.教育部关于大力推进教师教育课程改革的意见.http://www.moe.gov.cn/srcsite/A10/s6991/201110/t20111008_145604.html，2011-10-08.

阶段持续到小学阶段，甚至更为长远。来自不同国家的研究者探索了师幼互动对儿童发展的影响，发现师幼互动质量对儿童的认知、语言、社交性情绪能力以及执行能力的发展有积极的预测作用。高质量的师幼互动有助于儿童认知与语言发展，能够提高儿童的学业成绩。此外，高质量的师幼互动对处境不利的儿童帮助更大。可以说，师幼互动质量是学前教育质量的核心要素，也是我们开展学前教育机构质量评价中需要关注的要点。[①]

经典研究

基于CLASS的师幼互动质量测评

不同学者基于不同理论框架，对师幼互动质量的理解和定义有所不同。2007年，皮亚塔及其同事提出了"基于互动的教学理论框架"，并于2008年提出了具有代表性的师幼互动测评工具——CLASS。CLASS专注师幼互动过程中教师的行为，将师幼互动的质量划分为情感支持、班级管理和教学支持三个领域的质量。

其中，情感支持领域强调教师应建立一个温暖安全的情感环境，使儿童在其中有意愿主动探究学习，并享受这个过程；

班级管理领域强调教师应提供恰当的行为支持，增进儿童各种活动的参与度，促进儿童自我控制能力和自我管理能力的发展；

教学支持领域强调教师应通过有效的提问、支持、内容反馈、示范模仿等方法，促进儿童认知能力及语言能力的发展。

近年来，CLASS及其背后的师幼互动理论在近30个国家得以推广，成为当前国际上应用最为广泛的师幼互动质量评价工具之一。一些国家检验了CLASS在本国的适用性（如中国、美国、芬兰、智利、德国），结果显示CLASS具备跨文化的适用性，即CLASS从理论基础到评估内容和方式均不受社会文化背景的限制，适合在不同的社会文化背景中使用。[②]

（五）注重学前教育机构与家庭合作质量的评价

幼儿所处的主要环境除了家庭就是幼儿园，家庭与幼儿园在幼儿发展过程中是两个非常重要的主体，因此，在开展学前教育机构的质量评价时，也应关注其家园合作的质量，高质量的家园合作需要家长和幼儿园能够更好地在幼儿教育过程中进行相互配

①胡碧颖.学前教育质量评价：研究与实践[M].北京：北京师范大学出版社，2021：20.
②胡碧颖.学前教育质量评价：研究与实践[M].北京：北京师范大学出版社，2021：20.

合和相互支持。通过家园合作，将幼儿园教育更好地拓展到家庭中，同时家庭教育也能在幼儿园教育中进行有效反映；通过家园合作，幼儿园可以及时了解到家庭教育中的教育方式和相关教育信息，这样幼儿教师才能够更有针对性地对自己的教育方法、教学活动等进行及时调整，更好地促进幼儿全面的发展，提升教育质量，共同构造良好的教育发展环境。

二、学前教育机构质量评价的主体

《纲要》就明确提出，“管理人员、教师、幼儿及其家长均是幼儿园教育评价工作的参与者”“幼儿园教育工作评价实行以教师自评为主”。学前教育机构质量评价的主体应该包括教师（含园长）、专业团体、政府管理人员、家长和社会。

而评价实施主体往往决定了评价的价值导向。根据评价是否具有专业性以及内部评价、外部评价等维度，可以将学前教育机构质量评价主体分为外部专业评价主体、外部半专业评价主体、外部非专业评价主体、内部专业评价主体、内部半专业评价主体等五类。见表8–1。

表8–1　学前教育机构质量评价的主体分类

	专业	半专业	非专业
外部	专业团体	政府管理人员	社会
内部	教师（含园长）	家长	

三、学前教育机构质量评价的功能

儿童能否从早期教育机构的教育活动中受益，不在于其是否接受或接受多长时间的学前教育，而在于是否接受到高质量的教育这一点在国内外的研究中均得到了证实。因此，开展学前教育机构质量评价，就是在一定的教育价值观的指导下，依据一定的标准与程序，对学前教育机构的教育工作进行科学调查，做出价值判断的活动过程。其所采用的是一种差距评价模式，关注的是评价标准与评价客体之间“应然”与“实然”的差距，并以此为依据进而改进提高评估对象的质量，以提升学前教育的质量，促进学前儿童全面发展。①

①张潇月.我国托幼机构教育质量评价研究述评[J].早期教育（教育科研），2017（11）：7–11.

（一）诊断功能

在评价活动中，通过对收集到的信息进行整理、分析，能够发现评价对象的客观情况，尤其是存在的问题，从而为进一步改进行动提供支持，这使得学前教育机构评价具有诊断功能，而这也是它的主要功能和主要目的。另外，通过评价，可以及时发现与预定目标之间的差距，明确努力方向，提高教育效果，对改善今后的工作做到心中有数。

（二）引导功能

引导功能是指评价本身具有的引导评价对象朝着理想目标前进的功效和能力。在学前教育机构质量评价中，对任何被评价对象所做的价值判断，都是在一定的标准和理念引导下进行的。因此，有什么样的评价内容，被评价对象就会注重那个方面的工作；有什么样的评价标准，被评价对象就会向什么方向努力。评什么、怎么评，将有力地引导被评价者在教育教学工作中做什么、怎么做。这些评价内容、标准，对评价对象来说，起着“指挥棒”的作用，发挥着引导功能。[①]

（三）规范管理功能

规范管理功能指评价使评价对象顺利完成预定任务、达成预期目的的约束功效和能力。学前教育机构质量评价是学前教育管理的重要手段。通过评价实现对学前教育活动的控制和监管是教育评价的目的之一。

教育评价指标体系可以内在规范、影响评价对象教育教学或学习等活动计划的制定和组织实施。学前教育管理部门就是通过评价监管实际的教育活动与预期的教育目标或要求是否一致，监督国家的教育方针、政策和法规的落实，控制学前教育行为沿着教育目标、方针和政策的方向运动。规范管理功能显示的效度和力度，一般取决于教育评价管理系统及其教育行政性权威的大小。

（四）促进发展功能

学前教育机构质量评价能促进评价对象为实现理想目标不断改进和完善行动。评价能及时获得教育过程、结果等一系列信息，可以及时强化正确的、不利于教育目标实现的教育行为，及时调节和矫正不良的、不利于学前教育目标实现的教育行为，从而调控教育活动和工作的过程，促使其不断发展和完善。学前教育机构质量标准及评价体系的建立不仅可以促进幼儿园质量的提高，也为本地区幼儿教育事业的发展定位提供科学准确的依据，促进本地区幼儿教育事业的科学发展。与此同时，评价标准及评

①参见：胡乐勇．教育教学中的评价方法[M]．桂林：漓江出版社，2011.

价方式也会随着幼儿教育质量的不断提高而动态发展，从而有效促进地区幼儿园质量的可持续发展。[①]

（五）服务功能

学前教育机构质量评价的服务功能是指通过开展学前教育机构质量评价为学前教育机构决策服务的功效和能力。随着评价工作在学前教育机构的开展，评价的调控能力能够在幼儿园各种教育教学活动中日益显现出来，并发挥重要作用。但同时，学前教育机构质量评价促进发展的作用能否充分发挥，取决于评价是否既重视结果也重视过程和条件，评价的结果是否具有客观性、公正性和激励性。只有重视了对教育过程的评价分析，才能科学地解释结果，总结经验，找出问题，从而实现教育评价的服务功能最大限度的体现。

四、学前教育机构质量评价的发展取向

（一）评价主体由一元向多元发展，学前教育机构由被动参评向主动参与转变

在评价过程中要坚持多主体参与的原则，只有将教师、家长、幼儿等多主体的观点加以综合，评价才能全面、开放，体现他人评价与自我评价相结合的原则。将评价活动的参与者吸收到评价系统及其标准的制定过程中来，让幼儿、家长、教师和教育行政官员一起参与评价政策的制定过程。只有这样，才能保证评价活动的参与者对评价的认同和积极参与。

在早期的学前教育机构质量评价活动中，评价者多由政府官员或外来的评价人员担任，此时的评价都是单方面的他人评价，在评价时评价人员依据事先拟订的评价标准对学前教育机构进行评价，作为评价对象的学前教育机构只能等待评价结果的得出，由外在的评价者向其传递评价信息，此时学前教育机构作为评价对象完全处于被动地位，没有任何主动选择的余地。

评价主体的多元化，促使对学前教育机构质量评价由主要靠外来的评价人员进行评价，转向学前教育机构本身的负责人、工作人员、幼儿家长都可能对学前教育机构教育质量进行评价，在评价过程中，各个评价主体从各自的角度出发对学前教育机构质量进行评价；评价主体的多元化还使评价可以从各个评价主体的需要和观点出发对学前教育机构提出更多更全面的建议。更重要的是，学前教育机构通过对自身活动的反

①李云翔.幼儿园质量评价内容及评价方式研究[J].大连教育学院学报，2009（6）：19-20.

思性评价,能更好地实现自我调控、自我改进的评价目的。通过这种自我接受式评价,使学前教育机构对自身活动不断进行认识、判断和反思,并促使自身活动不断完善,水平不断提高。[①]

(二)从注重结果评价向更注重过程评价发展

传统教育强调知识的学习,把教育过程理解为知识技能的授受过程,这即使是在学前领域也不例外。在这一思想的影响下,初期的评价往往以幼儿的发展水平、幼儿进入小学后的学业成绩等作为评价学前教育机构质量的效标。即使是对具体的教育活动的评价,所考虑的也常常是幼儿掌握知识的数量及程度,关注的是单位时间内所规定的教育任务的完成,而不重视教育活动的发生发展过程,忽视了作为主体的教师和幼儿的情感、意志、兴趣等非理性因素在教育中的存在。此时的评价带有明显的结果评价的倾向。

而关注学前教育机构的结构性质量和过程性质量,尤其以强调过程性质量为特色的综合性评价的做法,把师生的情感、价值、经验融汇于知识的传授之中,并以新的标准来衡量教育质量。这种以过程评价为特征的学前教育机构质量评价在评价内容上不仅重视教师方的活动,而且关注幼儿作为群体和个体的学习与交往活动,同时还将教师与幼儿的互动作为重要的评价内容。除此之外,还将教育过程优化所需要的各种因素如教师资格、环境和材料等均纳入了学前教育机构教育质量评价的视野。

学前教育机构质量评价标准的制定将更多关注评价内容指标的结构,调整过去不合理的静态结构,增加成人与幼儿互动、环境创设、一日常规、课程计划和评价等过程性质量维度内容,建构合理的综合性评价指标体系。

(三)重视量化和质性的结合,评价方法向多样化、综合化发展

评价的最终目的是促进托幼机构教育质量的不断提高,因此评价的有效性就显得非常重要,在具体实践中,将量化和质性评价综合使用的趋势已经越来越明显。

早期的学前教育机构质量评价在选用评价方法时大多采用单一的方法,或是单纯定量的方法,或是单一定性的方法,两方面的综合较少。但事实是,两种方法都各有特点、长处和缺陷。定量评价在使评价客观化、科学化、公正化方面具有积极意义,但单一的或绝对的评价可能导致评价结果失之片面;定性方法在获取丰富、真实的评价信息方面有优势,但其可能同时存在一定的主观性。二者在不同的范围内发挥其独特的作用,采用多种方法收集评价信息,即收集和处理评价信息的方法越来越具有全方位

①姚伟,于冬青.当代幼儿发展评价的基本理念[J].教育导刊(下半月),2010(10):4-7.

性，既包括实地考察，也包括访谈、问卷、查阅资料等各种方法。

因此，在制定幼儿园质量评价标准体系时，需要针对不同的评价内容，设计运用观察、访谈、成长档案袋等多样化的评价工具，在客观真实的场景中收集评价信息，并通过评价结果，确定在未来的教育实践中应该坚持什么，如何改进，从而促进学前教育质量的整体提升。

第二节　国内学前教育机构质量评价

近年来，随着国家普及学前教育政策的推进落实，我国各地幼儿园的数量越来越多，入园率显著提高，在学前教育规模快速扩张的同时，其质量的保障和评估成了亟须关注的问题。按照我国“地方负责、分级管理”的学前教育管理机制，以及地方各级各部门分工负责管理的原则，由地方各级教育行政部门负责制定和颁布学前教育机构分级分类验收标准，并实施评估，对学前教育机构进行监督和指导。

一、等级园的评价

（一）评价的内涵与意义

等级园评价是教育主管部门通过评价对幼儿园进行分等定级的活动，如将幼儿园分为市一级幼儿园、市二级幼儿园等。其目的在于通过评价让教育部门科学管理，规范引导幼儿园的办园行为，促使幼儿园不断改善办园条件，提升办园内涵。在开展等级园评价之前，教育部门一般会制定相关的等级园评价指标，这些评价指标的落实，有助于规范和引领幼儿园的办学与管理，因此幼儿园等级评估在一定程度上对于幼儿园教育和管理质量的提升具有积极意义。①

（二）相关评价标准与要求

各地教育行政部门在开展等级园评价的过程中，大多将幼儿园的等级划分为一级、二级和三级，会根据当地的实际情况，制定较为详细的评价指标，包含一级指标、二级指标和具体的指标内容等。不同地区的评价指标会有一定的差异。如下表列出了浙江省、江苏省和成都市的相关评价指标。见表8-2。

①黄小莲，陈妍琳.幼儿园等级评估制度现状考察与批判——基于教育公平的视角[J].学前教育研究，2014(3)：15-21.

表8-2 部分省市幼儿园评审文件中的相关指标

地区	相关政策文件	指标内容
浙江省	《浙江省幼儿园等级评定实施办法》	具体包括“园舍空间与设施”“班级空间与设施”“人员配备与待遇”“园务管理与教师队伍建设”“安全与卫生保健”“班级保育和教育”7个一级指标，41项二级指标(含加分项目)
江苏省	《江苏省优质幼儿园评估标准及评价细则》	具体包括“保教队伍”“办园条件”“安全卫生”“保教水平”“管理绩效”5项一级指标，共35项二级指标
成都市	《成都市幼儿园等级评定办法》	具体包括“办园条件”“安全卫生”“内部管理”“队伍建设”“保育教育”“儿童发展”“办园效益”等一级指标7个，二级指标23项

此外，不同地区对于参评的幼儿园也有详细的申报资格要求，如浙江省要求申报等级评审的幼儿园，其劳动合同制教师人均年收入不得低于上一年度所在地全社会单位在岗职工年平均工资。申报一、二级幼儿园，每班应按“两教一保”标准配备人员，其专任教师应全部持有适用的教师资格证等，这些要求在一定程度上也起到了规范办园的导向作用。

(三)评价实施与程序

在具体的评价实施过程中，一般会由相关教育行政部门建立等级评定专家库，从专家库中随机抽选教育教学、卫生保健、安全管理、财务管理等方面的专业人员组成评审组，采用定性、定量相结合的方法，通过看(园所环境、教育活动、资料)、听(汇报、座谈)、问(问卷调查、个别访谈)、评(评分、评级)等办法，对照相关评价标准进行综合评分。在评定程序上，一般幼儿园对照相关评价标准进行自查自评，在此基础上准备申报材料，提出等级评定申请，教育行政部门根据幼儿园申报情况，组织相关的评定和视导工作，组织专家开展现场评价，最后形成评价结果并进行公示备案。①

专题探讨

新形势下幼儿园等级评定应何去何从?

背景资料：

一直以来，通过等级评估促进示范性、等级幼儿园建设是我国学前教育的一项重要制度。可以说，对幼儿园进行等级评估，是当前教育行政部门对幼儿园进行业务管理的重要手段，有利于保证教育目标的实现，提高幼儿园管理水平，促进学前教育改革。相关的等级园评估细则往往围绕办园条件、教职工队伍建设、园务管理、保教工作及办园

①朱昌渝，甘雪涛.构建普惠性民办幼儿园教育质量评价体系的思考[J].早期教育(教科研版)，2017(5)：24-27.

效益等方面展开。这些指标的有效落实确实有助于规范和引领幼儿园的办学与管理，在一定程度上，开展示范性、等级幼儿园评估对于幼儿园教育和管理质量的提升具有积极意义。但同时也暴露出了不少问题。原本实施评估示范性、等级幼儿园的初衷是“以评促建”，希望示范性、较高等级幼儿园在课程理念、课程革新、管理变革、促进教师专业发展等方面能发挥示范辐射作用，从而促进区域学前教育质量的整体提高。可是，许多参与过省市示范园、等级园评定的园所幼教工作者普遍反馈是：“累！”“太折腾！”“做了太多无用功！”“加班！加班！”“评完就了事！”评估项目、需要准备的案头资料繁多，让参与创建的园所倍感困扰，虽说等级园评定“倡导自主申报”，但对于大部分公办幼儿园而言，这就是必须完成的“任务”，硬着头皮、赶工赶点都得上！于是，在迎接评估的过程中，有的幼儿园便采取“上有政策、下有对策”的应付式评定，迎接评估是一套资料，具体实践又是另一套操作，园所保教质量评估的有效性还从何而论？

2022年2月，教育部发布了《幼儿园保育教育质量评估指南》（以下简称《评估指南》），旨在推动各地健全科学的幼儿园保育教育质量评估体系。值得注意的是，《评估指南》特别强调，要树立科学的评价导向，改进评估方式，突出过程评估，强化自我评估，聚焦班级观察，重点关注幼儿园提升保教水平的努力程度和改进过程，切实扭转“重结果轻过程、重硬件轻内涵、重他评轻自评”等非科学倾向，推动以评促建，引导办好每一所幼儿园。

探讨：新形势、新要求下，等级园评定该何去何从？新形势下，面对新的园所评估要求，幼儿园具体可以怎么做？

专业建议：

就当前的现实条件而言，直接摒弃等级园评价定然不现实，亦不可行，评估关注过程，弱化结果，提升内涵，引入多主体参与是大势所趋，针对《评估指南》的要求，幼儿园具体可从以下几个方面来调整落实。

首先，幼儿园应把发展性评估理念和做法融入日常管理。幼儿园应该正视评估的价值是促进幼儿园的发展，而不是追求外在名利。各项指标的达成是在幼儿园常规工作中实现的。评估是日常行为，不是临时性任务。迎接评估是幼儿园的一个中长期计划，不是一蹴而就的短期行为。

其次，幼儿园的自我评估要制度化、常态化。只有调动了幼儿园的主观能动性，建立了幼儿园自我评估机制，幼儿园自我管理、自我评价、自主发展的模式才真正可行。

再次，在等级评估的现场考察中，被评幼儿园应抓住机会与评估专家坦诚对话和充分交流。与专家坦诚交流，主动请教，这样才可能吸纳到先进的教育理念并运用到幼儿园的改进工作中去。

最后，被评幼儿园要高度重视评估意见，以评估意见为依据进行整改，促进幼儿园的可持续发展。幼儿园既要继承和发扬被评估专家肯定的成绩与优势，也要认真分析、反思评估意见中关于整改的问题，认真研究专家给出的整改建议，做好评后总结，提出新一轮的发展规划。

二、示范园的评价

（一）相关背景

新中国成立初期，为提升托幼园所质量，教育部等多个部门于1956年联合颁布了《关于托儿所、幼儿园几个问题的联合通知》，提出“卫生、教育部门办好几个托儿所和幼儿园，使它们起到示范作用。”该通知中虽然没有明确提出“示范幼儿园”一词，但其中所提及的能起“示范作用”的幼儿园，就是早期的“示范幼儿园”。1997 年之后示范幼儿园是通过各级教育行政部门评估认定而产生的。2003 年教育部联合卫生部等10 部委发布《关于幼儿教育改革与发展指导意见》，规定了示范园评估认定职责：“省级教育部门要根据国家有关规定制定示范性幼儿园的标准，并定期对示范性幼儿园进行指导、评估和审验，确保其发挥示范作用。”该《意见》推出后，各省市积极响应号召，纷纷出台本省的评估标准。示范幼儿园的开办、评估制度自 1956 年第一次提出到现在已有 65年的历史，65 年以来政府通过开办、扶植部分幼儿园，使其作为典范带动地方乃至国家的幼教事业的发展，起到了不可忽视的作用。[①]

（二）相关标准与资格要求

有研究者对北京、福建等 15 个省市的示范园评估标准做了层次分析，认为示范园评估指标在“指导思想和理念；办园条件；行政管理和园务管理制度；保育和教育工作；卫生与安全保健；与家长、社区的联系”六个方面有共通处。[②]如四川省示范性幼儿园评估标准具体包括“幼儿园管理”“队伍建设”“保教工作”三个评价项目，共涉及16个项目评价指标，29条评价要素。江西省示范幼儿园评估标准指标内容包括“办园条件”“园务管理”“保教队伍建设”“安全与卫生保健”“教育与教学工作”5个维度，共27条二级指标。

在对示范幼儿园的资格要求方面，除了要求示范园具有较高的保教质量和社会效益，能够起到示范带头作用之外，各地方教育行政部门对于示范幼儿园的办园规模、硬

---

①邓祖丽颖．示范性幼儿园评估的实践偏差及理性回归——以河南省示范性幼儿园评估调查为例[J].中国教育学刊，2016(5)：62-65.

②刘婷．示范性幼儿园评估标准文本解读[J].幼儿教育(教育科学)，2009(5)：4.

件设施、办学年限等都有不同程度的要求。如江西省在示范园评估标准中要求省级示范园办园时间不少于5年且通过设区市示范幼儿园评估达到两年以上；办园规模原则上在6—12个班之间，小、中、大班班额符合国家规定；近三年内无发生重大安全责任事故；相关建筑设施达到《幼儿园建设标准》（建标175-2016）和《托儿所、幼儿园建筑设计规范》（JGJ39—2016）规定的基本要求等。

（三）评定实施与程序

不同地区示范幼儿园的评价程序存在着一定的差别，但基本都包括幼儿园自评、申报、各级教育主管部门对幼儿园进行评价等环节。以四川省的省级示范性幼儿园的评定为例，一般每年由四川省教育厅在年初分配下发省级示范性幼儿园年度申报名额数，各市（州）教育行政主管部门组织区县幼儿园按照有关规定自愿申报。评价程序分为自评、初核、评估、认定等阶段。

在自评阶段，幼儿园对照评价标准逐项开展自评，形成申报材料向县级教育行政部门提出申请。在县级初核阶段，由县级教育行政部门组织专家依据申报条件、《标准》的各项指标进行初核，初核得分90分以上的由县级教育行政部门向市（州）教育行政部门提出申报。在市州评估阶段，由市（州）级教育行政部门组织专家组在实地考察、调查访谈、资料查阅等考查评估的基础上，合理利用第三方监测评估数据，形成简要的评审报告及结果，以文件形式上报四川省示范性幼儿园评审委员会。在省级认定阶段，由四川省示范性幼儿园评审委员会对各市（州）报送的年度（批次）省示范性幼儿园评审工作进行抽查、复核，达到《标准》经公示无异议后，由教育厅命名为“四川省示范性幼儿园”。

在评价方式上，查看资料和现场实地评估是示范幼儿园评价中最常采用的方式，下表列出了江西省示范幼儿园实地评估的主要程序与方法，以供参照。见表8-3。

表8-3 江西省示范幼儿园实地评估的主要程序及内容

主要程序	内容
园长汇报	一是申报园基本情况；二是主要做法、成绩及经验，包括办园理念、特色和成效；三是存在的主要问题和不足；四是下一步发展思路和打算
核查办园条件	根据《评估标准》核查幼儿园办园条件，包括幼儿园环境、园舍、设施设备、图书资料和各类人员任职资格及师资配备等
查阅档案资料	通过查阅有关档案资料，了解、印证幼儿园的各方面工作，包括制度建设、发展规划等
考察教师专业能力	基本途径和方式是：教学活动观摩、教学反思、案例分析等
召开座谈会	对教师、幼儿家长、社区人员进行座谈了解、印证相关情况。同时开展问卷调查、个别访谈

续表

主要程序	内容
了解帮扶工作	通过一定方式了解幼儿园与结对薄弱园的帮扶措施，考察幼儿园示范辐射作用的发挥情况
反馈意见	根据综合评估情况，向申报园、主办单位及主管教育部门反馈初步评估意见，并以书面形式向省教育厅报告评估情况

需要特别指出的是，无论是等级园评定，还是示范园评定，都是幼儿园常态化工作的具体体现，是一个不断规范办园行为的过程，而不是一评定终身的保护伞，注重评估过程才是关键，要把评定作为幼儿园内涵提升、品质发展的重要手段。

三、县域学前教育普及普惠督导评估

（一）相关背景

2017年，《幼儿园办园行为督导评估办法》颁布。2020年初，教育部根据《中共中央 国务院关于学前教育深化改革规范发展的若干意见》“制定普及学前教育督导评估办法”的要求，于2月18日印发了《县域学前教育普及普惠督导评估办法》。督导评估的对象为县级人民政府（含不设区的市、市辖区和功能区等国家划定的其他县级行政区划单位人民政府）。督导评估工作由国务院教育督导委员会统筹领导、审核认定，省级教育督导机构为主组织实施。

（二）督导评估原则

1. 科学规划

各地按照国家学前教育发展的总体目标，结合本行政区域的经济社会发展水平，制定县域学前教育普及普惠督导评估总体规划和年度计划，统筹推进督导评估认定工作。

2. 坚持标准

国家制定统一的督导评估指标、认定标准和工作程序，严格执行，确保督导评估内容真实、程序规范、结果可靠。

3. 公开透明

加强督导评估过程和结果的公开公示，接受社会监督，提高督导评估工作的权威性和可信度。

4.注重实效

通过客观评估各地学前教育普及普惠工作的实际成效，督促引导地方政府积极发展学前教育。应优化督导评估指标、简化工作流程，减轻基层负担，防止形式主义，杜绝虚假普及。

（三）督导评估内容

督导评估的内容具体包括普及普惠水平、政府保障情况、幼儿园保教质量保障情况三个方面，具体内容见表8-4。

表8-4　《县域学前教育普及普惠督导评估办法》内容划分一览表

	具体内容
1.普及普惠水平	1.1学前三年毛入园率达到85%； 1.2普惠性幼儿园覆盖率，即公办园和普惠性民办园在园幼儿占比达到80%； 1.3公办园在园幼儿占比达到50%
2.政府保障情况	2.1党的领导坚强有力； 2.2发展规划科学合理； 2.3学前教育公共服务网络基本完善； 2.4小区配套幼儿园管理规范； 2.5财政投入到位； 2.6收费合理； 2.7.教师工资待遇有保障； 2.8.安全风险防控机制健全； 2.9.监管制度比较完善
3.幼儿园保教质量保障情况	3.1办园条件合格； 3.2班额普遍达标； 3.3教师配足配齐； 3.4教师管理制度严格； 3.5落实科学保教要求

（四）督导评估程序

县域学前教育普及普惠督导评估的主要程序包括县级自评、市级初核、省级评估以及国家认定四个主要程序，具体的评估程序及内容如表8-5所示。

表8-5 县域学前教育普及普惠督导评估的主要程序及内容

主要程序	关键内容
县级自评	在规划开展督导评估的年份,县级人民政府对本县学前教育普及普惠情况进行自评; 自评达到要求的,当年4月底前报市级初核
市级初核	市级教育督导机构和学前教育管理机构综合已有数据、日常工作掌握情况和县级自评情况进行初核; 初核达到要求的,当年5月底前提请省级督导评估
省级评估	省级教育督导机构对指标审核全部合格的申报县进行实地督导评估; 实地督导评估前,向社会发布公告; 实地督导评估后,督导评估结果向本级人民政府报告,并公示至少5个工作日; 对通过省级督导评估的申报县,各省(区、市)于当年9月底前将有关材料报送国务院教育督导委员会办公室
国家认定	国务院教育督导委员会办公室对各省(区、市)督导评估工作进行审核认定。具体程序如下: (1)指标审核; (2)社会认可度调查; (3)实地核查; (4)结果认定

学习研究

如何实施贯彻《幼儿园保育教育质量评估指南》

2022年2月教育部颁布了《幼儿园保育教育质量评估指南》(以下简称《评估指南》),《评估指南》用5个维度、15项关键指标和48个考查要点将新时代学前教育深化改革规范发展的要求具象化,为幼儿园保育教育质量的评价提供了科学的实施指南和明确的行动依据。《评估指南》出台以来,引起了社会各界的广泛关注,教育部就此组织了专门的记者招待会答记者问,也组织了学前教育领域国内知名的专家就如何实施《评估指南》进行了讨论和指导。

《评估指南》的基本思路是什么?提出了哪些重点评估内容?对幼儿园保教质量的评估方式提出了哪些要求?如何组织实施幼儿园保教质量评估?在评估中应注意哪些问题?

请你围绕上述问题进行文献收集,结合收集到的文献与你的专业实践经验进行思考,并与同学交流你的观点和看法,相信你会对《评估指南》有一个全面而深入的认识。

第三节　国外学前教育机构质量评价

早期教育在社会发展和个人发展中起到了关键的作用，并为儿童的未来奠基。然而，低质量的教育可能会对儿童发展起到负面影响。因此，追求高质量的早期教育成为国际共识。随着各国对儿童发展和脑科学的深入研究，已有大量的研究证明，高质量的早期教育能够促进儿童认知和非认知技能的发展，减少贫困，并为儿童的终身学习奠定基础，也能对所有家庭环境下的儿童产生深远的影响，尤其是对一些处境不利的儿童。各国通过制定和创设相关政策、评估机制来提升早期教育质量，从而为学前教育机构提供一定的监督保障和评价引导。

一、全美幼教协会（NAEYC）的学前教育机构评价标准

早期教育的发展对幼儿、家庭及社会都具有重要意义，高质量的早期教育是各国学前教育的共同追求。对早期教育机构的评估、认证是保障和完善早期教育质量的途径之一。全美幼儿教育协会（National Association for the Education of Young Children，NAEYC）早期教育质量认证体系在提高和保证美国早期教育质量方面发挥了很大的作用。在美国，NAEYC早期教育质量认证体系是高质量早期教育质量的风向标，获得NAEYC的认证是早期教育机构具备优质早期教育的表现和证明，该评价认证体系给世界各国提供了许多帮助。

（一）NAEYC早期教育质量认证体系的内容

1.多元而具体的认证标准

NAEYC于2019年颁布的《NAEYC早期学习项目认证标准和评价指标》（NAEYC Early Learning Program Accreditation Standards and Assessment Items，以下简称《标准》）为早期教育机构评估制定了参考标准。《标准》所体现出的综合性以及对儿童、员工、合作伙伴的共同关注有助于推进早期教育机构落实问责制，使其为幼儿提供高质量的学习体验。

《标准》下分10个领域，分别为儿童与成人的关系、课程、教学、儿童进步的评估、健康、工作人员、家庭、社区联系、物理环境、领导和管理。这10个领域对早期教育机构提出了高质量的要求，描述了基本的且重要的因素，也蕴含着持续改进的价值理念。

这些要求多元且具体,可以让早期教育机构有据可循,也有助于政府拨款更具针对性,幼儿家庭也可以据此对比不同的早期教育机构,从而做出适当的选择。

2.专业可靠的评审模式

NAEYC建立并维持了一种专业可靠的评审模式,以追求、实现和维护NAEYC认证体系,确保早期教育机构符合高质量的标准并切实承担起自身对儿童、家庭及社会的责任。

NAEYC首先在制度层面对早期教育机构提出了规范。这些制度涵盖了认证的全过程以及认证后的后续工作等内容。例如,“72小时通知政策”(72-hour notification policy)要求早期教育机构必须在某些恶劣情况发生后的72小时内通知NAEYC;“认证决策政策”(accreditation decision policy)对认证决策过程的制定、审查和监督提出了规范;“评审员制度政策”(assessor system policy)制定了有关所需评审员资格审查、评估、终止或保留评审员等一系列的操作流程等。

除了制度保障,NAEYC认证体系还具备专业可靠的评审团队。NAEYC董事会设立了早期教育质量认证委员会,以确保早期教育质量认证的公平性和完整性。评审员都经过了严格的培训,具备客观评估机构的实践和价值的知识与能力。

(二)严格规范的认证程序

在美国,学前教育机构如果要获得NAEYC机构的认证与评价,需要完成以下几个认证程序与步骤:

第一阶段是注册和自学。早期教育机构可以注册,并对NAEYC颁布的早期教育质量认证标准进行自学,加深对高质量标准的理解,辨别自身的优势和需要改进的问题。

第二阶段是申请和自我评估。在这一阶段,早期教育机构要记录符合高质量标准的事实证据以进行申请及自我评估。这一阶段的早期教育机构要积极准备相应资料以便认证人员现场考察,从而证明其符合认证资格要求。

第三阶段是考察候选。考察候选由经过严格培训的评审员对机构质量进行实地评估,机构自评资料和现场访问获得的数据都将作为认证依据。早期教育机构在现场考察以后的3个月内收到认证报告。认证报告分为两种,一种是获得5年的认证,另一种是推迟认证。

第四阶段是获得认证。早期教育机构获得了认证即意味着其对教育质量持续改进承担责任。经认证的早期教育机构需要维持其环境、制度和实践与认证的相关标准始终一致。

各阶段的具体流程与办法如表8-6所示。

表8-6 NAEYC评价流程及办法[①]

第一阶段:注册与自学	获得NAEYC自我评价工具包和实施指南,首先进行自我评价
第二阶段:提交申请/自我评估	提交认证资料,具体资料如下: ●儿童一日生活时间表 ●课程的书面表达 ●儿童发展状况的观察、记录、检测表格 ●发给家庭的信件、电子邮件或通知等 ●儿童注册时与家长分享的机构材料 ●课程计划、备课笔记、教案等 ●儿童参加活动的照片或文字记载 ●儿童作品选样 ●关于教室和环境中陈列儿童作品的照片 ●可提供儿童在室内使用的材料和设备的清单和照片 ●其他本机构特有的材料
第三阶段:考察候选	提交以下清单: ●完整全面的自我评价报告 ●有效营业执照 ●机构负责人和教职工的合格任职资格证明 ●家长、教职工和机构领导人员合格任职资格证明 ●家长、教职工和机构领导人员合作参与认证准备的证据 ●关于机构达到合格标准的证据
第四阶段:获得认证	机构现场访问,具体方法如下: ●对班级进行实地观察 ●查验各种文字资料 ●与园所负责人进行面谈

(三)NAEYC早期教育质量认证体系的经验及启示

1.构建完整的早期教育认证体系

为了确保儿童在早期教育机构中获得高质量、全方位的教育体验,NAEYC建立了一个相对完整、全面的早期教育质量评估框架。而要构建合理适宜的早期教育质量认证体系,首先要有正确的教育价值观念和理论研究作为基础。NAEYC早期教育认证体系以发展适宜性实践(Developmentally Appropriate Practice,DAP)理论为指导,试图为儿童发展提供更完善、科学的理论基础。发展适宜性实践理论是NAEYC所有活动的基础。其次,良好运作的早期教育认证体系应当是完整的、系统的。NAEYC认证过程为早教机构提供了一个从自学、自我评估到外部评估和不断改进的参考框架。

①王坚红.早期教育机构评价简介[J].早期教育(教师版),2018(9):9-11.

我国可结合国家和地方的实际需求，明确认证评价的目标定位、内容选择和程序设计，构建出一套结构完整、科学严谨的早期教育认证体系。

2.制定具体可行的评估标准

认证标准具体可行，在实践中具有可操作性，才能切实指导一线教育工作者的教育实践。NAEYC认证标准不只是对早期教育机构做出评判，还应具有引导其改善的指导功能。NAEYC认证中所有的标准都包括建议的最佳实践，同时认证体系中有376个可测量的评估项目，以便于早期教育机构明确考察内容。NAEYC认证对每个标准都做出了明确的定义，并介绍了每个标准的理论基础、主题领域和推荐做法。

因此，具体可行的评价标准，可以保障评估认证的可操作性和客观公正性，更具科学性和实践指导意义。

3.树立"发展性"理念

为了达到有效提升托幼机构质量的目的，认证体系应当秉持"发展性"的理念。一方面，要根据研究、政策和实践的反馈不断改进。NAEYC认证体系在早期教育质量认证委员会的支持下不断进行审查，以确保了解最新的研究信息，使其与不断变化的幼儿生存环境相适应。一个具有变革性、发展性的质量改进体系的认证任务和过程是可持续的。良好运作的认证体系应合理考虑各方要求和反馈意见，并结合最新的研究理论，定期更新、修订认证内容，完善认证体系，使其能够更有效地完成自身的使命；另一方面，NAEYC认证机制的设立不以划分等级或单纯的筛选为目的，而是着眼于早期教育机构的质量提升，以发展为目的。作为保障和促进早期教育质量的重要手段，NAEYC致力于在整个认证过程中为早教机构提供持续的协作指导。

因此，在实施早期教育质量评估时，应正视认证和评估的目的和定位，树立"以评促建"的理念，为早期教育机构提供多方面的支持。

(四)扩大参与主体范围

一个充分运作的认证体系需要扩大参与主体的范围，争取各方共同努力，打造良好的早期教育氛围。NAEYC早期教育质量认证体系的参与主体是多元的，包括幼儿、家长、机构工作人员、社会、政府等多方利益相关者。对早期教育机构而言，一套完整的早期教育认证体系可以为其改善自身的管理水平和教育质量提出规范；对早期教育行业的工作者而言，质量认证体系可以指导其改进教学实践，提高学前教育质量；对普通大众，尤其是幼儿家长而言，质量认证体系可以促使其更好地理解高质量早期教育的含义和标准，能够对不同早教机构做出鉴别和分辨，从而帮助他们对孩子的教育做出明智的决定；对社会而言，质量认证体系有助于提高早期教育行业的整体质量，助推早期教育的科学化发展。

当前托幼机构质量评估的目标已经不能再单纯地关注社会效用或是仅为促进个人发展，而应在评估中兼顾多方利益相关者，围绕政府、机构和社会，致力于服务多元主体，相互融合和促进。因此，认证体系的构建需要扩大参与主体的范围，与各方共同努力为幼儿创造良好的教育环境。

二、澳大利亚学前教育机构认证标准

2009年，澳大利亚联邦政府出台了《国家学前教育与儿童保育质量框架》（NQF），对学前教育质量保障体系进行了全方位的重构和革新，联邦政府开始全面调控和引领学前教育质量的提升。而《早期儿童教育与保育国家质量标准》（以下简称《国家质量标准》）是澳大利亚首次制定的与NQF紧密联系的国家质量标准。其目标在于：一是提升儿童的安全、健康和幸福；二是强调通过高质量的教育项目实现儿童的学习成果；三是为家庭提供如何辨别优质服务的信息。在确保环境、设施、人员编制、资源与管理适宜于学龄儿童保育的前提下，《国家质量标准》将会有力地推动NQF以及其他学龄儿童保育框架的实施。

（一）澳大利亚学前教育机构认证标准框架体系

2012年颁布《国家质量标准》被澳大利亚学者称为“金标”，目的在于促进儿童的健康幸福，评价儿童所获得的成就以及帮助家庭鉴别学前教育机构的良莠。该标准应用于澳大利亚全国所有的学前教育机构。

《国家质量标准》主要由指导原则、正文和术语解释三部分组成。指导原则的目的在于监督优质的早期儿童教育和保育以及学龄保育实践，正文部分是《国家质量标准》的核心内容体系，术语解释则是对标准出现的重要名词的解释和说明。[①]

1. 指导原则

标准规定，在履行《国家质量标准》和提升机构质量的过程中，澳大利亚所有服务机构应坚持以下六项原则。

坚持儿童的权利至高无上；坚持儿童是成功的、胜任的、有能力的学习者；坚持公平、包容与多样化；坚持重视澳大利亚土著和托雷斯海峡岛民的文化；坚持尊重和支持

①底会娟，王艺芳．发达国家学前教育质量监测体系的比较与启示——以美国、英国、澳大利亚为例[J].现代教育管理，2019(5)：77-82.

儿童的父母和家庭;坚持对儿童、教师和服务部门给予高期望。

通过以上原则,我们不难发现,澳大利亚《国家质量标准》始终坚持了尊重儿童权利、坚持儿童的多样性与教育的公平等理念。

2.正文

《国家质量标准》的正文部分则由三部分组成,即质量领域、标准和要素。标准共包含七项质量领域,分别是:教育项目与实践、儿童的健康和安全、物理环境、人员配置、与儿童的关系、与家庭和社区的合作关系以及领导和机构管理。每一项质量领域又包含2—6条标准,设置这些标准是为了检验早期儿童教育和保育机构是否达到了多项指标。每条标准下包含多条具体的评价要素,从而构成可包含三级指标的质量评价体系。

3. 术语解释

《国家质量标准》还对标准中的重要术语做了必要的界定和说明。如,批准生效、临时批准和等级评定等。

(二)澳大利亚学前教育机构认证标准的内容体系

《国家质量标准》建立了一个新的教育与保育服务质量的国家基准。其共包含七项质量领域:教育项目与教育实践、儿童的健康与安全、物理环境、人员安置、与儿童的关系、与家庭和社区的合作关系、领导能力与服务管理。

1.教育项目与教育实践

教育项目和教育实践能够促进、保证和加强儿童的学习和发展。在学龄保育机构中,这些项目能够促进儿童生活技能的发展,丰富儿童的生活和学习经验,并增进儿童之间的合作与互助。在此领域中,具体的评价指标和要素如表8-7所示。

表8-7　教育项目和实践①

领域	指标	要素
教育方案及实践	1.学前教育机构应在早期学习框架（或在其他得到批准的学习框架）指导下开放促进每个儿童学习和发展的课程	1.1 在早期学习框架（或在其他得到批准的学习框架）指导下促使儿童达到五个学习目标： 儿童具有强烈的身份感；儿童与其所处的世界建立联系并对此产生影响；儿童具有强烈的健康意识；儿童是自信而投入的学习者；儿童是有效的交流者
		1.2 在了解背景、环境、家庭和社区的文化多元性的基础上进行课程决策
	2.设计教育方案时充分考虑每个儿童的优点、能力、文化、兴趣和经验	2.1 每个儿童当下的知识、观念、文化和兴趣是教育方案的基础
		2.2 支持每个儿童参与教育方案
		2.3 对每个儿童的学习和发展情况进行评估
		2.4 对儿童个体和小组的学习和发展情况进行批判性的反思和评估，其结果被用于计划的主要信息来源，以提高文案及教学的有效性

2.儿童的健康与安全

儿童的健康与安全领域强调应保护和提升每一个儿童的健康和幸福。具体评价指标如表8-8。

表8-8　儿童的健康与安全

领域	指标	要素
儿童的健康与安全	1.每个儿童的健康得到提升	1.1 支持每个儿童的健康需要
		1.2 给每个儿童提供舒适的环境，并提供适宜的机会满足每个儿童睡眠、休息和放松的需要
		1.3 制定实施有效的卫生措施
		1.4 采取控制传染病传播的措施，遵守指南要求控制传染病的传播，管理伤害和疾病
	2.饮食健康和体育活动渗透到为儿童设计的课程中	2.1 健康饮食得到提升，机构为儿童提供的饮食是有营养的，对所有年龄的儿童是适宜的
		2.2 通过有计划的和自发的活动开展体育活动，对各个年龄的儿童是适宜的
	3.每个儿童都得到保护	3.1 儿童时刻都处在充分的监管保护之下
		3.2 采取合理步骤确认和管理风险，采用合理预防措施保护儿童免受危险和伤害
		3.3 在咨询相关权威人士的情况下制定有效管理突发和紧急事件的预案，并加以贯彻实施
		3.4 采取措施应对每个儿童受虐待或受忽视的风险

①王坚红.学前教育评价[M].北京：人民教育出版社，2010：8.

3. 物理环境

应该是安全的、舒适的，并提供一系列丰富多样的、能够促进儿童学习和发展的活动体验。具体指标如表8-9。

表8-9　物理环境

领域	指标	要素
物理环境	1. 机构的位置和设计适合于机构的经营	1.1 户外和户内的空间、建筑、设备和器材等资源适宜于它们的教育目的
		1.2 机构的位置、设备和器材是安全的、卫生的，并得到很好的保护
		1.3 户外空间应具备多种用途的各种自然物质和材料
		1.4 确保每一个儿童都有权使用和参与到设计或改装的设备及其活动中，允许儿童灵活地在户内或户外使用
	2. 环境应具备包容性	2.1 能够提升儿童的胜任力、独立探究能力以及在游戏中学习的能力
		2.2 设计和组织户内和户外活动场地，以吸引儿童在人造的和自然的环境中获得优质的活动体验
		2.3 材料和设备等资源数量充足，并以恰当的、有效的方式来实施教育项目

4. 人员安置

旨在为儿童创建一个安全的、可预测的环境，以建立和睦的、相互尊重的人际氛围。具体指标如表8-10。

表8-10　人员安置

领域	指标	要素
人员安置	获得教师资格的、有经验的教师及其合作者应鼓励儿童积极参与学习项目	1.1 幼儿教师、协作者以及其他职工之间积极的人际关系
		1.2 帮助儿童建立安全、舒适和快乐的心理环境
		1.3 幼儿园、日托机构、家庭日托和校外时间保育等机构应针对不同的年龄组和班级人数来确定师幼比和教师资格要求

5. 与儿童的关系

与儿童积极的、相互尊重的关系有助于提升儿童的幸福感和安全感，并能使儿童自由地参与学习和探索环境。这一领域所包含的规章和日程安排参见表8-11。

表8-11　与儿童的关系

领域	指标	要素
与儿童的关系	提升儿童的幸福感和安全感，使儿童自由地参与学习和探索环境	1.1 制定用来指导儿童行为、且能反映当前实践的政策指南
		1.2 禁止对儿童做出身体的、言语的和情感的伤害
		1.3 禁止贬低、羞辱、恐吓或威胁儿童的一切行为

6. 与家庭和社区的合作关系

与家庭的合作关系是实现儿童高质量的学习成果的基本原则。强调积极沟通、协商和合作的社区关系有助于儿童的学习和健康。这一领域相对应的规章和日程安排参见表8-12。

表8-12　与家庭和社区的伙伴关系

领域	指标	要素
与家庭和社区的伙伴关系	积极沟通、协商和合作的社区关系有助于儿童的学习和健康	1.1 禁止贬低、羞辱、恐吓或威胁儿童的一切行为，在机构正常运营时，允许家长进入机构与教师或保育员交谈有关孩子的发展问题
		1.2 制定有关家长参与儿童活动、包容性的政策以及减少歧视等规程
		1.3 对儿童的注册和适应问题做出明文规定
		1.4 计划并有效利用各种与儿童家长分享的活动
		1.5 与其他服务机构建立联系以进一步服务儿童和家长
		1.6 机构正常运营时间，教师和保育员有权进入私人空间与家长进行会话

7. 领导能力与服务管理

领导能力和服务管理直接影响服务机构的质量，且这些政策和实践有助于机构内的理性管理。见表8-13。

表8-13 能力与服务管理

领域	指标	要素
能力与服务管理	领导能力和服务管理直接影响服务机构的质量	1.1 保持高质量的、能够促进儿童学习和发展的人际关系和生态环境
		1.2 教师、协作者、其他职工和家庭合作制定并定期评估政策和实践
		1.3 推动机构内的理性管理

(三)澳大利亚学前教育机构认证标准的特点

澳大利亚《国家质量标准》系统、全面地阐述了高质量的早期教育和保育应具备的基本特征以及如何实现高质量的教育和保育，为儿童家长、幼儿教师、保育员、服务提供商以及质量监管机构提供了指导性的建议。无论从理念到结构，还是从内容到实施，《国家质量标准》都清晰地指明了高质量教育和保育的本质特征和实践方向。

1.价值取向坚持人本性和多元文化

“关注幼儿教师和家长，在确保儿童安全和快乐的基础上，促进儿童的学习和发展是《国家质量标准》的核心价值理念。从标准的指导原则和内容体系来看，整个标准围绕以人为中心的积极、和谐的人际关系系统来突出早期教育与保育为人服务的宗旨。

2.结构组成呈现层次性且权重不一

《国家质量标准》的核心组成部分是七大质量领域，其中每一领域包含2—6条评价标准(即评价指标)，全文共23条标准。每条标准又可以细化为若干要素，这些要素对各项指标做了具体的规定，用以评价教育和保育机构的目标达成情况。从整体上看，该标准结构层次分明，步步细化，具体明确，提出了能够看得见的、操作性较强的评价指标，为各个教育和保育机构指明了质量改进的方向，对机构的管理和评价具有重要的指导作用。

质量标准的关键问题是评价指标的确立。从评价指标上来看，《国家质量标准》并不是针对每一质量领域均衡分配各项评价指标，而是有所侧重地选取了最能够真实地反映教育和保育质量的标准和要素，根据教育和保育服务各要素的重要程度，对标准和要素赋予了不同的权重，以突出教育保育质量标准所坚持的价值取向。

3.内容体系突出过程性和人的价值

《国家质量标准》主要围绕教师、设施、课程、儿童、家长与社区等五个基本要素来制定能够反映教育保育质量的指标体系。与教师的基本素质状况,如学历、职称等结构性指标相比,标准更加注重教师的教育行为等过程性指标;与设施的物质条件相比,标准更强调的是设施的利用效率;与儿童发展结果相比,标准更加看重儿童获得这些发展结果的过程。这些内容均体现了国际学前教育领域质量标准的最新理念。

三、全球指导性评估量表

研发学前教育质量的科学评价工具是革新学前教育方式、扩大学前教育规模和提高学前教育质量的重要依据,已成为当前学前教育发展研究的一个热点问题。在众多幼儿教育质量评价工具中,国际儿童教育协会与世界学前教育组织开发的《国际儿童教育协会全球指导性评估量表》(ACEI Global Guidelines Assessment,ACEIGGA,简称《全球指导性评估量表》),因其具备扎实的理论基础、严格的编制过程、有效的操作程序、科学的评价标准、完备的测评指标、较高的信效度和跨文化应用一致性,成为当前国际幼儿教育质量评价工具中最有影响力和实践应用性的第三方测评工具之一。

(一)《全球指导性评估量表》的指标体系

测评指标结构维度的合理性和科学性是测评工作是否有效的重要保证。以《全球指导性评估量表》(第三版)为例,该量表在大量理论分析与实证测验的基础上,建构了环境与空间、课程内容与教学法、幼儿教师与保育人员、家庭及社区与儿童保教的伙伴关系和有特殊需要的幼儿等五个结构维度。[①]

1.环境与空间

强调幼儿的学习环境必须关注身体和心理两个方面的安全。身体安全主要是保护儿童远离抑制他们学习能力和发展的有害健康的环境,心理安全则主要强调环境中的一切都能使儿童获得归属感和愉悦感。具体包含了"环境与物理空间"和"激发儿童发展的环境"两个子类,共17个项目。见表8-14。

①李明军,文明.国际儿童教育协会全球指导性评估量表述评[J].陕西学前师范学院学报,2015(2):54-59.

表8-14 “环境与空间领域测评”项目一览表

子类	项目内容
1. 环境与物理空间	1.1周围环境与空间没有不安全的设备、污染与暴力等危险因素； 1.2环境中有基本的卫生设施、安全又有营养的食物、适于饮用的水和适当的通风设备； 1.3保教人员营造一个有利于人际互动和情绪发展的宁静祥和的环境； 1.4提倡良好的卫生习惯(例如个人卫生,包含洗手等)； 1.5周围环境让儿童感觉良好,有归属感、安全感和无所恐惧的自由感； 1.6保教人员常与儿童共享欢笑,共度愉悦时光
2. 激发儿童发展的环境	2.1提供儿童与同伴以及与成人之间频繁、积极的互动机会； 2.2周围环境能激发儿童游戏探索和发现； 2.3提供儿童踊跃投入室内与户外游戏的机会； 2.4均衡分配自由游戏和上课活动的时间； 2.5备有丰富的材料,可以促进不同才能和天分的儿童提高问题解决能力、批判思考能力和创造力； 2.6户外活动场地和游戏设备提供了多种运动的可能性； 2.7户外环境中具有能使游戏更具扩展性的机会,如园艺和可在自然生态中进行的活动； 2.8空间经过有效的规划,因此儿童可以充分利用各种材料运用于游戏或者艺术表达中； 2.9室内环境具有能让儿童进行自行构造游戏玩具的材料； 2.10户外环境具有儿童可进行自行构造游戏玩具的材料； 2.11儿童能共同参与学习环境的规划与设计

2.课程内容与教学法

儿童是课程的中心,所有的儿童都是有能力的。儿童的学习必须根植于适合于他们发展阶段以及文化背景的知识经验。幼儿课程内容包括每个儿童在团体和家庭关怀中的体验、常规活动以及互动交流,其课程计划在反映教育哲学的同时,也应给保教人员以及执行这个计划的成人与儿童提供指导方针。该领域涉及了“课程”“课程内容”“教育方法”“学习材料”“儿童进步评估”和“教育活动评估”共6个子类,共15个项目。见表8-15。

表8-15 “课程内容与教学法测评”项目一览

子类	项目内容
1.课程	1.1教育机构具有促进儿童学习的课程计划； 1.2实施弹性和综合性相结合,又以儿童、家庭和文化背景为取向的计划
2.课程内容	2.1课程提供儿童掌握信息和实践技能的机会,以便其在社会生活中有效地完成任务； 2.2课程内容注重结合儿童现实社会的经验； 2.3为儿童在设计课程活动的过程中提供建议
3.教育方法	3.1保教人员与儿童之间维持一种支持鼓励和关怀爱护的保教关系； 3.2保教人员与幼儿谈话时使用积极肯定的正面语言； 3.3保教人员对教学原则有基本了解

续表

子类	项目内容
4.学习材料	4.1 保教人员运用当地材料作为教育资源； 4.2 为所有儿童提供的课程教材和设备，能够支持创造性学习经验（例如艺术和舞蹈）并保持文化的综合性
5.儿童进步评估	5.1 个人发展经历将会与家长及家庭分享； 5.2 儿童参与自我评估； 5.3 儿童个人学习经历以及成就将会被系统地观察
6.教育活动评估	6.1 以对儿童和社会是否有益为标准定期评估教育机构； 6.2 全面持续地评估教育机构，检验其是否达到了当地、省市、全国和国际标准所要求的优秀水平

3.幼儿教师与保育人员

保教人员责任重大，至关重要。幼儿教师与保育人员应具有适宜的个人特质来承担与儿童发展阶段相关的责任，其职业发展规划的认知也应科学有效。具体涵盖“知识与实践表现”“个人与专业品格”和“道德伦理”三个子类，共11个项目。见表8-16。

表8-16　“幼儿教师与保育人员”测评项目一览表

子类	项目内容
1.知识与实践表现	1.1 保教人员在实践中表现出自己具备关于儿童成长、发展和学习的知识，并能活用这些知识； 1.2 保教人员能够有效地运用空间、材料以及时间来满足特殊需求儿童以及特殊机构的需求； 1.3 保教人员能够与他人交流专业知识； 1.4 保教人员在工作上能通力合作，与他人建立伙伴关系； 1.5 保教人员能反思并适当地调整自己的教学方法
2.个人与专业品格	2.1 保教人员对他人表现出关怀、接纳、善解人意、移情和热情等性格； 2.2 保教人员在儿童有困难时能及时给予安慰和帮助； 2.3 保教人员以尊重的态度对待儿童，鼓励他们自尊心的发展； 2.4 保教人员是儿童权益的倡导者
3.道德伦理	3.1 保教人员尊重儿童及其文化和家庭习俗； 3.2 保教人员能够体现他们在代表儿童以及在需要的时候为儿童辩护的勇气

4.家庭、社区与儿童保教的伙伴关系

儿童的保育和教育是家庭、保教人员和社区的共同责任。家庭和社区内所有的参与者都承担着幼儿道德和伦理教育的责任，为儿童的幸福创设最佳条件。对家庭及社区与儿童保教的伙伴关系的评价，具体涉及“机构规章”“道德责任与行为”“人才培训及资源”“幼儿的入园适应”和“家庭和社区参与”5个子类，19个项目。见表8-17。

表8-17 "家庭、社区与儿童保教的伙伴关系"测评项目一览表

子类	项目内容
1.机构规章	1.1 教育机构政策提倡与家庭和社区建立积极的、建设性的伙伴关系； 1.2 教育机构制定的政策能直接利用社区资源或间接地为家庭提供支持(例如,社区机构、专家和社区领袖)； 1.3 教育机构制定了家长参与机构事务的规章； 1.4 保教人员使用家长易于理解的语言,就儿童的发展过程或家长关心的话题经常与家长进行讨论和协商
2.道德责任与行为	2.1 教育机构有保护儿童免于危险或受虐的处理程序； 2.2 机构课程计划有助于培养所有儿童的自尊心和自信心； 2.3 课程中所涵盖的道德观、信仰、伦理道德能够反映并弘扬每个家庭的价值观
3.人才培训及资源	3.1 为家长提供儿童发展和学习的信息； 3.2 为家庭与社区提供儿童健康与营养的资源或信息； 3.3 为家庭提供适合社区、文化以及地理位置的教育材料和知识讲座； 3.4 教材和教学策略确保具有多元特质的家庭(例如,文化、语言、人种或社会经济阶层)也能参与园所一切活动
4.幼儿的入园适应	4.1 幼儿及其家长可在未正式(入园或入托)前来机构参观； 4.2 向家长宣传机构对儿童行为和学业成就期望的相关信息； 4.3 鼓励并保持家庭与机构之间的联系
5.家庭和社区参与	5.1 为家长和社区代表提供参加机构活动的机会； 5.2 与家长和社区代我建立合作关系,共商机构的规划、管理和评估； 5.3 家庭和社区代表参与决策过程； 5.4 若有可能,为家长或者家庭志愿者提供机会,让他们来教室义务服务,展示他们的特殊才能(例如:制作教具、领导活动)； 5.5 为有需要的家庭提供适当的支持

5.有特殊需要的幼儿

通常情况下,包括只需少量关注的儿童,及需要更广泛的矫治或特殊服务的儿童。如,残疾、病弱、有发展迟缓风险的儿童或超常儿童等。这类儿童在发展中需要获得比同龄儿童更多的支持性服务以促进积极地、长远地改善现状,并减少特殊服务的需要。具体由"服务的便捷性和公平性""共同的理念和目标""特教职员与服务人员"和"服务传递"四个子类,共14个项目构成。见表8-18。

表8-18 “有特殊需要的幼儿测评”项目一览表

子类	项目内容
1. 服务的便捷性和公平性	1.1 男女儿童都能平等地得到相同类型和层次的保教机会； 1.2 低收入家庭的儿童可以得到与高收入家庭儿童同等的服务； 1.3 不论隶属于何种宗教、民族、语言或文化团体都能得到平等的机会； 1.4 残障儿童以及其他有特殊需求的儿童拥有相同机会接受不同类型以及等级的机构服务； 1.5 向社会各团体宣传有关特殊服务方面的信息
2. 共同的理念和目标	2.1 残障儿童的父母、保教人员和专业组织合作团体，共同关注儿童的特殊需要； 2.2 设有专人负责规划、协调和监督特殊服务的实施
3. 特教职员与服务人员	3.1 每一个教育机构至少有一位教职员工或特殊教育工作人员，具有辨认儿童的特殊需要的技能，或者能得到有此技能的专家的支持； 3.2 保教人员或专家能根据儿童的个别需要适当地调整保教措施以配合儿童的个别保教需要； 3.3 保教人员在关注特殊儿童时与家长或监护人建立了持续的合作关系； 3.4 保教人员有机会向制定保教服务法规的政府官员提出建议
4. 服务传递	4.1 改造设备和教材以便特殊儿童全面参与机构活动； 4.2 尽可能在融合的环境中为特殊儿童和非特殊儿童提供服务； 4.3 有特殊需求的儿童的家长参与服务传递的决策、规划、实施和评估

（二）《全球指导性评估量表》的评价方式与施测程序

1. 评价方式

《全球指导性评估量表》强调教育质量评价应重在教育活动中的问题诊断与教育工作改进，而非简单地做出等级评定，因而在其评价方式上，对每个项目均采用了质性评价与量化评价两种方法来进行测量和评价。在量化评价方面，量表采用一个由“非常差（从未观察到）”至“非常好（永远可以观察到）”的五级等级评价；在质性评价方面，要求评价者提供相应的支持评定等级量表的案例，提供实际例证。这种评价方式独具特色，保证了其评价结果的客观性、全面性、动态性，有助于发挥其“以评促改，以评促建”的评价功能。见表8-19。

表8-19 《全球指导性评估量表》评价方式一览表（例表）

课程内容与教学法领域 分类项目：学习材料		
题目内容	评价等级	支持评定的案例
为所有儿童提供的课程教材和设备，能够支持创造性学习经验（例如艺术和舞蹈）并保持文化的综合性	□ 极好 □ 好 □ 一般 □ 差 □ 极差	
……	……	……

2. 施测程序

《全球指导性评估量表》在具体施测的过程中需要遵循6个基本步骤，如表8-20所示。

表8-20 全球指导性评估量表

步骤	内容
1. 选择幼儿园及班级样本	1.1 幼儿园及班级样本的代表性是客观、公允地评价某一地区幼儿教育质量的重要前提，为确保这一点可按照统计抽样的基本方法，如随机抽样、分层抽样、整体抽样等多种方法进行抽样
2. 确立知情同意原则	2.1 得到园（所）长或老师使用量表对本园（班）进行评价的许可
3. 请园（所）长或负责人填写的园（班）基本情况资料表	3.1 包括国家或地区、填报时间、填表人职称、园（所）性质类别及所在区域、园（所）资金来源、幼儿家庭收入、幼儿数量、分班方式等15个项目及评语
4. 根据量表指南完成量表的填写工作	4.1 选择2名评估实施者； 4.2 评估实施者阅读评估手册和评估量表，有任何修正需要记录在各自的表格里； 4.3 评估实施者观察活动室和室外游戏场所，逐类逐项对园（班）教育质量做各方面的大概评估； 4.4 对每个项目进行等级选定，并提供和写出相应园（班）及其课室里的实际例子和评语
5. 量表和园（班）资料表寄送	5.1 汇总寄送给国际儿童教育协会或E-mail至指定邮箱
6. 获得国际儿童教育协会对评价数据的统计分析	6.1 结合实际撰写一份“评估反馈报告”，向所评园（班）的有关各方提供评估数据、结果分析和结论建议

（三）《全球指导性评估量表》的启示

如何保证评价的客观、科学而全面，从而真正起到提升幼儿园（班）教育质量的目的，一直是一个难题。创新性显著的《全球指导性评估量表》，在价值观发展、自主评价、工具开发、策略优化以及制度创新等方面为我国幼儿园（班）教育质量评价改革带来了重要启示。

作为国际儿童教育协会与世界学前教育组织的合作成果，《全球指导性评估量表》集中了许多国家顶尖学前教育专家的智慧。它经历了长达十多年的研究、验证与修订，形成了世界范围内的整体性幼儿园（班）教育质量评价的系统工具，具有整合性、发展性、互动性及人本性四大特点。其中，整合性体现在内容领域的系统性、指标结构的层次性和实施活动的动态性三个方面；发展性主要表现为确立幼儿的保育主体地位和凸显保育的身心全面发展的价值；互动性则主要表现为师幼互动、家园互动和社园互动，人本性则格外凸显出人文价值取向和关照特殊儿童的教育需要。

四、德国学前教育质量评价体系

德国从20世纪90年代末开始致力于探索以改进实践为导向的学前教育质量评价体系，该体系在不断发展及完善中逐步走向成熟。《德国0～6岁幼儿日托机构教育质量国家标准手册》（以下简称《德标》），构建了由“导向质量”“结构质量”“过程质量”组成的质量模型整体框架，具体分为20个质量领域，通过“六大指导视角”以及“七步走”步骤全面促进学前教育质量的提升，体现出关注幼儿发展、方案详尽严谨、指标设计精到、关注评价的过程性和动态性等特点。

（一）德国学前教育质量评价体系框架的结构和系统

1.结构模型

“导向质量”“结构质量”“过程质量”三方面构成了《德标》的教育质量模型整体框架（见下图）。导向质量不仅包括幼儿教师的教育观念、价值观和对教育目标的理解，也包含政府颁布的教育指导纲要、办园投资方的方案以及园本方案里规定的纲领等指导内容；结构质量包括实施教育行为的空间环境条件、物质材料条件、师幼配比、班级大小、幼儿教师的学历水平和从业经验及教师的稳定性等，它描述的是幼儿要体验和经历的潜在环境；过程质量包括师幼互动、家园合作、幼儿体验等，它与幼儿的生活和学习经验有着直接的联系，因此成为影响幼儿日托机构教育质量的最重要因素。

这三种质量对日托机构教育质量有着直接影响，最终结果指向幼儿及其家庭。在教育质量系统中发挥着间接作用且无法归入前三种质量类型的因素被归入了环境质量。见图8-1。

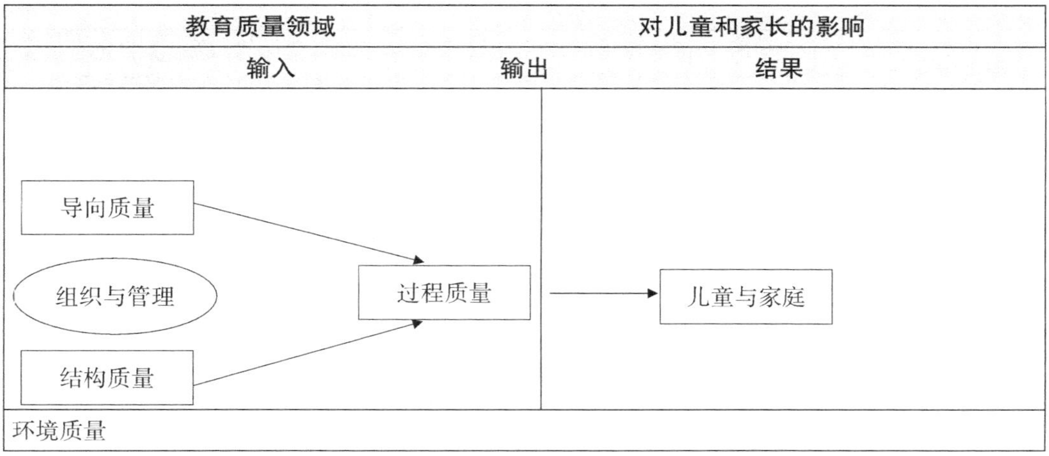

图8-1　《德标》教育质量模型图[①]

① 教育质量模型图转引自张姝玥 顾高燕．德国学前教育质量评价体系框架、特点及经验[J].比较教育研究，2020(7)：106-112.

2.结构框架

经过多次修订,《德标》最终构建了20个质量领域的结构框架(详见图8-2,表8-21),它们可以被分为6个主题组。

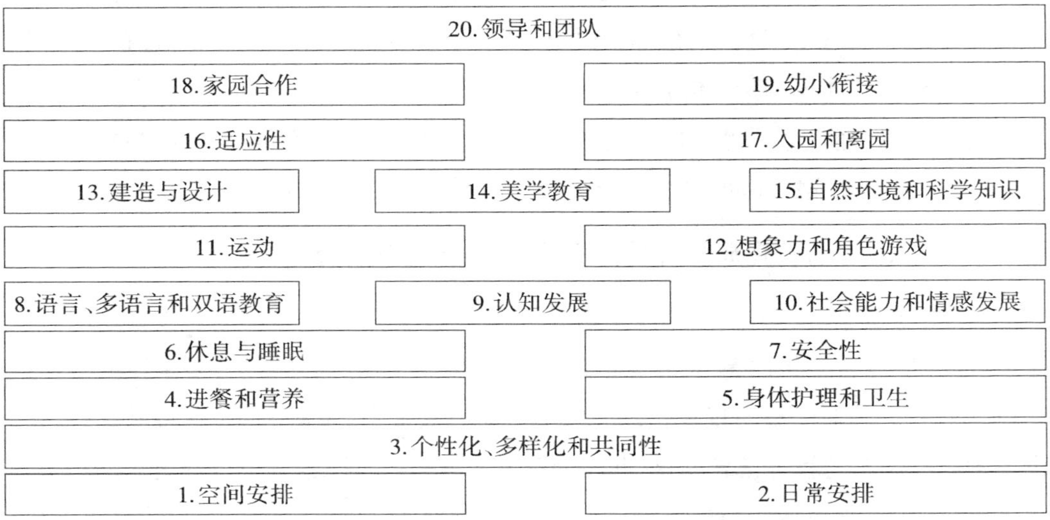

图8-2 《德标》的20个质量领域结构图[①]

表8-21 《德标》结构框架组织组划分

组别	质量领域指向	涉及内容
第一组	1—2	包括空间安排和日常安排:日托机构的教育工作必定发生在一个特定的空间场所中,空间场所要为保教活动提供物质基础和保障
第二组	3	囊括了跨文化学习、对偏见和文化冲突的处理、为残疾幼儿提供特殊教育等内容
第三组	4—7	考虑到幼儿的安全护理和基本需求,确保他们处于安全的环境中并受到成人的照顾,是幼儿进一步发展的基本生理前提和基础
第四组	8—15	即狭义上的日托机构的教育工作,较为关注幼儿的语言、认知、社会、运动等能力的发展
第五组	16—19	家庭向幼儿日托机构过渡的基本情况、家园共育等内容和程序
第六组	20	日托机构教育质量的提升是领导和团队的共同责任,它涉及教师资质、人才发展、财务管理、团队合作等多个内容

3.六大指导视角

熟练的专业人员和良好的教育质量评价标准是高质量学前教育的前提条件。《德标》不仅注重教育质量评价标准的设定,而且更关注为专业人员的教育工作提供支持。20个质量领域除了质量领域20外,其他各个质量领域的基本结构体系都由六大指导要点构成。见表8-22。

①张姝玥,顾高燕.德国学前教育质量评价体系框架、特点及经验[J].比较教育研究,2020(7):106-112.

表8-22 《德标》六大指导要点构成一览表

指导要点	具体内容
空间布置	侧重于评估日托机构的环境创设是否能最大限度地满足幼儿的发展需要。每一个质量领域的空间布置要求不一,同一质量领域下的不同条目也有不同指向
师幼互动	包括观察对话、参与意愿以及鼓励三部分内容,这三部分彼此联系、不可分割,以促进幼儿能力发展为指向,同时关注使不同文化、种族、性别及有特殊需要的幼儿都能享有平等的机会
工作计划	包括基础导向、教学内容和过程、记录三个部分。工作计划开展的逻辑是先确定基础导向,然后在基础导向下进行教学内容和过程的设置以及对每个幼儿的发展情况进行定期记录,以此为接下来的工作提供准则
玩教具的多样化及其应用	包括在不同教学领域需为幼儿提供哪些玩具或材料,如何投放材料以及如何在幼儿操作材料时予以支持
个性化	要求幼儿教师充分理解每位幼儿的个性、兴趣和需要,并为他们提供有针对性的教育,如给母语为非德语的幼儿提供针对性服务以支持其学习德语、鼓励幼儿在适应阶段把自己熟悉的物品从家里带到日托机构中以缓解分离焦虑、关注幼儿的饮食习惯与禁忌等
参与	鼓励幼儿根据自己的意愿制订日常计划和进行决策,在参加活动的过程中体验自我效能感与承担责任,注重"两个过程"和"一个平衡"。"两个过程"指的是幼儿参与决策过程和参与设计与活动过程,"一个平衡"指帮助幼儿平衡自身与群体的关系,以此促进幼儿的个性化和社会化和谐发展

贯穿各领域的六大指导要点使《德标》的横向结构更加系统。幼儿教师在实践中可以把某个指导要点作为一个角度,考察所有领域下该指导要点的保育教育要求。六大指导要点的设置以日常教学活动为基础,以提升幼儿教师个人的教育能力为导向,指导他们把日托机构教育质量建设融入日常的保教活动中,形成改善日托机构教育质量的良性循环。

4."七步走"步骤

德国日托机构教育质量评价系统重在改进学前教育质量,因此在质量评估时更侧重于为学前实践工作提供科学指导和参照。学前教育质量提升的七个步骤包括:

幼儿园环境评估—教育质量现状—专业导向—讨论质量建设目标—确定质量建设目标—制订行动计划—成果保障。每一个步骤的实现都成为下一个步骤的起点,共同致力于学前教育质量的改进。

(二)德国学前教育质量评价体系的特点

1.关注幼儿发展,提倡幼儿为本的核心理念

《德标》中上千条教学评价标准中内蕴"幼儿为本"的核心理念。一是认为幼儿作为普遍权利和特殊权利的主体,应当被视为一个独立的生命个体;二是认为幼儿是教

育过程的主体和有能力的学习者，相信幼儿从出生开始就有一套感知和动力系统，使他们能积极地应对刺激；三是认为幼儿作为社会行为者，在与他人互动交往的过程中可以习得文化符号，并将其运用到社会实践中以理解规则、价值观等。

2.方案详尽严谨，注重多渠道收集评价证据

《德标》方案设计较为严谨，注重多渠道收集评价信息，在客观准确的数据基础上建立国家层面的学前教育质量标准。一是体现在方案制定中，《德标》的制定由分管学前教育的德国联邦家庭、老年人、妇女和青年事务部发起。“实践—反馈—修订—再实践”使日托机构教育质量评价标准“从实践中来，到实践中去”；二是体现在评价实施过程中，《德标》要求尽可能收集来自多方主体的评价数据，坚持内部评价和外部评价相结合，而且较为注重发挥内部评价的独特价值。

3.指标设计精到，建构最佳专业实践的评价体系

《德标》指标设计精到，具有极强的可操作性。一是它设定了最佳专业实践而不是最低标准。《德标》注重营造轻松愉悦的氛围鼓励幼儿教师向最佳专业实践逐步努力，激发日托机构追求高质量教育的动力，而不苛求其在限定时间内必须达到规定标准；二是它遵循迈小步子的原则，为幼儿日托机构在可预见的范围内逐步改进教育质量提供了重要的文本依据。根据《德标》的内容框架，幼儿教育工作者可以进行深入的讨论，并详细评估日托机构的条件、识别已实现的目标以及为未来发展设定切实可行的目标，以帮助日托机构逐步达到最佳专业实践的标准。

4.关注质量发展，侧重评价的过程性和动态性

《德标》质量评价体系的着眼点在于学前教育质量建设与发展。一是它提供了具体的基础方法和实践指导，使幼儿园教育工作者对照质量标准框架和清单就能客观地把握日托机构的现状，大大提高了评估系统的可操作性，从而最大限度地促进日托机构教育质量的发展；二是《德标》的评价体系注重维护幼儿教师的尊严、自主和发展。以往的评价机制更侧重行政功能，为幼儿教师设定了必须达到的准绳却没有为其专业发展指明方向；三是教育质量评价体系的核心在于促进全体幼儿的全面发展。评价要点关注不同阶段幼儿发展的不同程度。

5.注重过程性评价、动态性评价，反对终结性评价和静止性评价

《德标》在其内容中有详细的体现，如在质量领域六大指导视角之一的“工作计划”中，特意要求幼儿教师充分运用观察等手段对幼儿的情况进行定期记录，以便促进幼儿的个性化和共同发展。《德标》还会根据实践中出现的新问题及最新研究成果不断修订评价指标。

五、新加坡的幼儿园质量评价标准

新加坡政府历来重视学前教育的发展。2003年,新加坡教育部出台了《追求卓越幼儿园计划》,为幼儿园提供了一个进行自我评估的工具。通过评估,幼儿园可以检查自己的教育教学方法是否科学,从而不断探索能取得更高教育成果的有效方法。2006年,新加坡教育部出台了《幼儿园标准》,进一步鼓励幼儿园进行自我评估,审视教育过程。

(一)新加坡学前教育认证框架参评要求

《新加坡学前教育认证框架》(Singapore Pre-school Accreditation Framework,SPARK)(以下简称《认证框架》)作为一项新的学前教育质量评价政策,由新加坡教育部推出,自2011年1月起开始实施,旨在不断改善新加坡学前教育的质量,提高幼儿园在教学、行政和管理等方面的水平。教育部管理的幼儿园和社会发展、青年及体育部管理的幼儿中心都可以自愿申请参与该认证框架的评估和认证,每年有两次申请机会。参加评估的幼儿园需要承担一部分评估费用,但教育部和社会发展、青年及体育部会为这些参评的幼儿园补贴大部分的评估费用。

1.参评准备

在被评估之前,新加坡教育部会指导待评的幼儿园申请质量保证咨询(Quality Assurance Consultancy)。质量保证咨询方案会鼓励和引导幼儿园进行自我评估,为接受《认证框架》的正式评估做好准备。通过质量保证咨询,幼儿园能够得到幼儿教育顾问的专业指导,并努力通过自身的改进和提升达到学前教育认证框架的所有标准。

新加坡教育部与新加坡早期儿童教育者协会(Association of Early Childhood Educators,AECES)相互合作,加强幼儿园和幼儿教育顾问之间的联系,共同致力于质量保证咨询顾问方案的制定和实施。教育部遴选的质量咨询顾问都是经验比较丰富的幼儿教育从业者和工作者。他们都经历过严格的挑选和系统的训练,熟悉《认证框架》评估准备工作的各项流程。

2.方案执行

幼儿园质量保证咨询方案的具体执行过程包括三个步骤。

第一步,申请。幼儿园提出申请,并向教育部支付咨询费;教育部验证和确认幼儿园的资格;早期儿童教育者协会向通过审核的幼儿园指派质量咨询顾问。

第二步,咨询。幼儿园校长和咨询顾问合作分析咨询需要、签署咨询协议、确定咨询进度;质量咨询顾问进入幼儿园进行实地调研,与幼儿园校长和教师座谈,查阅幼儿园的相关文件资料，进行课堂观察，审查幼儿园的后续改进举措，制订和更新质量持续提升计划；咨询顾问向教育部和早期儿童教育者协会提交咨询日志、最终咨询结束后的总结报告和质量持续提升计划。

第三步，后续咨询。幼儿园向教育部和早期儿童教育者协会提供关于咨询经验方面的反馈。

（二）新加坡学前教育认证框架结构

1.核心价值观

核心价值观是《认证框架》的灵魂，反映出该框架的出发点和目标（如图8-3所示）。五个核心价值观所指向的对象是学校，即评估工作对参评幼儿园提出了很高的要求和期望，学校要在领导力、管理、教学等方面有优异的表现。但是，核心价值观的中心是儿童，这表明这项认证框架的核心在于让每个孩子都能获得发展。

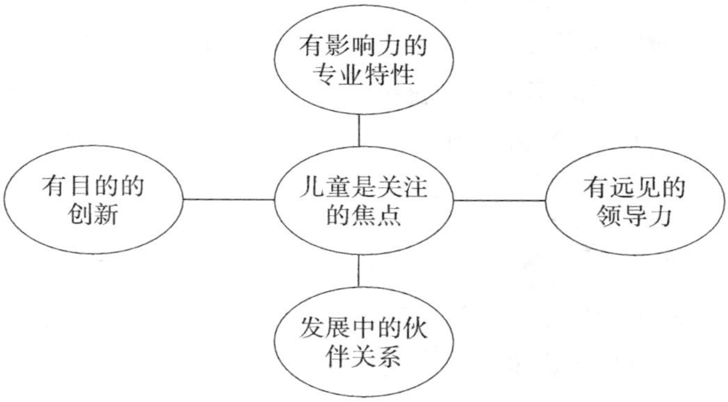

图8-3　新加坡学前教育认证框架核心价值观①

2.框架层级

《认证框架》共有四个层级（详见图8-4），除了第一层级是强制性要求之外，后面三个层级都是幼儿园自愿参加的，不具有强制性。

第一层级：注册和规定（许可）。所有的幼儿园都必须在教育部注册，以确保其都能达到所规定的最低标准；第二层级：自我评价。教育部鼓励所有幼儿园按照既定的评估体系对教育过程进行自我审视；第三层级：质量等级。幼儿园可以请评审专家（这些评审专家经验丰富，在教育机构担任领导职务）评估其教育质量；第四层级：认证。教育部对达到学前教育认证框架基本标准的幼儿园的质量水平做出区分，并对通过评估框架的幼儿园进行认证。

①吴玉剑.新加坡学前教育认证框架述评[J].世界教育信息，2013(18)：55-58.

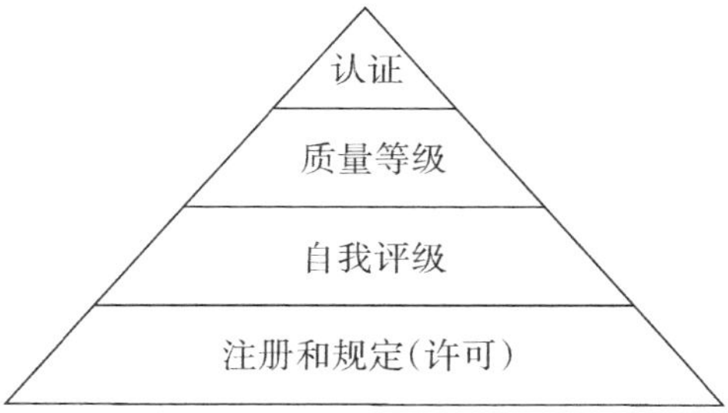

图8-4 新加坡学前教育认证框架层级①

3.质量评估模型

幼儿园进行自我评价和评估的工具被称为质量等级量表(Quality Rating Scale,QRS)。通过这个量表,幼儿园可以审视内部的组织结构、管理流程和教育教学目标,提高教育质量。质量等级量表主要评价的是幼儿园针对4~6岁儿童的教育计划。质量等级量表中共有7个考核项目:领导力,规划和管理,人事管理,资源,课程,教学,健康、卫生和安全。这7个考核项目是《认证框架》评估和认证过程关注的核心指标,也体现了《认证框架》的5个核心价值观。

《认证框架》的质量模型是在质量等级量表的基础上生成的(见图8-5)。在这个质量模型体系中,幼儿园管理者良好的领导能力能够驱动有效的规划,提高人力和物力资源管理的效率,从而促进课程的有效传授以及教学法的有效使用。学校结构和流程的系统评估,可以保证幼儿园教育目标的顺利实现:实现儿童的全面发展、引导儿童勤奋好学、关注儿童的福祉。

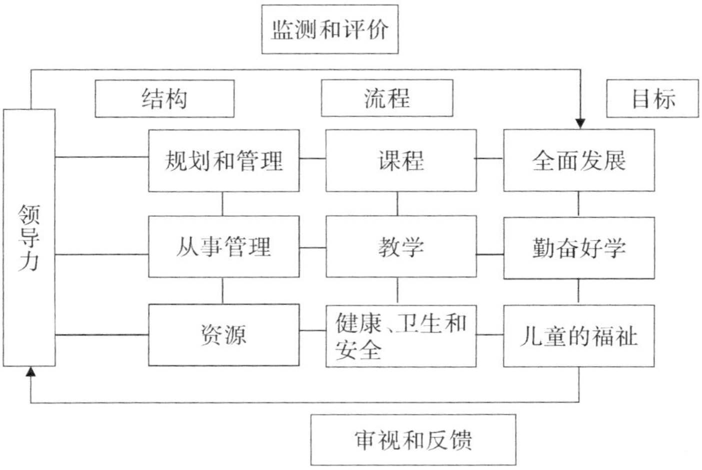

图8-5 新加坡学前教育认证框架质量模型②

①吴玉剑.新加坡学前教育认证框架述评[J].世界教育信息,2013(18):55-58.
②吴玉剑.新加坡学前教育认证框架述评[J].世界教育信息,2013(18):55-58.

4.评估与认证

幼儿园的评估申请被受理后,教育部和早期儿童教育者协会将指导幼儿园完成认证前的咨询准备工作。随后,由隶属于儿童早期发展局(Early Childhood Development Agency)的新加坡学前教育认证框架评估委员会(SPARK Committee)(以下简称评估委员会)结合质量等级量表中的7个考核项目对幼儿园进行正式评估。评估与认证的过程一般分为以下6个阶段。

第一阶段:申请。参评幼儿园在教育部网站上在线提交评估申请,并向认证框架秘书处缴纳400美元的评估费用。教育部和早期儿童教育者协会在这个阶段指导参评幼儿园做好评估前的准备工作。

第二阶段:验证。参评幼儿园需要在线提交自我评价、学校评估计划、登记注册的文件和信息等,儿童早期发展局将验证参评幼儿园的资格。

第三阶段:质量等级量表中第7条项目评估。评估委员会指派专业的评审员现场评估参评幼儿园是否满足质量等级量表中第7条项目(健康、卫生和安全)的要求。没有达到这一要求的幼儿园需要进行改进才能进行下一阶段的评估。

第四阶段:质量等级量表中第1~6条项目评估(详见表8-23)。参评幼儿园需要提交质量等级量表中第1~6条项目要求的相关文件复印件。评审员现场评估幼儿园对这些具体项目的实施情况,并撰写、提交评估报告。

表8-23 质量等级量表第1~6条评估项目

序号	具体项目
1	注册教学人员的清单(具有多年教学和服务经验)
2	学校年度工作纪要
3	课程表:托儿所(3~4岁)
4	课程表:幼儿园1(K1;幼儿园一年级,4~5岁);课程表:幼儿园2(K2;幼儿园二年级,5~6岁)
5	课程计划(学期评估):托儿所;课程计划(学期评估);幼儿园1;课程计划(学期评估);幼儿园2
6	教学计划(周评估):托儿所;教学计划(周评估):幼儿园1;教学计划(周评估):幼儿园2

第五阶段:复审评估结果。评估委员会复审评审员提交的评审结果和评估报告。

第六阶段:公布评估结果。通过以上所有评估的幼儿园将获得成绩证书和评估报告,评估结果将公布在儿童早期发展局官网。通过认证的幼儿园可以使用《认证框架》的认证标识,有效期为3年。

(三)新加坡学前教育认证框架特点

新加坡学前教育认证框架有以下三个突出特点。

第一,体现了以人为本的教育理念。此项认证框架是新加坡政府致力于推进学前教育质量而出台的一项措施,旨在推动学前教育的健康持续发展。该认证框架从个体出发,关注儿童的多方面发展,培育儿童的综合素养,为其未来的学习和生活打好基础、做好准备,比较符合当前国际学前教育倡导提高学前教育质量的大趋势。

第二,反映了幼儿园内部优缺点的"真实图景"。此项认证框架有助于参评的幼儿园审视自己的教育流程和教育目标,及时发现缺陷和不足,适时提高教育质量和水平。

第三,彰显了各幼儿园的管理和办学水平。通过认证框架的学校能够使用教育部指定的认证标志,方便公众更清晰地认识和了解各幼儿园的办学水平,引导学生家长帮助学生更理智地进行择校;可以进一步提升教职工对学校教育质量和管理水平的期望。

扩展阅读

幼儿园环境质量评价量表(ECERS-R,ECERS-E)

ECERS-R幼儿学习环境评价量表(2015修订版)由美国北卡罗来纳州立大学儿童发展中心的Harms教授研究团队经过几十年的积累研发而成。该量表是目前学前领域最具权威的评价工具之一,在美国和其他多个国家被广泛用来对幼儿园的总体质量,包括结构性质量和过程性质量,进行全面的评价。

(一)幼儿园环境质量评价量表的结构

该量表包含7个子维度,即空间和设施、个人日常照料、语言—推理、活动、互动、作息结构及家长和教师。具体来说,空间和设施子维度主要评价幼儿园的物理环境,包括室内空间的面积和规划,日常学习或游戏用的设施、休息的空间和设施,户外活动的空间和设施等。个人日常照料子维度着重评价教师在幼儿在园期间的卫生、健康和安全实务领域的工作。语言—推理子维度则对幼儿园在教学中对儿童语言发展方面的培养进行了评价。活动子维度主要评价幼儿园室内、室外各种活动的计划性和多样性。互动子维度包括了在教学和活动中师幼间、幼儿间信息交换的质量。作息结构子维度针对幼儿园课程安排中的时间规则,评价教师面对不同个人需求时的灵活性。最后,家长与教师子维度评价了家校互动、教师间互动合作,幼儿园对教师的个人需要、专业成长需要的供应,以及幼儿园对教师的督导与评量等多个方面。

这7个子维度分别包含4—10个题项，整个量表共包括43个题项。量表采用7点评分方式，1分表明幼儿园在该题项评价的方面“未达到最低要求”(inadequate)，3分表明“仅满足最低要求”(minimal)，5分或以上为“表现良好”(good)，7分为“优秀”(excellent)。

ECERS-E幼儿学习环境评价量表(课程增订本)，则着重于“读写能力”“数学”和“科学与环境”及幼儿教室布置的“多样性”等的核心课程领域，是对ECERS-R幼儿学习环境评价量表(修订版)的重要补充，ECERS-E可用作评估课程内容的质素，包括教学法及旨在促进幼儿认知发展的领域。其包含四个课程子量表，可评量为3—5岁的儿童提供的课程和环境。

(二)幼儿园环境质量评价量表的使用

ECERS-R的高信效度已被全世界众多运用ECERS-R开展的研究所证实。研究发现ECERS分数与儿童学习测量结果之间，与教师专业性、教师行为和教师报酬之间显著相关。另有配套资料All About the ECERS-R可供参考。ECERS-R中文版经作者授权给亚太学前教育组织，于2015年10月同时在中国内地和中国香港面世。

本章小结

本章重点讨论了学前教育机构质量评价的内涵、国内外学前教育机构质量评价方式、框架体系、评价的实施与程序。其核心内容总结如下：

1. 学前教育机构质量评价是在系统地、科学地和全面地收集、整理、处理和分析学前教育机构教育信息的基础上，对学前教育机构教育的价值做出判断的过程，目的在于促进幼儿园教育改革，提高教育质量。

2. 学前教育机构质量评价的目的是帮助地方政府、教育行政主管部门、园所管理人员、社会第三方深入、客观、全面地了解学前教育机构运行现状，以反思办园行为，为改进教育过程提供依据。

3. 在开展学前教育机构质量评价的具体实践中，可适当地借鉴国内外应用得较为广泛的评价体系与方法标准。

4. 学前教育质量的保障和评估成了亟须关注的问题。研究质量评价标准的合理性，反思其中可能存在的问题，为其将来的修订提供建议，是提高学前教育质量的必经之路。

5. 在新时代背景下，如何基于国情，客观全面地开展学前教育机构质量评价，是值得持续探索和实践的问题。

思考与实训

1.简述学前教育机构质量评价的基本概念、内涵、意义与发展取向。

2.收集了解本地区(本省、市州)等级园(示范园)评定办法,梳理定位特点,并发现存在的问题。

3.简述澳大利亚学前教育机构认证标准的特点。

4.简述全球指导性评估量表在施测过程中需要遵循的基本步骤。

5.德国学前教育质量评价体系框架中,开展评价的主要指导视角有哪些?

6.简述新加坡学前教育认证框架的基本结构。